Hans Fink

Heitere Grammatik

Wie man mit Wörtern spielen kann

Dritte, überarbeitete Ausgabc

Gießen
2023

Meiner Schwester Rosl, der Deutschlehrerin

Die erste Fassung dieses Buches ist 1987 im Bukarester Verlag „Kriterion" erschienen, der Literatur für die nationalen Minderheiten Rumäniens veröffentlichte. Die zweite, erweiterte Fassung ist 2006 im IFB-Verlag in Paderborn erschienen.

Umschlagsbild: adobe stock #446759150 (Standard-Lizenz)

INHALT

© 2023 Hans Fink
Herstellung und Verlag:
BoD - Books on Demand, Norderstedt
ISBN: 9783758304316

EINLEITUNG

Jeder Mensch trägt immer ein Spielzeug mit sich, das ist seine Sprache. Wir spielen sowohl mit Wörtern, wobei die Regeln als Turngeräte dienen, als auch mit der Stimme. Allein und mit anderen – bei Licht und im Dunkeln – mit Schreibzeug und ohne.

Zu dieser Unterhaltung gehört das Singen als mehrfach verändertes Sprechen. Es unterscheidet sich vom Sprechen vor allem durch die wechselnde Tonhöhe, die von der Melodie vorgegeben wird, ferner durch Tonstärke, Versmaß und Reim, durch Wiederholungen und eingeschobene Wörter ohne Bedeutung. Solche Abweichungen verwirren den Sänger keineswegs, im Gegenteil, sie machen ihm Spaß – ein Beweis für sein Sprachkönnen. Ein rumänischer Schwank handelt von der Wette des Teufels mit einem Deutschen, wer länger zu singen vermag, wobei der Teufel verliert, weil der Deutsche tagelang immer wieder ein neues Lied anstimmt.

Heute gibt es ausgeklügelte Spiele mit Elementen aus allen Teilbereichen der deutschen Sprachlehre: Phonetik, Morphologie, Syntax und Orthografie. Hut ab vor den Menschen, die sie sammelten! Wir verdanken diesen Reichtum mehreren Faktoren, und zwar:
- der Entwicklung der Sprachwissenschaft, die zahlreiche Elemente der Sprache als Begriffe definiert und damit bewusst gemacht hat;
- der Papierindustrie;
- dem Buchdruck;
- den Medien Presse, Rundfunk und Fernsehen;
- der Schule.

„Sag mal, wie viele Sprachspiele gibt es?" fragt Monika den Geist Küslübürtün in dem Buch „Die dampfenden Hälse der Pferde im Turm von Babel" von Franz Fühmann auf Seite 328, und der Geist antwortet: „Soviel ihr wollt! Und das Spiel aller Spiele ist immer noch: neue Spiele entdecken!"

Der größte bekannte Humorist hat sich intensiv mit der deutschen Sprache beschäftigt: erst wollte er sie erlernen, dann ... wollte er sie reformieren. Wir könnten Mark Twain dieses Ansinnen verargen, wenn er sich nicht entzückt über die Ausdrucksfähigkeit der deutschen Sprache geäußert hätte:

Es gibt einige deutsche Wörter, die ungewöhnlich ausdrucksstark sind. Zum Beispiel diejenigen, die das stille, friedliche und zärtliche Familienleben beschreiben; diejenigen, die sich mit der Liebe in jeder Form befassen, von einfacher Freundlichkeit und ehrlichem Wohlwollen dem vorüberschreitenden Fremden gegenüber bis hinauf zum Liebeswerben; diejenigen, die sich mit der Natur draußen in ihren sanftesten und lieblichsten Formen befassen – mit Wiesen und Wäldern, Vögeln und Blumen, dem Duft und Sonnenschein des Sommers und dem Mondlicht friedvoller Winternächte; mit einem Wort, diejenigen, die sich mit allen nur möglichen Formen der Untätigkeit, der Ruhe und des Friedens befassen; auch diejenigen, die sich mit den Geschöpfen und Wundern des Märchenlandes befassen; und schließlich und hauptsächlich ist die Sprache in denjenigen Worten, die Pathos ausdrücken, unübertrefflich reich und ausdrucksstark. Es gibt deutsche Lieder, die einen mit der Sprache nicht Vertrauten zum Weinen bringen können. Das zeigt, daß der Klang *der Worte stimmt – er gibt den Inhalt haargenau wieder; und auf diese Weise wird das Ohr angesprochen und über das Ohr das Herz.*[1]

Was Mark Twain störte, waren:

- die Ausnahmen von den Regeln;
- die trennbar zusammengesetzten Verben, die Satzklammern bilden;
- das [inzwischen als veraltet geltende] Dativ-e;
- das Geschlecht der Substantive (ein Baum ist männlich, seine Knospen sind weiblich, seine Blätter sind sächlich);
- die Mehrdeutigkeit von Grundwörtern wie *Schlag* und *Zug;*
- die aus Zusammensetzungen erwachsenen Wortungeheuer;
- die Deklination der Substantive und Adjektive.

---

[1] Mark Twain: Die schreckliche deutsche Sprache. In: Mark Twain bummelt durch Europa. S. 236-254, hier S. 251.

Über diese Schwierigkeiten kann der selbstbewusste Deutsche nur lächeln; etliche davon dienten als Ansatz für Spiele. *Jeder Deutsche, schrieb Jacob Grimm, der sein Deutsch schlecht und recht weiß, d.h. ungelehrt, darf sich nach dem treffenden Ausdruck eines Franzosen: eine selbsteigene, lebendige Grammatik nennen und kühnlich alle Sprachmeisterregeln fahren lassen.*[2]

Zwar witzelte ein Berliner Schauspieler:

Ich liebe dir, ich liebe dich,
wie's richtig is, das weeß ich nich,
und's is mich ooch Pomade –

aber diese Behauptung ist nicht wörtlich zu nehmen.

Mark Twain hat nur zwei gute Haare an der deutschen Grammatik gelassen, nämlich die lautgetreue Wiedergabe der Wörter beim Schreiben (eine unverdiente Schmeichelei) und die Großschreibung [des Anfangsbuchstabens] der Substantive. Seither sind 150 Jahre vergangen. Das Prinzip der Großschreibung von Substantiven hat die Rechtschreib-Reformen von 1996 und 2006 überlebt und ist eine der ärgsten Fehlerquellen. Damals wurde die Chance vertan, die gemäßigte Großschreibung einzuführen (nur Satzanfänge und Eigennamen), die bei allen anderen europäischen Sprachen üblich ist, die also auch jeder Deutsche sich aneignen muss, wenn er eine Fremdsprache erlernt.[3] Das ist natürlich albern, man kann es nicht oft genug sagen. Wir leben jetzt mit der Gewissheit, dass Generationen von Schülern sich mit zwei Dutzend vermeidbarer, haarspalterischer Regeln plagen müssen – dass so und so viele Stunden, die man anderweitig verwenden könnte, mit deren Aneignung verschwendet werden.

Die Großschreibung der Substantive ist eine handgemachte Schwierigkeit, die meines Wissens zu keinem Spiel angeregt hat.

---

[2]   JACOB GRIMM: Die Sprache. In: WILL-ERICH PEUKERT (Hg.): Die Brüder Grimm. S. 177-220, hier S. 179.
[3]   Die gemäßigte Großschreibung wird auch *gemäßigte Kleinschreibung* genannt.

Mit der deutschen Sprache lässt sich's fein spielen. Durch Wegnehmen, Hinzufügen und Umstellen von Lauten (bzw. Buchstaben) wird die Bedeutung eines Wortes verändert. Oft kann der Sprecher zwischen Synonymen wählen. Es gibt Wörter mit übertragener Bedeutung, unter ihnen die verlockendsten bildhaften Ausdrücke. Es gibt mundartliche Wortformen. Die Präpositionen *aus, mit* und andere kommen in verschiedenartigen Satzgliedern vor und geben dadurch zu lustigen Verwechslungen Anlass. Fragen mit *wann* können ebenso gut eine Zeitangabe wie die Angabe einer Bedingung fordern, wodurch ebenfalls Missverständnisse möglich sind; obendrein kann sowohl der Temporalsatz als auch der Konditionalsatz durch die Konjunktion *wenn* eingeleitet sein. Die vier Fälle gestatten Freiheiten beim Anordnen der Satzglieder. Der Verständlichkeit zuliebe darf man die verbale Klammer oder Satzklammer verkürzen. Für die Bedeutung mancher Aussagen spielt die Betonung eine Rolle. Schließlich ist die schwierige, inkonsequente Rechtschreibung zu erwähnen. Also enthält die Sprache selbst Anregungen zum spielerischen Abwandeln und Kombinieren.

Die gelungensten Spielversuche, nämlich die von den Mitmenschen anerkannten, sind in die Folklore eingegangen. Dazu gehören Kinderreime und Zungenbrecher, Scherzfragen und Rätsel, Umkehrungsverse, Witze, Anekdoten, Schwänke und Lieder, die eine Generation an die nächste weitergibt. Vereinfachend ausgedrückt sind es immer Spiele mit Wörtern. Ohne das Bewusstsein der Strukturen und Regeln könnten sie nicht fortbestehen. Die Scherzfragen und die Rätsel, auch zahlreiche Witze, werden gezielt eingesetzt, um zugleich mit dem Scharfsinn der Partner deren Sprachsicherheit und Wortgewandtheit zu prüfen, insbesondere wenn die Partner Kinder sind.

Bewusstsein der Sprachregeln heißt keineswegs, dass einer, der mit der Sprache spielt oder ein passives Vergnügen an diesem Spiel hat, die Regeln für Beugung und Satzbildung so hersagen kann, wie man sie in der Schule lernt, dass er die Erscheinungsformen der Sprache wissenschaftlich beschreiben kann. Vielleicht weiß er nicht einmal die Namen der Wortarten mehr. Es ist für ihn kein Hindernis.

Heute wächst bei uns kein Mensch mehr ohne Schulbildung auf, aber früher haben die meisten und noch früher alle Menschen ohne Hilfe einer Schulgrammatik sprechen gelernt. In der Schule werden die schon erworbenen Fertigkeiten des Sprechens weiter entwickelt und durch Sprachbildung – durch Einsichten in Gefüge und Entwicklung der Sprache – untermauert.

Die Schule setzt voraus, dass der Mensch bereits sprechen kann. In der Schule lernt man schreiben. Durch die Schrift wird die Sprache sichtbar, wird „schwarz auf weiß" festgehalten, sodass man sie mit dem für uns Menschen wichtigsten Sinn in Ruhe betrachten kann. Fortan wird die Sprache in der Schule mit Hilfe der Schrift analysiert. Später betrachtet man die Sprache gewohnheitsmäßig mit Hilfe der Schrift wie durch eine Art Brille. Das belegen Scherzfragen. Was steht mitten in Paris? (Der Buchstabe r.) Welche Frau ist von vorn und von hinten gleich? (Anna.) Was ist bei der Laus groß und beim Elefanten klein? (Das L.) Was ist bei der Mücke größer als beim Kamel? (Das M.) Zu den Scherzfragen, die sich auf Alphabet und Rechtschreibung beziehen, treten Witze mit der Rechtschreibung.

In den Redensarten über Satzzeichen spiegelt sich die allgemeine Sprachbildung wider. *Nun mach mal einen Punkt!* lautet eine gängige Forderung, wenn der Gesprächspartner seine weitschweifigen Ausführungen unterbrechen soll. Über jemanden, der pausenlos redet, sagt man, er rede *ohne Punkt und Komma*. Ergänzende Einfügungen werden mit den Worten *In Klammern sei vermerkt* angedeutet. Scherzhaft bezeichnet man Kinder, die viele Fragen stellen, als *lebendige Fragezeichen.* Zwar gebraucht nicht jeder solche Redensarten, doch werden sie von aller Welt verstanden.

In der vorliegenden Anthologie sind Sprachspiele aller Art gesammelt. Sie belegen sowohl das Bewusstsein von feinen Bedeutungsunterschieden als auch von zahlreichen syntaktischen Funktionen und von recht komplizierten Regeln, an die wir uns beim Sprechen und Schreiben halten. Ferner das Bewusstsein von Schwierigkeiten beim Sprachgebrauch, indem sie die häufigsten Fehler vermerken. Um die Übersicht zu erleichtern, wurden die Spiele nach dem bekannten Schema der traditionellen Schulgrammatik geordnet. Damit unterscheidet sich die Anthologie kategorisch von einem beliebigen Witzbuch. Der begleitende Kommentar deckt den Spielmechanismus auf.

Es wird der Versuch gewagt, neben die Nachschlagewerke für Schwierigkeiten und Zweifelsfälle beim Sprachgebrauch ein Büchlein ganz anderen Inhalts zu stellen, den Grundstock einer heiteren Grammatik, die von der Sprachgemeinschaft empirisch entwickelt wird.

Die Qualität der Texte ist verschieden. Sie unterscheiden sich zunächst durch das Zielpublikum – durch den Grad der Sprachbeherrschung und Sprachbildung, der zum Verständnis vorausgesetzt wird. Das Erlernen der Muttersprache ist ein langwieriger Prozess, und die Folklore hält mannigfaltige Texte bereit, um Anfänger, Fortgeschrittene und Meister auf die Probe zu stellen. Sie unterscheiden sich ferner durch den Reifegrad. Manche Witze sind vom Sujet her albern oder wirken gekünstelt, weil sie aus einem Dialog bestehen, der in der Wirklichkeit kaum je in dieser Form geführt wird, und nicht selten lässt die Pointe zu wünschen übrig. Trotzdem dokumentieren sie Sicherheit und Vergnügen beim Gebrauch der Sprache, und eben das macht sie interessant.

Kein echter Geografielehrer fragt je nach dem kleinsten Wald Deutschlands. Diese Frage wurde erfunden, um die Beobachtung festzuhalten, dass der unbestimmte Artikel *ein* und das Zahlwort *ein* homonym sind. Die Antwort lautet „Der Odenwald", und der Witzheld begründet sie mit einem Lied, von dem er sich die erste Zeile gemerkt hat: „*Es steht ein Baum im Odenwald.*" Kein echter Eisenbahnschaffner denkt bei der Frage, wie lange der Zug halte, an die Dauerhaftigkeit des Materials. So ein Schaffner kommt nur in dem Witz vor, der die zwei Verben *halten* nebeneinanderstellt. Er gibt eine verblüffende Antwort, nämlich: „*Bei guter Wartung etwa fünfzehn bis zwanzig Jahre.*" Kein normaler Mensch käme auf den Gedanken, dass die Pferdeäpfel, die der Kleingärtner vor der Reitschule sammelt, um, wie er sagt, seine Erdbeeren zu düngen, auf das Dessert mit den Früchten gestreut werden könnten. Diese absurde Möglichkeit wird nur angesprochen, um zu zeigen, dass das Wort *Erdbeeren* auch als Bezeichnung für die Erdbeersträucher dienen kann. (Wegen der absurden Vorstellung taucht der Text mit dem angeblichen Missverständnis auch unter den Irren-Witzen auf.)

Die zu Folklore gewordenen Spiele – vom Zungenbrecher bis zur „Vogelsprache", vom „Nudelbrett" bis zum „Teekessel", von der „Gefüllten Kalbsbrust" bis zum Sprichwörter-Salat – gehören zu den am besten erprobten Übungen beim Erlernen der deutschen Sprache. Sie eignen sich dazu, einerseits den Sprachunterricht aufzulockern und anziehender zu machen, andererseits dessen Gediegenheit zu steigern. Sie bilden eine Art Kern, an den sich immer neue Texte anfügen, die unsere Sprachgemeinschaft, rund einhundert Millionen Menschen, im täglichen Umgang mit der Muttersprache erfindet.

Als ein besonderes Spiel mit Hilfe der Sprache erscheint das Scherzen. Ursprünglich, im Althochdeutschen, diente das Wort *Spiel* als Bezeichnung für den Tanz; seine Bedeutung schließt eine Hin-und-her-Bewegung ein, und bei mehreren Dingen, die heute den Namen *Spiel* tragen, tritt diese Besonderheit in den Vordergrund: Man bezeichnet damit u.a. die Schlagfolge beim Tennis, das Gegeneinanderwirken zweier Kräfte, den Maßunterschied von zwei zueinander gehörigen Maschinenteilen (z.B. Welle und Lagerbüchse) und den Birkhuhnschwanz. Im Mittelhochdeutschen waren die Wörter *Scherz* und *Spiel* synonym. Ihre bedeutungsgleichen Ableitungen *verscherzen* und *verspielen* bestätigen es. Das Wort *Scherz* ist mit dem Wort *scheren* („sich wegbegeben") verwandt, und dessen althochdeutscher Vorläufer bedeutete „ausgelassen sein" bzw. „springen" oder „hüpfen". Ich möchte diesen Aspekt hervorheben. Die Sinnverwandtschaft von *Spiel* und *Scherz* hat sich zuerst auf die physische Bewegung beschränkt. Heute bezeichnet *scherzen* eine geistige Bewegung, das Scherzen ist ein Hüpfen im übertragenen Sinn – man hüpft von einer Bedeutung, von einer Ansicht zur anderen. Vom Sprachspiel zum Scherz ist es weniger als ein Schritt.

„Wo kommen Sie her?"
„Aus dem Theater."
„Aus dem Theater? Hm. Was haben sie gegeben?"
„Fünf Mark."
„Aber nein, ich meine: was für ein Stück?"
„Was für ein Stück? Ein Fünf-Mark-Stück."
„Mensch, ich möchte wissen, was die Schauspieler gegeben haben!"
„Die Schauspieler ... Die haben gar nichts gegeben, die sind gratis hineingegangen!"

In Sachsen hat man diesen Witz natürlich im Dialekt erzählt. Dort hat er auch eine Fortsetzung. Das Gespräch wird von zwei Bewohnern des Leipziger Vororts Connewitz geführt.

„Wo gomm Se'n här?"
„Aus'n Deader."
„Was ham se denn gegähm?"
„Sechs fuffzch."
„Nee, ich meene, was for Sticke?"
„Drei Zweemarksticke und 'n Fuffzcher."
„Nee, ich meene, was die Schauspieler gegähm ham."
„Die wärns woll umsonst gehabt ham."
„Nicht doch, 's Trama mein'ch doch."
„‚Wie's eich gefällt'."
„Nu verbibbsch, ob mersch nu gefällt oder nicht gefällt, die schbieln ja doch, was se nach 'n Schbielblan schbielen müssen. Also, was stand'n druff?"
„‚Wie's eich gefällt'."
„Sie, Herr Griebchen, ich will Ihnen emal was saachen, ich entstamme eim' guten Hause und war immer 'n santftmietches Kind, aber wenn Se mich bartou aufs Blut reizen wollen, kann 'ch zum Tiecher wärn. Also nu machen Se geene Fissemadendchen, was ham se gegähm?"

Und nun die Variante aus der Sammlung jüdischer Witze von Salcia Landmann:

„Ich war in der Oper."
„Nu, war's schön?"
„Wie ich hingegangen bin, war's schön. Auf dem Heimweg hatten wir Regen."
„Ich frag' nicht nach dem Wetter. Ich frag': Was haben sie gegeben?"
„Fünf Gulden."
„Unsinn. Ich meine: Was haben die Schauspieler gegeben?"

„Die? Nix. Die sind gratis hineingekommen."

„Aber verstehen Sie doch endlich. Ich meine: In was waren Sie?"

„Im dunklen Anzug."

„Ich frag' nicht, was Sie anhatten, sondern: Auf was waren Sie?"

„Auf Fauteuil zehnte Reihe."

„Himmel! Ich frage doch: Was hat man gespielt?"

„Ach so! ‚Tristan und Isolde'."

„War's schön?"

„Nu – me lacht."

I. LAUTE UND BUCHSTABEN
1. Selbstlaute und Mitlaute. Das Alphabet

Unsere Vorstellung beginnt mit einem Rätsel aus der Folklore-sammlung „Des Knaben Wunderhorn" (1806-1808) von Achim von Ar-nim und Clemens Brentano. Es ist im Anhang zum dritten Band veröf-fentlicht worden, der Kinderliteratur enthält.

DIE ABC-SCHÜTZEN

Rate, was ich habe vernommen:
Es sind achtzehn fremde Gesellen ins Land gekommen,
zu malen schön und säuberlich;
doch keiner einem andern glich.
All' ohne Fehler und Gebrechen,
nur konnte keiner ein Wort sprechen.
Und damit man sie sollte verstehn,
hatten sie fünf Dolmetscher mit sich gehen.
Das waren hochgelehrte Leut':
Der erst' erstaunt, reißt's Maul auf weit,
der zweite wie ein Kindlein schreit,
der dritte wie ein Mäuselein pfiff,
der vierte wie ein Fuhrmann rief,
der fünfte gar wie ein Uhu tut.
Das waren ihre Künste gut;
Damit erhoben sie ein Geschrei,
füllt noch die Welt, ist nicht vorbei.

(Die Buchstaben.)

An dieses Rätsel knüpft ein satirisches Gedicht Goethes an. (Der Titel ist ein französisches Wort und bedeutet „Sitzung".)

SÉANCE

Hier ist's, wo unter eignem Namen
die Buchstaben sonst zusammenkamen.
Mit Scharlachkleidern angetan
saßen die Selbstlauter obenan:
A, E, I, O und U dabei,
machten gar ein seltsam Geschrei.
Die Mitlauter kamen mit steifen Schritten,
mussten erst um Erlaubnis bitten.
Präsident A war ihnen geneigt;
da wurd' ihnen denn der Platz gezeigt;
andere aber, die mussten stehn,
als Pe-Ha und Te-Ha und solches Getön.
Da gab's ein Gerede, man weiß nicht wie:
Das nennt man eine Akademie.

Andere Verfasser haben die Buchstaben mit Soldaten verglichen, wieder andere haben sie zu Herren der Welt erklärt.

GENÜGSAME SOLDATEN

Es sind fünfundzwanzig Soldaten, die marschieren stets in Reihen, kochen sich nichts und braten sich nichts, essen nicht und trinken nicht, schlafen nicht und wachen nicht.

(Die Buchstaben.)

DIE HERREN DER WELT

Fünfundzwanzig Herren regieren die Welt.
Sie essen kein Brot, sie brauchen kein Geld,
sie trinken weder Bier noch Wein.
Was mögen das für Herren sein?

(Die Buchstaben.)

Mit dem Scharfen S (ß) umfasst das deutsche Alphabet in der heute verbindlichen Schrift 27 Buchstaben. Beim Aufsagen des Alphabets bleibt das Scharfe S ungenannt. Die Anzahl der dargestellten Laute ist mehr als doppelt so groß, manche Wissenschaftler sagen 57, andere 62. Früher ist man mit noch weniger Buchstaben ausgekommen: Das klassische lateinische Alphabet umfasst nur 23. Deshalb spricht das alte Rätsel von nur 18 Buchstaben für Mitlaute. Wir haben neben dem I noch das J und neben dem V noch U und W.

Wäre unser Alphabet eine rezente Erfindung, würden die Kultusminister sie als unausgegoren ablehnen. Jeder vernünftige Mensch würde sie ablehnen. Trotz der Jahrhunderte langen Bemühungen um die Anpassung des lateinischen Alphabets an das Lautsystem der deutschen Sprache sieht das Ergebnis nach Murks aus.

Für vier Mitlaute fehlen eigene Zeichen, sodass man sich mit Buchstabenkombinationen behelfen muss; das gilt für den Ich-Laut, geschrieben CH, für den Ach-Laut, geschrieben CH, für einen der drei Nasenlaute, geschrieben NG, und für den Zischlaut, geschrieben SCH. Seitdem Wörter französischer Herkunft wie *Genie* und *Regie* zum geläufigen Wortschatz gehören, fehlt auch ein Buchstabe für das stimmhafte SCH. Der Buchstabe S muss für drei Laute herhalten: einerseits für das stimmlose S, andererseits für das stimmhafte S, ferner, in den Kombinationen SP und ST, für den Zischlaut SCH. Beim stimmlosen S wird es zuweilen vom Scharfen S (ß) vertreten. Im Gegensatz dazu wird der Laut F dreifach wiedergegeben, nämlich durch die Buchstaben F und V sowie durch die Kombination PH. Die Buchstaben C, Q, X und Z stehen für Lautkombinationen, und an dem Q klebt, man weiß nicht warum, immer noch ein U. Das Y schließlich kommt bei der jetzt gültigen Rechtschreibung mit ganz wenigen Ausnahmen nur in Fremdwörtern vor; diese Ausnahmen sind *Bayer, Bayern* und *bayrisch.* Gelesen wird das Y, kurios, mal wie der Selbstlaut I, mal wie der Umlaut Ü, mal wie der Zwielaut EI, mal wie der Mitlaut J.

Ob ein Selbstlaut kurz oder lang zu sprechen ist, sieht man dem Buchstaben nicht an. Deshalb wird die Kürze – freilich nur manchmal – durch die Verdopplung des folgenden Mitlauts angedeutet und die Länge – ebenfalls nur manchmal – durch ein Dehnungszeichen.

Die Übernahme von Wörtern aus anderen Sprachen mit identischer Schreibweise hat die Lesekunst kompliziert. Manche Buchstaben werden anders als üblich ausgesprochen, z.b. in den Wörtern *Boom, Charme, Clown, Farce, Gentleman, Girl, Insider, Lady, rangieren, Ration, Service, trainieren.*

Die Schwierigkeiten mit der deutschen Rechtschreibung wurzeln in der Beschaffenheit des Alphabets. Unser Abc kann einer fonetischen Lautschrift nicht das Wasser reichen. Es ist erstaunlich, wie gut wir mit diesem unvollkommenen Werkzeug zurechtkommen. Wir schreiben EI und lesen AE.

Betrachten wir jetzt noch einmal den Buchstaben V. Im lateinischen Alphabet vertrat er zwei Laute, nämlich U und W, aber durch die Einführung neuer Buchstaben wurde seine Stellung geschwächt. Im deutschen Alphabet tritt er als Harlekin auf. Das V muss entweder als F oder als W gelesen werden. Im Wort *vier* als F, im Wort *Klavier* als W. Im Wort *Vater* wie im Wort *Faser*, im Wort *Vase* wie im Wort *Wasser*. Es gibt eine Ortschaft bei Frankfurt, die *Filbel* heißt, geschrieben *Vilbel*, und einen Ortsteil von Stuttgart, der *Fa-ing-en* heißt, geschrieben *Vaihingen*.

Den Schulanfängern, die einen begrenzten Wortschatz haben, dient ein alter Zweizeiler als Eselsbrücke für die V-Schreibung, er steht in der Fibel:

Vater, Vetter, Vogel, Vieh,
Veilchen, Volk vergess' ich nie!

Durch eine Regel der Silbentrennung wird der Nasenlaut NG praktisch aus dem Bewusstsein verdrängt: Der Regel zufolge gehört das N zur ersten, das G aber zur folgenden Silbe, als ob es sich um zwei verschiedene Laute handelte, man vergleiche: die *schlan-ken* Beine, die *lan-gen* Stiefel. Zum Unterschied davon trennen wir *rie-chen*, nicht *riec-hen*, *la-chen*, nicht *lac-hen*, *wa-schen*, nicht *was-chen*. Freilich kann die stiefmütterliche Behandlung nichts an der Aussprache ändern, weil NG in alten und häufig gebrauchten Wörtern vorkommt: *Ding, Finger, Lunge, Ring, Stange, Zunge; eng, jung, lang; bringen, fangen, gelingen, hängen, singen.*

Ernst Buschor hat ein Rätsel verfasst, welches nur lösen kann, wer an die Mehrdeutigkeit des Buchstabens S denkt: als Zeichen für den stimmlosen Laut SCH in der Kombination ST (wie in *Sturm*) und als Zeichen für den stimmhaften Laut S (wie in *Samen*).

UNHEIMLICH

In jedem Sturm,
bei Wetter und Wind,
hockt's vor dem Turm
und stillt das Kind.
In der Erde der Samen
sagt dazu Amen.

(Der Buchstabe S.
Man sagt „Sch!", wenn die Kinder still sein sollen.)

Die Urform unseres Alphabets stammt vom antiken Volk der Phönizier. Vor mehr als 3.000 Jahren hat es sich im Nahen Osten als eines von mehreren konkurrierenden Zeichensystemen entwickelt. Jenes System bestand nur aus Zeichen für die Mitlaute – die Selbstlaute wurden nicht festgehalten. Wer des Lesens kundig war, sprach sie mit. Historisch betrachtet entsprechen die Schriftzeichen der Phönizier unseren Großbuchstaben.

Abgesehen davon, dass sich die Form der Buchstaben änderte, hat die Schrift nach und nach fünf wesentliche Neuerungen erfahren:

1.) Die Griechen führten Zeichen für Selbstlaute ein.

2.) Die Griechen gaben die Linksläufigkeit der Wörter auf. Nach einer Zwischenstufe, dem so genannten „ochsenwendigen" oder „furchenwendigen" Schreiben, bei dem man abwechselnd je eine Zeile von rechts nach links und von links nach rechts schrieb, setzte sich die Rechtsläufigkeit durch. So war es auch bei den Römern; die ältesten lateinischen Inschriften sind linksläufig oder „ochsenwendig".

3.) Im 9. Jahrhundert n.Chr. entstanden Buchstabenformen, die man heute als *kleine Buchstaben* (oder *Minuskeln*) bezeichnet.

4.) Bei der *Karolingischen Minuskel* wurden erstmals konsequent Abstände zwischen den Wörtern eingehalten. Diese Minuskel wurde geschaffen, als Karl der Große von den Gelehrten ein in allen seinen Ländern geltendes Alphabet mit einheitlichen Schriftzeichen forderte.

5.) Ab dem 17. Jahrhundert verallgemeinerte sich der Gebrauch von Satzzeichen.

„PHÖNIZIEN"

Gewiss war das Schreiben und Lesen bei den Phöniziern eine Kunst. Wer will, kann versuchen, einen Text zu entziffern, der ohne Buchstaben für Selbstlaute, nur mit Großbuchstaben, linksläufig, ohne Abstände zwischen den Wörtern und ohne Satzzeichen geschrieben ist. Bitte schön! Selbstverständlich wurde bei den folgenden zwei Texten die Mitlautverdoppelung ausgespart; aus demselben Grund erscheint die Buchstabenkombination CH nur als H.

RDZHGLFRWNLGVNHNW
(Wenn ich ein Vöglein wär, flög' ich zu dir.)

TBLBGRBSWNMNSMTZNTHRRZTMKTHNRW
(Wer nicht kommt zur rechten Zeit, muss nehmen, was übrig bleibt.)

Man kann daraus ein Spiel machen: Hinz transkribiert einen Text und reicht Kunz das Ergebnis, der den Wortlaut erraten soll.[4]

---

4   Nach einem Vorschlag von GILBERT OBERMAIR (Hg.): Die interessantesten Wortspiele. S. 63.

AUFGABE FÜR DEN ZENSOR 1852

MirSolleinerkoMmenundsagenDaßichnichtauchdiesmAldemliterari-
schenkaBinetteeInennichtswürdiGenärgerbereitEthätteduRchdenunsiNn
dieserwortzusaMmenstellunGdurchwelchesichdiesewohllÖblichebe-
hördedochnotWendigerweisedurCharbeitenmußdasiEdiestrengeverpflic
htUnghaTallenerscheinunGenderberLinerpresSeeineebensogenaueals-
gewiSsenhafteduRchsichtzuwidMenunDjetztdochamendesicheinigeRm
aßenkrÄnkenmUßindiesemSatzsogarnichtsbEdeNklichesgeFundenzha-
benundDiehunDstageglüCklichvorüBersind.

Schultze
Unbekannter Verfasser

EIN NEUER VOKAL

Die Gelehrten haben die Laute beschrieben und ihre Entwicklung
durch mehrere tausend Jahre Sprachgeschichte verfolgt. Sie haben die
Laute klassifiziert: nach der Stelle, an der sie erzeugt werden, nach der
Art und Weise, wie sie zustande kommen, dann, im Falle der Selbstlaute,
ob sie kurz oder lang, ob sie offen oder geschlossen sind, und im Falle
der Mitlaute, ob sie stimmlos oder stimmhaft sind. Nur eines können die
Gelehrten nicht machen: einen neuen Laut erfinden oder einen Laut, der
bei den Buschmännern oder bei den Eskimos natürlich ist, in die deutsche
Sprache einführen. Die kindlich-naive Vorstellung, so etwas wäre möglich, wird in einem Gedicht von Christian Morgenstern verspottet („Der
neue Vokal"):

„Was hat denn Ihr Herr Gemahl
nun eigentlich ausgeheckt?"
„Er hat einen neuen Vokal
erfunden oder entdeckt."

Den will Herr Ulich patentieren lassen und verkaufen – aber wer
wird ihn nehmen?

Auf das Alphabet beziehen sich mehrere Redensarten: *von A bis Z; Wer A sagt, muss auch B sagen* (neuerdings auch: *Wer A sagt, muss nicht B sagen*); *jemandem ein X für ein U vormachen; einen durchs (ganze) Abc loben.* *Plan B* bedeutet „eine Alternative für den Fall, dass ein Vorhaben misslingt". *Vitamin B* bedeutet „hilfreiche Beziehungen". Wer *ein paar Buchstaben fortschickt,* der schreibt einen kurzen Brief. Wer *die Buchstaben doppelt sieht,* der ist betrunken. Wer *jemanden nach dem (toten) Buchstaben verurteilt,* hält sich an den Paragrafen, ohne selbstständig zu denken.

Zu welchem dreisilbigen Wort gehören 26 Buchstaben? (Zu dem Wort *Alphabet.*)

Das Alphabet dient vor allem dem Niederschreiben der Gedanken. Darüber hinaus ist es durch die feste Reihenfolge der Buchstaben zu einem unentbehrlichen Instrument der Ordnung geworden. Mit Hilfe der Buchstaben unterscheidet man Hauseingänge, Vitamine, Blutgruppen, chemische Elemente, Teilchenstrahlen, Sterne, Sportligen usw. Weil das Wissen der Menschheit sich alle paar Jahre verdoppelt, braucht man immer mehr Nachschlagewerke, und in den meisten davon sind die Stichwörter nach wie vor alphabetisch angeordnet. Folglich wird das Alphabet laut und leise Millionen Mal aufgesagt. Trotzdem ist es noch möglich, durch das Rezitieren des Abc in etwa der Hälfte der sonst erforderlichen Zeit Aufsehen zu erregen.

WER KANN AM SCHNELLSTEN DAS ABC AUFSAGEN?

Der Trick geht davon aus, dass man die Mitlaute beim Aufsagen gewohnheitsmäßig als Silben spricht – be, ce, de, ef, ge, ha, jot, ka usw. –, das bedeutet bei 26 Buchstaben wegen des dreisilbigen Ypsilon 28 Silben. Wer nicht alle Mitlaute als Silben spricht, sondern manche nur als einfache Laute – also den zweiten Buchstaben nicht als be, sondern als b –, der spart Zeit. Er kann die erhaltenen Laute und Silben zu vier

Wortgebilden zusammenziehen und kommt dann mit 15 Silben aus. Die vier komischen Wörter lauten: *abcedefge hijotkelmen opkurstuvau wixyzet.*[5]

VON Z BIS A

Beim Pfandauslösen kann man einem Mitspieler die Aufgabe stellen, er soll das Alphabet rückwärts aufsagen: Z, Y, X, W, V ... Es geht verblüffend langsam.

Die Rebus-Erfinder verwenden die Schriftzeichen für die Mitlaute mal mit dem Lautwert, mal mit dem Silbenwert:

GG	Gang (G an G)
GG	Zweige (zwei Ge)
TT	Tante (T an Te)
oD	Kleinod (klein O D)
HH E	zwei Hunde (zwei H und E)
EIL T	Vorteil (vor T EIL)
NT	Ente (En Te)
GS	Gans (G an S)
SL	Esel (Es El)
ND	Ende (En De)
R+	rund (R und)
FA r LL	ein kleiner Zwischenfall (ein klein Er zwischen FA LL)

Zwar bedeutet der Name wörtlich übersetzt „durch Sachen", doch darf ein Rebus zum Unterschied vom Bilderrätsel nur Buchstaben und Zahlen enthalten. Diese werden in die verschiedenartigsten Verhältnisse zueinander gebracht, z.B. an-, auf- oder ineinander gesetzt, und man muss erraten, welche der möglichen Verbindungen einen Sinn ergibt. Die Aufgabe wird dadurch erschwert, dass ein Buchstabe wie erwähnt manchmal Silbenwert, manchmal aber nur Lautwert hat, dass meist

---

5   BRUNO RÜGER (Hg.): Rätsel, Jux und Zauberei. S. 91.

mehrere Verhältniswörter in Frage kommen und immer viele Umstellungen möglich sind.

Mit einfachen Rebussen wie den folgenden vergnügen sich schon zehnjährige Kinder:

2g liegen auf der rd. Die nt schwimmt auf der lb. L4a spielt Kla4. 8ung, das sn ist frtig. R riss den Zl nt2. Man ist nie 1am, wenn man eine Run3se m8.

Notfalls setzt man sich über die Rechtschreib-Regeln hinweg:

N L	Forellen (vor El En)
Sal T	Salbeitee (Sal bei Te)
TO	Theo (Te O)
T KE	Teekanne (Te K an E)

A, B, C, ... STOPP!

Unmittelbar mit dem Aufsagen des Abc verbunden ist ein Gesellschaftsspiel, bei dem es gewöhnlich um geografische Kenntnisse geht, aber selbstverständlich kann man es auf andere Wissensgebiete ausdehnen.

Die Spieler brauchen Papier und Schreibzeug. Jeder zeichnet auf sein Blatt eine Tabelle wie für einen Stundenplan, doch werden in die Kopfleiste nicht die Wochentage, sondern je nach Vereinbarung Kategorien wie Länder, Städte, Gewässer, Wildwachsende Pflanzen, Tiere, Gerichte, Eigennamen usw. eingetragen. Reihum darf ein Mitspieler in Gedanken das Abc aufsagen und ein zweiter darf „Stopp!" rufen. Wenn der erste bis zum, sagen wir, K gelangt ist, schreiben die Spieler schnell in jede Rubrik ein Wort (und falls möglich mehrere) mit dem Anfangsbuchstaben K, also beispielsweise: *Kolumbien, Kenia; Köln, Kairo, Kiel, Kiew; Kaspisches Meer; Klee, Klette; Kuh, Katze, Kamel, Kalb; Kartoffelpüree, Krautsuppe, Kürbisgemüse; Karl, Klara, Kurt, Konrad.* Wer zuerst fertig ist, ruft nun seinerseits „Stopp!", worauf man die vereinbarten Punkte für alle gültigen Antworten zusammenzählt.

„EIN BOTANISCHER GARTEN"

In dem Buch „Die dampfenden Hälse der Pferde im Turm von Babel" schlägt Franz Fühmann ein Gesellschaftsspiel vor, bei dem das Alphabet als botanischer Garten angelegt wird, indem jeder Mitspieler ein Gewächs anpflanzt, der erste einen *Ahorn,* der zweite eine *Buche,* der dritte eine *Christrose* usw. Genauso könne man Tiergärten aufbauen, Reisen unternehmen, ein Hochhaus mit Berufen bevölkern, eine Künstler-Akademie gründen oder die Geschichte heraufbeschwören.[6]

Renate Welsh unterscheidet ein Was-ich-mag- von einem Was-ich-nicht-mag-Alphabet, mit *Ananas, Butterblumen* und *Currysauce* in der ersten Aufzählung und mit *Angeber, Bandlwürmer* und *Cliquen* in der zweiten.[7]

„ZERPFLÜCKTE BLUMEN"

Seien Sie galant und lassen Sie sich von einer der anwesenden Damen ihre Lieblingsblume nennen! Sie möchte sich vielleicht für Ihre Galanterie bedanken, indem sie *Vergissmeinnicht* sagt. Das ist ein schönes, langes Wort, das sich herrlich zerpflücken lässt. Das geht folgendermaßen vor sich:

Ihr linker Nachbar soll ohne langes Überlegen eine Stadt mit dem Anfangsbuchstaben V sagen, also *Venedig;* der oder die Nächste eine Stadt mit E: *Emden;* der oder die Nächste mit R: *Rom.* Und so weiter. So wird in der Richtung des Uhrzeigers an dem Vergissmeinnicht herumgepflückt, bis nichts mehr davon übriggeblieben ist. In der Eile werden auch die Namen von Flüssen, Bergen und Inseln unterschlüpfen. Wer die Antwort schuldig bleibt oder etwas Falsches sagt, gibt ein Pfand.[8]

---

[6]   FRANZ FÜHMANN: Die dampfenden Hälse der Pferde im Turm von Babel. S. 183.
[7]   RENATE WELSH: Was-ich-mag-Alphabet, Was-ich-nicht-mag-Alphabet. In: Das Sprachbastelbuch. S. 34-35.
[8]   Nach einem Vorschlag von THEODOR MÜLLER-ALFELD: Das Hausbuch der Spiele und Hobbies. S. 269-270.

A UND KOMPANIE

„Kennst du das Abc?" fragt der Lehrer einen kleinen Schüler.
„Aber natürlich."
„Also sag mir bitte: Welcher Buchstabe kommt nach A?"
„Alle anderen."

DER HÄUFIGSTE BUCHSTABE

Eine Firma, die mit Schreibmaschinen handelt, erhält folgenden
Brief:

Sxhr gxxhrtx Damxn und Hxrrxn!

*Auf dxr von Ihnxn gxlixfxrtxn Schrxibmaschinx fxhlt lxidxr xin
Buchstabx. Vixllxicht könnxn Six ihn frxundlichxrwxisx nachlixfxrn.
Bxstxn Dank im Voraus.*

Ihr
Stxfan Drxchslxr

Der zweithäufigste Buchstabe im Deutschen ist das N. Hans Reimann hat als Merkwort für die Häufigkeit, mit der die „eifrigsten" Buchstaben im Deutschen auftreten, das Wort ENIRSTADU ausgeknobelt.[9]

IM WÖRTERBUCH GEBLÄTTERT

Wo steht der Stürmer vor dem Tormann? (Im Lexikon, denn
das S kommt vor dem T.)
Wann fällt Donnerstag vor Mittwoch? (Wenn man im Wörter-
buch blättert.)
Wo geht der Bettler dem König voran? (Im Wörterbuch.)
Wo kommt die Ehe vor der Verlobung? (Im Wörterbuch.)

---

9   HANS REIMANN: Vergnügliches Handbuch. S. 12.

PROBLEME MIT DEM H

Was ist besseres Deutsch? Heißt es richtig „Der Buchstabe H ist der neunte im Alphabet" oder „Das H ist der neunte Buchstabe aus d e m Alphabet"? (Das H ist nicht der neunte, sondern der achte Buchstabe im Alphabet.)

Wer ist besser dran, der Mensch oder das Alphabet? (Das Alphabet – es hat nur ein W.)

2. Die Laute als Bedeutungsträger

Abgesehen von der konventionellen Gliederung in Silben (jede hat, laut Definition, zumindest einen Vokal), erscheint der Redefluss gewöhnlich als eine regellose Folge von Selbstlauten und Mitlauten. Diese Regellosigkeit reizt zum Spielen.

Es wird beispielsweise versucht, Sätze zu bilden, in denen ein bestimmter Laut möglichst oft vorkommt.

Zwar sind komplette und sinnvolle Sätze mit nur einem Selbstlaut im Deutschen sehr selten, aber nicht unmöglich – allerdings wirken sie etwas gekünstelt. Die Beispiele stammen aus dem genannten Buch von Franz Fühmann.

Fred pellt Lenes Ferkel.
Bob schmort Ottos Rollmops.
Ruth schuppt Lulus Sumpfhuhn.
Hein teilt Veits Schweinsfleisch.

Ebenso gekünstelt wie diese Gebilde wirken Sätze mit Wörtern, die der Reihe nach alle Selbstlaute enthalten. Die Beispiele stammen aus demselben Buch.

Jagt den Fisch vom Stuhl!
Nach der Milch kocht Blut!
Sagt es mit Kochkunst!

Unabhängig davon werden bestimmte Texte spaßhalber nur mit einem Selbstlaut gesprochen. Bekannt und beliebt ist der sangbare Vierzeiler mit den drei Chinesen, den die Kindergartenkinder variieren:

Drei Chinesen mit dem Kontrabass
wollten spielen und wussten nicht was.
Da kam die Polizei: Ja, was ist denn das?
Drei Chinesen mit dem Kontrabass.

Man spricht bzw. singt den Text erst mit A denn mit E, I O, U, Ö, Ü, EI und EU. Aber es gibt auch anspruchsvollere Übungen.

WÖRTER MIT FÜNF A

Franz Fühmann schlägt ein Spiel vor, bei dem es darauf ankommt, immer längere Wörter mit ein und demselben Selbstlaut zu finden. Reihum sagt jeder ein Wort mit einem A, dann eines mit zwei A, dann eines mit drei A usw., freilich sollen es sinnvolle Wörter sein. Wer nicht weiterkann, muss ein Pfand geben, doch wer noch ein Wort weiß, wenn alle gepasst haben, bekommt einen Punkt und darf bestimmen, wie die Pfänder ausgelöst werden sollen. Dann setzt man das Spiel mit E-Wörtern fort.

Beispiele mit A: *zart, Paar, Ananas, Madagaskar, Panamakanal.*
Beispiele mit E: *Keks, lesen, regelrecht, Regenwetter, etepetete.*
Beispiele mit I: *spitz, billig, Bikini, Mississippi, Mississippischiff.*
Beispiele mit O: *voll, Motor, Chlorodont.*
Beispiele mit U: *bunt, Kuckuck, Purpurglut.*

Durch thematische Einschränkungen wird der Schwierigkeitsgrad erhöht. Dinge auf E, die man besser nicht anfasst, sind laut Fühmann *Pech, Egel, Brennnessel, Hexenkessel;* technische Dinge auf O sind *Rohr, Foto, Protokoll, Ottomotor;* ungute Eigenschaften auf I sind *wild, kindisch, hirnrissig, nihilistisch.*

Anschließend Beispiele für die Häufung von bestimmten Mitlauten. Ein Sonderfall sind Sätze, deren Wörter alle mit demselben Mitlaut beginnen. Es handelt sich um Volksgut.

Bäcker, backe braunes Brot und braune Brezeln.
Brauchbare Bierbrauerburschen brauen brausendes Braunbier.
Früh in der Frische fängt Fischers Fritz frische Fische.
Hinter Hannes Hermanns Haus hängen hundert Hemden raus.
Hundert Hemden hängen raus hinter Hannes Hermanns Haus.
Hinter Hansens Hirtenhäuschen hackte Hans Holz. Hätte Hansens hübsches Hannchen Hans Holz hacken hören, hätte Hansens hübsches Hannchen Hans Holz hacken helfen.
Kaisers Köchin kann keinen Kalbskopf kochen; keinen Kalbskopf kann Kaisers Köchin kochen.
Kecker Knabe, knacke Kurts Knackmandeln!
Kurze Kleider, kleine Kappen kleiden kleine Krausköpfe.
Meister Müller, mahle mir meine Metze Mehl: Morgen muss mir meine Mutter Mehlspeis machen. Variante: Morgen möchte mir meine Mutter Milchmus machen.
Peter putzt Pauls Pantoffel; Pauls Pantoffel putzt Peter.
Rasch rollt Rudis Rad; Rudis Rad rollt rasch.
Sardinen sind sehr selten Sardellen, sagen sachkundige sardische Sammler. (Aus: Franz Fühmann: „Die dampfenden Hälse".)
Sieben Schneeschaufler schaufeln Schnee.
Sieben Schneeschipper schippen sieben Schippen Schnee.
Für einen sächsischen Sechser sechsundsechzig Schock sächsische Schuhzwecken.
Schäfers scharfe Schäferschere schert schwarze Schäfchen.
Schwarze Schwäne schwimmen schweigend.
Ein Student mit Stulpenstiefeln stolpert über einen spitzen Stein.
Töpfers Trine trägt tausend Töpfe. Tausend Töpfe trägt Töpfers Trine.
Wir Wiener Waschweiber würden weiße Wäsche waschen, wenn wir wüssten, wo warmes Wasser wäre.

Wir wissen nicht, was würzige Wiener Würstchen wirklich wollen. Was wollen würzige Wiener Würstchen wirklich? (Antwort: „Senf!")
Zwei zischende Schlangen sitzen zwischen zwei spitzen Steinen.
Zwischen zwei schwarzen Schwalben schwirren zwei Schmetterlinge.
Zwischen zwei Zwetschgenzweigen zwitschern zwei Schwalben.
Zwischen zwei Zweigerln zwitschern zwei Zeiserln.

Etliche der oben zitierten Sätze gehören schon zu den **Zungenbrechern**. Auch in den Zungenbrechern sind bestimmte Laute oder Lautverbindungen gehäuft, doch weisen sie, um die Beherrschung der Sprechwerkzeuge zu testen, eine zusätzliche Schwierigkeit auf. Entweder sind die Selbstlaute so angeordnet, dass die Mundöffnung ständig variiert werden muss, oder der häufige Laut ist abwechselnd mit Zahn- bzw. Lippenlauten und mit Gaumenlauten kombiniert, sodass die Bildungsstelle mal vorn und mal hinten liegt, oder die Reihenfolge der Laute, fallweise ganzer Wörter, wird umgekehrt.

Achtundachtzig achteckige Hechtsköpfe.
Blaukraut bleibt Blaukraut, und Brautkleid bleibt Brautkleid.
's leit a Klötzle Blei glei bei Blaubeura, glei bei Blaubeura leit a Klötzle Blei. (Aus: Eduard Mörike: „Das Stuttgarter Hutzelmännlein".)
Breitspurbahnschienen sind breiter als Schmalspurbahnschienen.
Bürsten mit schwarzen Borsten bürsten besser als Bürsten mit weißen Borsten.
Esel essen Nesseln nicht, Nesseln essen Esel nicht.
Fünf Fahrenholzer Holzfahrer fuhren fünf Fuhren Farbhölzer flink, fröhlich, flott fort.
Fünf Füchse fingen fünf feiste Feldmäuse
Vor Frost ritt der Förster Fürst in den Forst.
Zwei flotte Kesselflicker flickten flinker vier Kessel, als vier nicht flotte Kesselflicker vier Kessel flicken könnten.
Kannst du denn dem kleinen konstantinopolitanischen Dudelsackpfeifer pfeifen?

Die Katze tritt die Treppe krumm.

Es klapperten die Klapperschlangen, bis ihre Klappern schlapper klangen.

Metzger, wetz dein Metzgermesser auf des Metzgers Wetzestein.

Der Cottbusser Postkutscher putzt den Cottbusser Postkutschkasten.

Kriegen wir drei Teertonnen oder drei Trantonnen?

Sechsundsechzig Stück schuppige Hechtsköpp.

Der Sperber fragt: „Was macht die Wachtel?" – „Was fragst du, Sperber?" sagt die Wachtel.

In Ulm, um Ulm und Ulm herum.

Heut' kommt der Hans zu mir,
freut sich die Lies'.
Ob er aber über Oberammergau
oder aber über Unterammergau
oder aber überhaupt nicht kommt,
das ist nicht g'wiss.

Hans isst den Schweizerkäs'
ohne Gebiss.
Ob er aber überm Oberkiefer kaut
oder aber überm Unterkiefer kaut
oder aber überhaupt nicht kaut,
das ist nicht g'wiss.

Natürlich werden die Zungenbrecher so gesprochen, wie es die lokale Mundart oder die lokale Umgangssprache vorschreibt. Manche konnte man in eine literarische Form pressen, ohne ihren Reiz zu beeinträchtigen. Bei anderen war das nicht möglich, deshalb sind diese nie in ein Lesebuch gelangt.

STABREIMSPIEL

Reihum soll jeder Mitspieler einen Satz sagen, der so beschaffen ist, dass alle Wörter mit demselben Buchstaben beginnen, z.b. mit K. („Kann Konrad kein kleines Kaninchen kaufen?") Man einigt sich, ob Präpositionen und Konjunktionen ohne K erlaubt sind.

Sobald die Spieler in Fahrt kommen, kann der Spielleiter die Aufgabe erschweren, indem er ein Thema festlegt. Der Satz mit Stabreim soll etwa in eine Speisekarte oder in einen Liebesbrief oder in eine Zeitungsannonce oder in ein Kinoprogramm passen.[10]

REISE DURCH DAS ALPHABET

Die geografische Variante des Stabreimspiels führt uns in die weite Welt. Otto eröffnet das Spiel mit dem Satz „Ich reise heute nach ..." und nennt als Ziel ein Land, dessen Namen mit A beginnt. „Was tust du dort?" fragt Kurt. Nun soll Otto mit einem Satz antworten, dessen Glieder, von *Ich* abgesehen, alle mit A beginnen. Erika kommt mit B an die Reihe, Hubert mit C, Margret mit D usw. Zum Beispiel:

Albanien: Ich ackere angestrengt am alten Apfelbaum.
Argentinien: Ich angle abends allein am Atlantik.
Portugal: Ich putze perfekt private Petroleumlampen.
Spanien: Ich speise spottbillig schmackhafte Störe.[11]

1987 hat die Gesellschaft für deutsche Sprache nach dem Wort mit den meisten Mitlauten suchen lassen. Damals machte *Borschtsch-Gschnas* das Rennen, allerdings enthält dieses Wort nicht 15 Mitlaute, sondern nur neun, da SCH als ein Laut gelten muss. Neben *Borschtsch* darf sich meiner Ansicht nach *Gfratschls* ruhig sehen lassen, das ist eine

---

[10]   Nach einem Vorschlag von ELISABETH HEIM (Hg.): Gesellschaftsspiele für jung und alt. S. 62.
[11]   Nach einem Vorschlag von ROLAND GÖÖCK (Hg.): Lustige Spiele für Haus und Garten. S. 96.

Ableitung aus dem spezifisch österreichischen Wort *fratscheln* und bezeichnet die Gesamtheit der zu verhökernden Ware (Gemüse und Blumen).

1988 ermittelte die Gesellschaft das mit 24 Buchstaben längste deutsche Wort, in dem sich kein Buchstabe wiederholt: *Heizölrückstoßabdämpfung.*

„DER GALGEN"

Bei diesem Spiel für zwei Personen, auch als „Galgenmännchen" bekannt, sind Wörter zu erraten. Es geht davon aus, dass erstens die Zahl der Buchstaben klein ist und zweitens die Selbstlaute relativ häufig vorkommen – bestehen doch die Wörter aus Silben, und jede Silbe enthält zumindest einen Selbstlaut.

Nun denkt sich der eine Spieler ein langes (zusammengesetztes) Wort aus, z.B. *Apfelkuchen.* Er schreibt nur dessen Anfangs- und Endbuchstaben auf ein Blatt Papier und deutet den Abstand zwischen ihnen durch Punkte oder Strichlein an: A........N. Sein Partner nennt Buchstaben, die zu dem Wort gehören könnten. Er beginnt klugerweise mit E, weil E der im Deutschen häufigste Buchstabe ist; die nächstfolgenden sind N, I, R, S.

Jeder Treffer wird eingezeichnet. Gestützt auf die wachsende Buchstabenfolge versucht der Partner, das fragliche Wort zu finden. Der erste Spieler aber zeichnet für jeden falschen Buchstaben nach und nach – strichweise – einen Galgen mit einem Männlein dran. Der Partner gewinnt, wenn er das Wort errät, bevor die Zeichnung fertig ist, sonst muss er „hängen". Das Spiel erinnert an die Halslöserätsel des Mittelalters: Wer das gegebene Rätsel löste, konnte das eigene Leben oder das eines anderen retten.

Roda Roda geriet einmal in Verlegenheit, als er mit seiner kleinen Nichte spielte und das Wort *Kamtschatka* erraten sollte. Woher sie das Wort habe? Aus dem Religionsunterricht. Wenn die Schüler etwas nicht wussten, pflegte der Katechet zu sagen: „Ich hau dir eine hinein, dass du bis Kamtschatka fliegst."[12]

Indem wir einen Laut ersetzen, können wir die Bedeutung eines Wortes verändern: *laben – leben – lieben – loben; backen – packen, Gebäck – Gepäck; leben – legen – lähmen – lehnen – leeren – lehren – lesen.* Lautmutationen können lustig sein. „Zeigen Sie mir die blaue Bluse der Romantik", lässt Tucholsky einen etwas hastigen Touristen im Theater sagen („Deutsch für Amerikaner. Ein Sprachführer"[13]). „Wer zuletzt lacht, lacht im Westen", witzelte man in der DDR. Auch durch angefügte Laute wird die Bedeutung verändert: *Ei – Eis – heiß – heißt; nach – Nacht; Nachtisch – Nachttisch.* Auf diese Weise kommt es zu der Erscheinung, dass manche Wörter sich in anderen „verstecken". Solche bedeutungsändernde Laute heißen **Foneme.**

Das Vergnügen an den Fonemen ist alt und weit verbreitet, wie u.a. folgende Sprichwörter bezeugen: *Rast' ich, so rost' ich. Ein leerer Topf am meisten klappert, ein leerer Kopf am meisten plappert.*

KONDERBAR

Peter kommt mit Schlagseite nach Hause. „Wo warst du schon wieder?" fragt seine Frau gereizt.

„Mit Ludwig etwas kaufen", lallt Peter.

„Die Frau schüttelt den Kopf: „Konderbar, konderbar."

„Warum sagst du ‚konderbar'?"

„Du sagst ja auch ‚kaufen'."

Man kann bei weitem nicht aus allen Wörtern durch Anfügen oder Weglassen oder Austauschen eines einzigen Lautes ein anderes sinnvolles Wort formen. Oft befindet sich ein bestimmter Laut – ob in Anfang-, Mittel- oder Endstellung – nicht in erkennbarer Opposition zu einem

---

[12]   LUDWIG MERKLE: Das große Hausbuch des Humors. S. 265.

[13]   KURT TUCHOLSKY: Deutsch für Amerikaner. Ein Sprachführer. In: Ders.: Gesammelte Werke. Bd. 3, S. 125-127, hier S. 126.

anderen Laut, doch haben wir uns an ihn gewöhnt, sodass uns sein Wegfallen stören würde. Wir merken das gut an einem Text, den Mira Lobe verfasst hat („Lob der Endbuchstaben"). Ohne die Endbuchstaben, so steht da mit Recht, „ist unsere deutsche Sprache ohne Saf und Kraf, ohne Sal und Schmal."[14]

Umgekehrt verfremden willkürlich eingeschobene Laute einen Text und machen ihn für Uneingeweihte unverständlich. Die Kinder haben sich auf diese Weise Geheimsprachen geschaffen, die man *Vogelsprachen* nennt (ungarisch in wörtlicher Entsprechung: *madárnyelv*, rumänisch: *vorbire păsărească*). Laut Franz Magnus Böhme drillen sie damit ihre Zunge und schärfen ihr Ohr. Er zählt mehrere Vogelsprachen auf, die man in Hessen, in Oldenburg und im Vogtland beobachtet hat:

Die B-Sprache. Jeder Selbstlaut bzw. Zwielaut wird wiederholt und bei der Wiederholung der Konsonant B vorangestellt. Das Wort *Mairegen* lautet in der B-Sprache: *Maibairebegeben*. Der Satz *Du bist ein böser Bu!* lautet: *Dubu bibist eibein böböseber Bubu!*
(Ähnlich bei der BI-Sprache, siehe weiter unten.)

Die NEF-Sprache. Der Satz *Du bist ein böser Bu!* lautet hier: *Dunefu binefist einefein böneför senefer Bunefu!*

Die H-Sprache. Jeder Selbstlaut bzw. Zwielaut wird zweimal wiederholt, und zwar erst mit einem H und dann mit der Lautgruppe LEF davor. Das Wort *Mairegen* lautet in ihr wie folgt: *Maihailefairehelefegehelefen.*

Die BO-Sprache. Jedem Selbstlaut wird die Silbe BO angehängt. *Der Vater* heißt in der BO-Sprache *debor Vabotebor.*

Die BEI-Sprache. An die Hauptsilbe wird die Silbe BEI angehängt. Zum Beispiel: *Wennbei meinbei Muttbei wüsstbei, wie'sbei inbei derbei Fremdbei gingbei.*

---

14   MIRA LOBE: Lob der Endbuchstaben. In: Das Sprachbastelbuch. S. 24.

Die O-Sprache. Nach jedem Mitlaut wird ein O eingeschoben und dann der Mitlaut wiederholt. Der Satz *Karl, komm her!* lautet *Kokarorlol kokmomom hoheror.*

Die ERBESEN-Sprache. Jedem Laut wird eine Lautgruppe angehängt – bei Mitlauten ERBESEN, bei Selbstlauten RBSEN. Das Wort *Mairegen* lautet nunmehr *Merbesen-arbesen-irbesen-rerbesen-erbesen-gerbesen-erbesen-nerbesen.* Soweit Böhme.[15] Aber es gibt noch mehr Vogelsprachen.

Die N-Sprache. Jedes L wird durch ein N ersetzt. Die Verszeile „Glücklich allein ist die Seele, die liebt!" lautet nun: *Gnücknich annein ist die Seene, die niebt!*

Die ILEFICH-Sprache, so benannt nach der Verformung des Wortes *ich*, welches relativ häufig vorkommt, ist eine Vorform der H-Sprache. Jeder Selbstlaut bzw. Zwielaut wird wiederholt und dabei die Lautgruppe LEF eingeschoben. In der ILEFICH-Sprache wird der Satz *Halt den Mund!* zerdehnt in *Halefalt delefen Mulefund!* Der Satz *Ich bin dumm* wird zerdehnt in *Ilefich bilefin dulefumm.*

Wenn der Begriff „Vogelsprache" für mehrere Mitglieder der Gruppe neu ist, können zwei Spieler versuchen, sich in einer der oben beschriebenen Geheimsprachen zu unterhalten – zu zwitschern. Die anderen passen auf, dass die Regeln nicht verletzt werden.[16]

Joachim Ringelnatz hat ein Gedicht in der BI-Sprache geschrieben, die laut Hans Reimann seit dem 16. Jahrhundert existiert.[17]

---

[15]   FRANZ MAGNUS BÖHME: Deutsches Kinderlied und Kinderspiel. S. 304-305. Als Vorlage für das Beispiel mit der BEI-Sprache diente ein ehemals bekanntes Volkslied: „Wenn das meine Mutter wüsste,/ wie mir's in der Fremde ging!/ Schuh und Strümpfe sind zerrissen,/ durch die Hose pfeift der Wind."

[16]   Nach einem Vorschlag von ROLAND GÖÖCK (Hg.): Lustige Spiele für Haus und Garten. S. 105.

[17]   HANS REIMANN: Vergnügliches Handbuch der deutschen Sprache. S. 143.

GEDICHT IN DER BI-SPRACHE
(und im Klartext)

Ibich habibebi dibich,	Ich habe dich,
Lobittebi, sobi liebib.	Lotte, so lieb.
Habist aubich dubi mibich	Hast auch du mich
liebib? Neibin, vebirgibib.	lieb? Nein, vergib.
Nabih obidebir febirn,	Nah oder fern,
Gobitt seibi dibir gubit.	Gott sei dir gut.
Meibin Hebirz habit gebirn	Mein Herz hat gern
abin dibir gebirubiht.	an dir geruht.

Künftige Sprachlehrer machen in der Hochschule Bekanntschaft mit der **Fonologie** – mit der Lehre von den Lauten als Bedeutungsträgern. Doch in der Praxis begreift jeder diese Rolle der Laute schon vor dem Kindergarten, nämlich beim Erlernen der Sprache. Sobald ein Kind gut sprechen kann, beginnt es mit den Fonemen zu spielen.

Auf die Rolle der Foneme gründen sich zahlreiche Spiele mit unterschiedlichem Schwierigkeitsgrad für alle Altersstufen: einfache Lautverschiebungen, das Suchen nach Reimwörtern, das Suchen nach Wörtern, die sich in anderen „verstecken", Kalauer, Schüttelreime, Anagramme und Palindrome (Kugelwörter und Kugelsätze). Auch beim Kreuzworträtsel und beim Scrabble-Spiel treten die Foneme in Erscheinung. Die Vielfalt der Spiele spiegelt einerseits den Reichtum des Wortbestandes und die Vielzahl der möglichen Mutationen wider, andererseits die Tatsache, dass wir beim Hören und Lesen fortwährend Laute bzw. Buchstaben auf ihren Fonemwert prüfen.

Wer kennt nicht die Buchstabenwürfel? Anstelle der Augen haben sie Buchstaben. Wie oft ein und derselbe Buchstabe in einem Satz Würfel vorkommt, entspricht seiner Häufigkeit in langen Texten. Man würfelt mit dem ganzen Satz, und jede Partei bemüht sich, alle Buchstaben, welche die Würfel zeigen, in sinnvolle Wörter einzubauen. Je länger ein Wort, umso mehr Pluspunkte; für übrig gebliebene Buchstaben werden Punkte abgezogen.

Aus der Sicht des Erwachsenen müsste unsere Aufzählung mit diesem Spiel beginnen, weil es sich auf alleinstehende Wörter beschränkt – deshalb sei es hier erwähnt. Freilich setzt dieses Spiel die Kenntnis der Buchstaben voraus: Kinder können sich erst geraume Zeit nach ihrer Einschulung daran beteiligen.

Bei den nachstehenden Rätseln und Scherzfragen werden einfache Lautmutationen erwartet.

AM MORGEN

In kühler Luft
durch Morgenduft
ging in das Feld der M
mit seiner lieben S.
Er sprach: „Wie steht die Saat so schön!"
Sie sprach: „Die wird nicht lang so stehn!"
Nun, liebe Freunde, ratet es:
Wer ist der M? Wie heißt die S?

(Michel, Sichel)
Johann Peter Hebel

MAL GUT, MAL SCHLECHT

Ich labe, mit einem B,
ich schade, mit einem D,
ich labe, mit einem K,
ich schade, mit einem H.
Nie bleib' ich mit V zurück,
mit Z entstelle ich den Blick.

(Born – Dorn – Korn – Horn – vorn – Zorn.
Friedrich Haug

VON EISEN BIS TON

Nun rate, wie wir heißen:
mit einem R von Eisen,
mit einem S von rotem Pech,
mit einem T von blankem Blech,
mitunter, wie mit Z, von Ton,
ich glaube gar, du weißt es schon.

(Riegel – Siegel – Tiegel – Ziegel.)
Friedrich Wilhelm Güll

POTZTAUSEND

Die erste Silbe frisst,
die andre Silbe isst,
die dritte wird gefressen,
das Ganze wird gegessen.

(Sauerkraut.)
Gustav Theodor Fechner

NANU

Nimm mir ein Nu, so bleib' ich ein Nu.

(Monument – Moment.)
Friedrich Schleiermacher

DER JÜNGLING UND DAS MÄDCHEN

Zwei kurze Laute sage mir;
doch einzeln nicht – so spricht ein Tier!
Zusammen sprich sie hübsch geschwind:
Du liebst mich doch, mein süßes Kind?

(Ja.)
Heinrich von Kleist

AUS DEM HÜHNERHOF

Eine Henne vor Schreck
legt' ein Ei in den Dreck;
damit machte sie nur
eine schöne Figur.

(Dreieck.)
Ernst Buschor

Wie gelangt die Ameise über den Fluss? (Sie wirft das A fort und fliegt.)

Was kann man von einem Dreieck verwenden? (Das Ei, der Rest ist Dreck.)

Was ist der Unterschied zwischen einem Einbruch und einem Beinbruch? (Nach dem ersten muss man eine Weile sitzen, nach dem zweiten eine Weile liegen.)

Was macht den Schmerz so unangenehm? (Das M, sonst wäre es ein Scherz.)

Wann darf der Bauer lügen? (Wenn PF davor steht.)

Hierher gehört auch die folgende leichte Aufgabe für Abc-Schützen.

HOKUS-POKUS

Einen Buchstaben sollst du verändern, und es verwandeln sich:
Gras in Blumen *(Rasen – Rosen);*
ein Nadelbaum in ein Fass *(Tanne – Tonne);*
ein Fruchtkern in ein Bekleidungsstück *(Mandel – Mantel);*
ein Geldstück in eine Pflanze *(Münze – Minze);*
das Meeresufer in einen hölzernen Behälter *(Küste – Kiste);*
ein Brennstoff in ein feines Gebäck *(Koks – Keks);*
ein furchtsames Nagetier in ein Beinkleid *(Hase – Hose);*
eine lehrreiche Geschichte in ein Lesebuch *(Fabel – Fibel);*
ein rüpelhafter Kerl in ein Musikinstrument *(Flegel – Flügel).*

AUF DEM FASCHINGSBALL

Ich will was erzählen, hört einmal zu:
Das A, das E und auch I, O und U,
die wollten einmal auf den Faschingsball gehn.
Wie sie sich das dachten? Ihr werdet's gleich sehn.

„Ha", lachte das A, „ich weiß schon wie:
ich mach mich dünn, und dann geh ich als I.
Haha, hihi!"

Es tat einen Satz, und schon war es vom Sitz.
Es traf einen Spatz, und der wurde zum Spitz.
Es traf einen Star, und der wurde zum Stier.
Es lief in die Bar, und die Bar wurde Bier.
Und als es voll Bier war, das ist ja zum Lachen,
da machte das A die verrücktesten Sachen:
die Tante zur Tinte, die Fabel zur Fibel,
die Wachtel zum Wichtel, die Gabel zum Giebel,
die Schlange zur Schlinge, das Gras zum Grieß,
den Hammel zum Himmel, den Spaß zum Spieß.

So hat es das A, das als I ging, gemacht,
auf dem Fischingsbill, auf dem Fischingsbill,
auf dem Fischingsbill – heute Nacht!
[…]

Rudolf Neumann

DIE ZINKSTANGE

Der Physiker Friedrich Kohlrausch bereitete mit seinem viel jüngeren Bruder den Volta-Versuch vor und bat diesen: „Gib mir mal die Zinkstange!"

Darauf sein Bruder: „Sag nur nicht in der Vorlesung ,Stinkzange'."

„Red' kein dummes Zeug, sondern gib mir die Stink ..., die Zinkstange her!"

Dann kam die Vorlesung mit der bedenklichen Stelle, und Kohlrausch dozierte: „Nun nehme ich eine Kupferstange und eine – (mit einem triumphierenden Blick zu seinem Bruder) – Zange aus Stink ..."

EIN SITZREDAKTEUR SCHEIDET

Der Wiener Schriftsteller Jakob Julius David war bei einer Zeitung angestellt, die ihre Spalten hauptsächlich mit Hilfe von Schere und Klebstoff zu füllen pflegte. Als er die Zeitung schließlich verließ, schrieb er dem Herausgeber:

Lieber L.!
Schneiden tut weh,
kleben Sie wohl!

Die einfachsten **Reimwörter** unterscheiden sich durch Foneme im Anlaut: *mein – dein, Ohr – Chor.* Kinder haben ein besonderes Verhältnis zu Reimwörtern, weil ihre ungeübten Sprechwerkzeuge sich leichter auf ein Reimwort einstellen als auf ein anderes Lautgebilde. Das zeigen uns u.a. folgende beliebte Texte:

ZWÖLF STUNDEN

Eins, zwei – Polizei,
drei, vier – Grenadier,
fünf, sechs – alte Hex',
sieben, acht – gute Nacht,
neun, zehn – lasst uns gehn,
elf, zwölf – kommen die Wölf'.

(Volksgut.)

EIN KÜHNER SPRINGER

Wickerwacker
sprang übern Acker.
Wickerwacker
ins Wasser sprang –
Wickerwacker
doch nicht ertrank.

(Volksgut.)

ILSEKIND

Ilse, Bilse,
niemand will se,
kam der Koch
und nahm sie doch.

(Volksgut.)

DU MUSST SUCHEN

Pau, Pauline,
Apfelsine,
Apfelkuchen,
du musst suchen.

(Volksgut.)

ÄNNCHEN IST BRAUT

Petersilie, Suppenkraut
wächst in unserm Garten.
Unser Ännchen ist die Braut,
soll nicht lang mehr warten.
Roter Wein und weißer Wein,
morgen soll die Hochzeit sein.

(Volksgut.)

IM VERTRAUEN

Frau von Hagen,
darf ich's wagen,
Sie zu fragen,
wie viel Kragen
Sie getragen,
als Sie lagen
krank am Magen
im Spital zu Kopenhagen?

(Volksgut.)

Wer Gedichte für Kinder schreibt, tut gut daran, auf diese Besonderheit Rücksicht zu nehmen, so wie es die Folklore veranschaulicht: Je
geringer das Alter der Zielgruppe, umso kleiner der Abstand zwischen
den Reimwörtern.

DER BALL DER TIERE

„Mich dünkt, wir geben einen Ball!"
sprach Frau Nachtigall.
„So?"
sprach der Floh.
„Was werden wir essen?"
sprachen die Wespen.
„Nudeln!"
sprachen die Pudel.
„Was werden wir trinken?"
sprachen die Finken.
„Bier!"
sprach der Stier.
„Nein, Wein!"
sprach das Schwein.
„Wo werden wir tanzen?"
sprachen die Wanzen.

„Im Haus!"
sprach die Maus.
„Auf dem Tisch!"
sprach der Fisch.
„Das ist nicht nobel!"
sprach der Zobel.
(Volksgut.)

LIED VOM FEINEN MÄDCHEN

Ich bin ein feins Mädchen,
kann drehen das Rädchen,
kann stricken
die Maschen
und flicken
die Taschen.
Kann nädeln
und putzen
und fädeln
und stutzen,
kann singen
und springen
und braten und kochen
das Fleisch und die Knochen.

Friedrich Güll

Das Finden von Reimwörtern ist ein Zeichen der Sprachbeherr-schung. Für die Mitmenschen gilt es seit etlichen hundert Jahren als Kri-terium; wer leicht reimt, erwirbt ihre Achtung. Bereits das „Lalebuch", 1597 in Straßburg erschienen und 1598 in Frankfurt unter dem Titel „Die Schiltbürger" nachgedruckt, macht sich über Personen lustig, die beim einfachsten Reim versagen. Bekanntlich sollte Schultheiß werden, wer den besten Reim vorbringt. Die Aussagen der Kandidaten sind so ge-drechselt, dass sich dem Leser ein Reimwort aufdrängt, die Kandidaten aber verfehlen es jedes Mal.

Der eine Kandidat sagt:
„Ich bin ein rechtgeschaffner Bauer
und lehne meinen Spieß an die Wand."
Der andere Kandidat sagt:
„Ich heiße Meister Hildebrand
und lehne meinen Spieß wohl an die Mauer."
Der nächste Kandidat sagt:
„Ich bin genannt der Hänslin Stolz
und führe einen Wagen mit Scheitern."

So geht es fort, bis der Sauhirt mit einem Text, der durch Albern-
heit alles vorher Gesagte übertrifft, den Sieg davonträgt. Die Wirkung
auf das Schwankpublikum ist doppelt, weil der Sauhirt eigentlich jene
vielversprechenden Knittelverse vortragen sollte, die sein Weib erfunden, nämlich:

„Ihr lieben Herren, ich tret' herein,
meine Hausfrau heißet Katharein;
sie hat ein Maul wüst wie ein Schwein
und trinkt gern guten, kühlen Wein."

Doch in der Aufregung „reimt" er wie folgt:

„Ihr lieben Herren, ich tret' hierher,
meine Hausfrau, die heißt Katharin,
sie hat eine Gosche wie eine Sau
und trinkt gern guten, kühlen Most.".[18]

---

[18]   Das Lalebuch. In: Deutsche Volksbücher. Bd. 3, S. 229-342, hier S. 281-288
(17. Kapitel). In einem Schwank aus Schwaben, veröffentlicht 1852, wird der Vorgang
mit anderen Worten und Versen erzählt. Siehe: ERNST MEIER: Die Schultheißen-
Wahl. In: Ders.: Deutsche Volksmärchen aus Schwaben. Hildesheim und New York:
Olms, 1977. S. 47-48.

Reimwörter suchen ist lustig. Davon legen die folgenden Gesell-schaftsspiele Zeugnis ab.

SAG EIN REIMWORT!

Die Spieler sitzen im Kreis. Katrin wirft Ludwig ein verknotetes Taschentuch (einen sogenannten *Plumpsack*) zu und ruft ein Wort, z.B. „Hand". Ludwig ruft „Land" und wirft das Taschentuch hinüber zu Christa. Nun muss Christa ebenfalls ein Reimwort finden, sagen wir „Band", doch wenn sie das Taschentuch Karl zuwirft, beginnt sie eine neue Reihe und ruft „Butter". Wer ein zu schweres Wort einführt, zu dem kein Mitspieler ein Reimwort weiß, muss selbst ein Reimwort sagen; wenn er das nicht vermag, muss er ein Pfand geben.

Im Freien kann ein Ball das Taschentuch ersetzen.[19]

„KEIN – OHNE"

Statt eines Reimworts (wie oben) soll ein ganzer Vers mit End-reim gefunden werden, und zwar mit der Struktur *Kein – ohne.* Zum Bei-spiel:

Erika: „Keine Tür ohne Schlüssel." – Christoph: „Keine Küche ohne Schüssel. Kein Schwein ohne Rüssel."

Betty: „Kein Rauch ohne Feuer." – Simon: „Kein Dorf ohne Scheuer."

Axel: „Kein Feuer ohne Rauch." – Dori: „Kein Garten ohne Strauch."

Emil: „Keine Kirsche ohne Stein." – Dennis: „Keine Hochzeit ohne Wein."[20]

---

[19]   Nach einem Vorschlag von KARL ERICH KRACK (Hg.): Das goldene Buch der Spiele. S. 246.

[20]   Nach einem Vorschlag von KARL ERICH KRACK (Hg.): Das goldene Buch der Spiele. S. 243.

Früher legte man in festlichen Stunden viel mehr Wert auf gereimte Texte als heute: bei Geburtstagen und Hochzeiten, bei Grundsteinlegungen und Richtfesten, bei Empfängen und Schulfeiern, bei der Kirchweih und beim Begraben der Fastnacht. Aber nicht nur Glückwünsche und Haussprüche waren gereimt, sondern auch Grabinschriften. Dass viele Menschen sich intensiv mit der Kunst des Reimens beschäftigt haben, bezeugt eine Reihe von ironischen Redensarten, die sich auf mangelhafte Reime beziehen:

Kalt reimt sich auf alt!
Es reimt sich wie weiß und schwarz.
Es reimt sich wie Hans und Friedrich.
Es reimt sich wie Honig und Galle.
Es reimt sich wie Sauerkraut und Hobelspäne.
Es reimt sich wie eine Haspel in einen Sack.
Es reimt sich wie ein Pflug zum Fischergarn.
Es reimt sich wie eine Faust auf ein Auge.
Es reimt sich wie die Igelhaut zum Kissen.
Es reimt sich wie ein Kälbermagen zu einer Messe.
Es reimt sich wie Fastnacht und Karfreitag.

Das geflügelte Wort *Reim dich oder ich fress' dich!* war ursprünglich der Titel einer Satire auf die Unsitten der damaligen Poeterei, veröffentlicht 1673 von Georg Wilhelm Sacer.

Dichter glänzen durch die Fähigkeit, eine Aussage glatt in Verse und Reime zu bringen. Zum Beispiel:

Fritz nimmt den ersten Sitz, wenn sich schon Leute finden,
die dessen besser wert, der unverschämte Tropf;
ist sonsten was zu tun, so bleibt er wohl dahinten:
Es scheinet, sein Gesäß sei klüger denn sein Kopf.
                    Johannes Grob, „Von dem erstsitzenden Fritze"

„Such Er den redlichen Gewinn!
Sei Er kein schellenlauter Tor!
Es trägt Verstand und rechter Sinn
mit wenig Kunst sich selber vor."

Goethe, „Faust", Erster Teil (Nacht)

Ich bin's gewohnt, den Kopf recht hoch zu tragen,
mein Sinn ist auch ein bisschen starr und zähe;
wenn selbst der König mir ins Antlitz sähe,
ich würde nicht die Augen niederschlagen.

Heine, „An meine Mutter B. Heine"

Bei einem Wirte wundermild,
da war ich jüngst zu Gaste;
ein goldner Apfel war sein Schild
an einem langen Aste.

Ludwig Uhland, „Einkehr"

Die verehrlichen Jungen, welche heuer
Meine Äpfel und Birnen zu stehlen gedenken,
ersuche ich höflichst, bei diesem Vergnügen
womöglich insoweit sich zu beschränken,
dass sie daneben auf den Beeten
mir die Wurzeln und Erbsen nicht zertreten.

Theodor Storm, „August (Inserat)"

Magst den Tadel noch so fein,
noch so zart bereiten,
weckt er Widerstreiten.
Lob darf ganz geschmacklos sein,
hocherfreut und munter
schlucken sie's hinunter.

Marie von Ebner-Eschenbach [ohne Titel]

Sieben Rosen hat der Strauch,
sechs gehör'n dem Wind.
Aber eine bleibt, dass auch
ich noch eine find'.
Sieben Male ruf' ich dich,
sechsmal bleibe fort.
Doch beim siebten Mal, versprich,
komme auf mein Wort.

Bertolt Brecht [ohne Titel]

Und immer wieder schickt ihr mir Briefe,
in denen ihr, dick unterstrichen, schreibt:
„Herr Kästner, wo bleibt das Positive?"
Ja, weiß der Teufel, wo das bleibt.

Erich Kästner, „Und wo bleibt das Positive, Herr Kästner?"

Weil Reime als Gedächtnisstütze wirken, erhalten sich gereimte Texte in der mündlichen Überlieferung besser als andere. Gereimte Sprichwörter werden gern zitiert, so auch das folgende:

Iss, was gar ist;
trink, was klar ist;
sprich, was wahr ist.

Reimspiele sind ein Kapitel für sich. Offenbar stellt die Beschäftigung mit Klapphorn-Versen, Leber-Reimen, Limericks, Schüttelreimen und anderen Gedichtformen für viele Menschen eine angenehme Erholung dar. Davon legen zahlreiche gedruckte Sammlungen Zeugnis ab. Ob man diese Beschäftigung dem Blödeln zurechnet oder nicht – vom Blödeln bis zur genialen Erfindung ist nur ein Schritt. Ja, bitte:

Es gab einen Mann in Holzminden,
der war ein Genie im Erfinden.
Eines Tages erfand
er das Loch ohne Rand.
Ich glaub', das erklärt sein Verschwinden.

Viktor Christen

Solange wir unsere Aufmerksamkeit auf den Lautwechsel richten, befinden wir uns noch im Bereich der Fonetik. Doch sobald wir die Reimwörter als Elemente gereimter Verse betrachten, haben wir uns in den Bereich der Lexik bzw. in den Bereich der Syntax begeben, weil es beim Aufbauen eines Verses darauf ankommt, so unter den möglichen Synonymen und Satzbauplänen zu wählen, dass das Versmaß eingehalten wird.

Das gilt auch für den so genannten **Schüttelreim**, der gewöhnlich ein Zweizeiler ist, also ein komplexes Gebilde; er gehört auch dahin und auch dorthin, doch sein auffälliges Merkmal, von dem auch der Name stammt, und zwar der Fonem-Austausch zwischen den reimenden Wörtern, gibt uns das Recht, ihn bei der Fonetik zu behandeln.

Die Länge der Schüttelreime ist verschieden. Wir finden ganz kurze Zweizeiler wie diesen Stoßseufzer eines Pilzsuchers von Erich Landgrebe:

Wo bist,
Bovist?

Wir finden aber auch Vierzeiler mit Kreuzreim wie den folgenden von Franz Mittler:

Schon wollte das Herz dem Versinkenden stocken,
es wimmelt' das Meer von den spitzigsten Haien,
da retteten ihn seine stinkenden Socken,
die machten selbst den Hitzigsten speien.

Hans Weigel schreibt:

„Die Schüttelreime sind unübersehbar, unkodifizierbar, werden immer wieder ergänzt, es gibt ganze Gedichte in Schüttelreimen, und der professionelle, nicht auf den Schüttelreim spezialisierte Blödler neigt sich hiermit in Ehrfurcht vor dem hauptberuflichen Schüttler und seinem Genre und strebt gelegentlich danach, es in aller Demut zu praktizieren. Anders jedoch der Laienschüttler, der reflexartig und ohne Maß die Sprache schüttelnd zu entstellen pflegt, der anstatt ‚nimm Platz‘ stets sagt ‚plimm Natz‘ oder ‚plamm Nitz‘, der aus jedem Kinderwagerl ein Kanderwigerl, Winderkagerl oder Wanderkigerl macht und alles, was liebreizend ist, gewohnheitsmäßig als ‚leibritzend‘ klassifiziert."[21]

Andere Beispiele für Schüttelreime:

Beim Mahle rief der Kaiser laut:
„Ich bitte, dass man leiser kaut!"

Theo Riegler

Was nutzt die holde Maienlust,
wenn du dein Geld dir leihen musst?

Unbekannter Verfasser

Wenn ich im Hause gründlich stöber',
dann wird mein Gatte stündlich gröber.

Unbekannter Verfasser

Nach dem Bad die Süße fand
im Zwischenraum der Füße Sand.

Theo Riegler

Die Firma preist den Wecker dreist,
obwohl er sich als Dreck erweist.

Unbekannter Verfasser

---

[21] HANS WEIGEL: Hans Weigel für Anfänger. S. 157.

Dem Jäger ist die Pirsch verhasst,
wenn schlafend er den Hirsch verpasst.

Unbekannter Verfasser

Als Gottes Atem leiser ging,
schuf er den Grafen Keyserling.

Unbekannter Verfasser

Bei einem Stück von Richard Strauss,
da kriegt man nie die Strichart 'raus.

Unbekannter Verfasser

Im Schnee hat sich ein Glöckchen weich gereckt
und läutend rings das Gartenreich geweckt.

Anton Kippenberg

Der Dichter ist ein Schöpfer lichter Dinge.
Im Trüben fischen nur die Dichterlinge.

Anton Kippenberg

Ein Männlein lebt in unserem Bau
als Hausmeister.
Im Keller ist sein Aufenthalt,
und Maus heißt er.
Sein Röcklein, das ist eng und grau;
im Mais haust er.
Und alle Speisen – gleich ob kalt,
ob heiß – maust er.

Unbekannter Verfasser

Über die Aufführungen von Wagners „Tristan und Isolde" unter der Leitung des Operndirigenten Felix Mottl zirkulierte seinerzeit in München einer der seltenen vierfachen Schüttelreime:

Was gehst in dem Mottl sein „Tristan"
und hörst dir dem Trottl sein Mist an?
Schaff lieber ein Drittel dir Most an
und trink mit dem Mittel dir Trost an.

Unbekannter Verfasser

Eine Scherzfrage und die dazu gehörige Antwort belegen, dass der Schüttelreim nicht nur von musisch veranlagten Personen, sondern auch von Laien praktiziert wird, wie Hans Weigel ausgeführt hat. Die erwartete Antwort enthält die zwei Reimwörter, sozusagen die Keimzelle eines Schüttelreims, weist aber keine künstlerische Form auf. *Was ist der Unterschied zwischen Penizillin und einem Kapuziner? (Das Penizillin ist ein Heilserum, und der Kapuziner hat ein Seil herum.)* Diese Scherzfrage kann frühestens in den vierziger Jahren des 20. Jahrhunderts entstanden sein, weil das Penizillin erst im Jahre 1939 als (erstes) Antibiotikum eingeführt wurde. Die Kapuziner waren ein katholischer Bettelorden; sie trugen grobe Kleidung mit einem Strick als Gürtel. Im 20. Jahrhundert gehörten sie schon der Vergangenheit an.

Der zweite Beleg für die Aufgeschlossenheit des Publikums ist ein Spiel.

WAUDERKELSCH

Hier sollen die Spieler einfach zusammengesetzte Wörter verändern, nämlich die Anfangsbuchstaben ihrer zwei Glieder austauschen. Zum Beispiel: *Fensterkreuz – Kensterfreuz; Fladenbrot – Bladenfrot; Wasserhahn – Hasserwahn.* Um die Sache zu komplizieren, kann man vorschreiben, dass das zweite Wort mit dem Endbuchstaben des ersten beginnt, das dritte mit dem letzten Buchstaben des zweiten, und so geht es reihum weiter *(Hasserwahn – Nopfkicken – Namilienfame).*[22]

---

[22]   Nach einem Vorschlag von ROLAND GÖÖCK (Hg.): Lustige Spiele für Haus und Garten. S. 94.

Wer einmal mit Schüttelreimen Erfolg haben will, muss beizeiten mit einfachen Spielen wie Wörterschütteln, „Nudelbrett" und Magisches Quadrat anfangen.

Beim Wörterschütteln geht es darum, die Buchstaben eines Wortes, die stark durcheinandergeraten sind – und zwar eben durch „Schütteln" –, in ihre normale Reihenfolge zu bringen. Man kann die Aufgabe erleichtern, etwa durch den Hinweis, dass es sich um Bezeichnungen für Tiere handelt wie bei den folgenden Wörtern: GLEI (IGEL), FEFA (AFFE), TEZKA (KATZE), LACHGENS (SCHLANGE).

„NUDELBRETT"

Um „Nudelbrett" zu spielen, sind Papier und Schreibzeug notwendig. Das Spiel heißt so, weil durch schrittweises Verändern des Ausgangswortes ein Text entsteht, der sich dehnt wie ein gewalkter Teig. (Andere Namen für dieses Spiel sind „Wortkaskade" und „Wortleiter".)

Man soll von einem gegebenem Wort zu einem anderen gegebenem Wort gelangen, z.B. von WORT zu REIM, indem jeweils ein Buchstabe ersetzt wird. Je mehr Zwischenstufen erforderlich sind, umso länger der Wörter-Teig.

KOMM	BERG	GABEN	MUND	WORT
KAMM	BERT	RABEN	HUND	WIRT
KAUM	WERT	REBEN	HULD	HIRT
KAUF	WART	REGEN	HELD	HART
LAUF	HART	REGEL	HERD	HARZ
	HAST	REGAL	HERB	HERZ
			VERB	HERD
			VERS	HELD
				HELM
				HEIM
				REIM

An die Eigenschaft der kurzen Wörter, sich in längeren zu verstecken, knüpfen Scherzfragen und Spiele an.

In welchem Land geht es schmal her? (In *England.*)
Welcher Vogel steckt in jedem Graben? (Der *Rabe*: *G-rabe-n.*)
Welches ist der kälteste Vogel? (Der *Zeisig* – er ist hinten immer *eisig.*)
Welche Rosen können springen, essen und trinken? (Die *Matrosen.*)
Was ist das für ein Laub, das jeden Tag kürzer wird? (Der *Urlaub.*)
Auf welcher Zunge kann man spazieren gehen? (Auf der *Landzunge.*)
Welcher Peter macht den größten Lärm? (Der *Trompeter.*)
Welcher Ring ist nicht rund? (Der *Hering.*)
Welchen Bart trägt man in der Tasche? (Den *Schlüsselbart.*)
Welcher Rat ist der Beste? (Der *Vorrat.*)

Wenn du ein Haus in eine deutsche Stadt steckst, erfährst du den Namen eines Mannes, der viel gelogen hat. Wie hieß dieser Mann? *(Münch[haus]en.)*

SPAREN IST TRUMPF

„Wie heißt du?" fragt ein kleiner Schotte seinen Mitschüler.
„Eigentlich Vincent, aber sag ruhig ‚Vin' zu mir, denn man muss mit jedem Cent sparen."

DIE EINSCHRÄNKUNG

Ein Verleger bot Wilhelm Raabe die Mitarbeit an seiner Zeitschrift an, schränkte aber ein: „Freilich zahle ich Honorar rar!"
Darauf erwiderte Raabe: „Zahlen Sie Honorar rar, liefere ich Beiträge träge!"

„SIMSALABIM"

Vornamen, Namen von Tieren, Pflanzen, Farben, Ziffern und andere Wörter lassen sich in gekünstelten Texten verstecken, z.b. *Hans* in *Maschansker Äpfel* und *Esel* in *Wandergesell.*
Innerhalb von zehn Minuten sollen die Spieler möglichst viele gegebene Wörter in anderen Wörtern verstecken. Für den Anfang empfiehlt Gilbert Obermair die Pronomen *ich, du, er, sie, es,* dann kann es weiter gehen mit den Artikeln *der, die, das* und mit den Numeralien *eins, zwei, drei, vier.* Nach jeder Runde werden die Wörter vorgelesen. Die Spieler streichen jene aus, die auch ein anderer gefunden hat. Sieger ist, wer zuletzt die meisten gefundenen Wörter vorzeigt.[23]

Und nun überlasse ich die Führung zum zweiten Mal Hans Weigel, der im Folgenden nicht bloß neue Tierarten ausfindig macht, sondern noch etwas zum Blödeln sagt, das wir uns merken wollen.
„Da gibt es den Stamm der Kal-Mücken (eigentlich Insekten ohne Haarwuchs – ein zoologisches Pendant zu dem Rettig ohne Haarwuchs, dem Radi, der an der abnormen Erscheinung des Radikalismus laboriert). Da gibt es neben den Proz-Enten auch noch die Produz-Enten, die wir bei unserer Prokontra-Meditation ausgespart haben. Betrachten wir die Produz-Enten genauer, sind sie Enten, die das Du-Sagen befürworten, also Pro-Duz-Enten; ihr Gegenteil wären somit entweder die Prosiezenten oder die Kontraduzenten.
Da finden wir den Konzerts-Aal, die Litfass-Eule, mit ihr in Symbiose lebend den Plakatankl-Eber, den Beschwich-Tiger, die Konku-Biene, ferner aus der Zeit der gummibereiften Fiaker den Gummir-Adler, die Familie der Ti-Schweine nebst den Po-Maden, den Tur-Bienen, schließlich die Gruppe der Blumento-Pferde.
Es gibt noch etliche weitere seltsame Tiere (die seltsamen Pflanzen sind interessanterweise recht spärlich und beschränken sich meines Wissens auf die Matrosen, die Automaten und die Lederstulpen), aber

---

[23]   Ein Vorschlag aus: GILBERT OBERMAIR (Hg.): Die interessantesten Wortspiele. S. 61.

ich hüte mich davor, alle mir bekannten aufzuzählen oder Experten zwecks Komplettierung zu befragen. (Nur – da wir ja schon so politisch geworden sind – zwei miteinander in ursächlichem Zusammenhang stehende Assel-Arten sollte ich doch noch nennen: Säbelger-Assel und Schlam-Assel!)

Der Sinn des Blödelns ist ja nicht Vollständigkeit. Das Blödeln katalogisiert nicht und ist unsystematisch. Drum kann man ja kein Buch über das Blödeln schreiben. Das Blödeln als Spielen unterscheidet sich vom Spiel auch insofern, als nicht einer gewinnt und einer verliert, da alle dabei gewinnen. Man sitzt beieinander, man öffnet die Schleusen des Gedächtnisses, die Gehirne ducken sich zum Sprung, man referiert und erfindet bunt durcheinander.

Man kann zum Beispiel von den Tieren zu den Einrichtungsgegenständen übergehen ... der Sympa-Tisch wird kreiert, die Roko-Kommode ... oder zu den Gebrauchsgegenständen – die Wachs-Tube tritt ans Licht – vielleicht ergibt günstige Stimmung eine neue Gattung mit reichem Inventar, vielleicht wird aus der Laune einer beschwingten Stunde ein wesentlicher Bestandteil künftiger Überlieferung, eine Seitenlinie wird zur Hauptlinie – wahrscheinlich aber versickert das Geschaffene alsbald wieder, und als Gewinn bleiben etliche angenehm angeregte Gehirnwindungen zurück."[24]

Vom Blödeln kommen wir zu den **Kalauern**, die, wie Sigmund Freud vermerkt, „für die niedrigste Abart des Wortwitzes gelten, wahrscheinlich, weil sie am ‚billigsten' sind, mit leichtester Mühe gemacht werden können. Und wirklich stellen sie den mindesten Anspruch an die Technik des Ausdrucks wie das eigentliche Wortspiel den höchsten. Wenn bei letzterem die beiden Bedeutungen in dem identischen und darum nur einmal gesetzten Wort ihren Ausdruck finden sollen, so genügt beim Kalauer, dass die zwei Worte für die beiden Bedeutungen durch irgendeine, aber unübersehbare Ähnlichkeit aneinander erinnern, sei es durch eine allgemeine Ähnlichkeit ihrer Struktur, einen reimartigen

---

[24] HANS WEIGEL: Hans Weigel für Anfänger. S. 154-155.

Gleichklang, die Gemeinsamkeit einiger anlautender Buchstaben u.dgl."[25]

Freud gibt Beispiele aus der Rede des Kapuziners in „Wallensteins Lager" von Schiller (achter Auftritt). Nachstehend ein Fragment der Rede:

„Der Rheinstrom ist worden zu einem Peinstrom,
die Klöster sind ausgenommene Nester,
die Bistümer sind verwandelt in Wüsttümer,
die Abteien und die Stifter
sind nun Raubteien und Diebesklüfter,
und alle die gesegneten deutschen Länder
sind verkehrt worden in Elender –"

BEIM ERSTEN ERFOLG

Ein Zeitgenosse von Heine sah zum ersten Mal eines seiner Werke in der Zeitung erscheinen und war dementsprechend in bester Laune. Da sagte Heine: „Unser Freund ist heute in außerordentlich gedruckter Stimmung."

Laut Hans Reimann ist ein Kalauer „die Ineinanderschachtelung zweier Wörter, die von Geburt an nichts miteinander zu tun haben und plötzlich eine lang gehegte, geheime Beziehungen aufdeckende Ehe eingehen.

[Ein idealer Kalauer ist, wenn ein Wort aus den Buchstaben 1-8 besteht und ein zweites aus den Buchstaben 6-12, und – peng! – schieben sich die den beiden Wörtern gemeinsamen Buchstaben 6-11 ineinander, so dass sich ein einziges ...

Man kann es noch umständlicher ausdrücken. Statt dessen Beispiele.]

---

[25] SIGMUND FREUD: Der Witz und seine Beziehung zum Unbewussten. S. 36.

Ein Krokodil befindet sich in einem Dilemma. Das ergibt ein Krokodilemma.

Matrosen sind in rosiger Laune. Das ergibt matrosig. Und wenn man in matrosiger Laune ist, sagt man nicht Margarine, sondern: Buttarine."[26]

Anschließend seien aus der Kalauer-Parade von Hans Reimann noch einige Kunstwörter wiedergegeben: *Papageizkragen, Heupferdeapfel, Kolibriefe, jaguartig, Ahornvieh, Kürbiskuit, efeurig, spinatürlich.* Gut gelungen ist auch das mir zugeflogene Wortgeschöpf *schaumweingeistreich.*

Für das modische Sprachgemisch aus Deutsch und Englisch wurde die Bezeichnung *Denglisch* gefunden. *Pirnatürlich* lautet eine Reklame für die Stadt an der Elbe, die als das Tor zur Sächsischen Schweiz gilt: „Pirnatürlich – feiern und genießen in einer alten Stadt." Eine Gießener Firma für Entrümpelungen und Haushaltsauflösungen nannte sich *Entrümpelstilzchen.*

Es gibt aber auch Wortbildungen vom Typus des Kalauers, die nicht durch Spiel entstanden sind. Man bezeichnet sie als *Wortkreuzungen* (oder *Kontaminationen*). So ergaben *Heidekorn + Buchweizen: Heideweizen* (im Saargebiet); *Erdapfel + Grundbirne: Erdbirne; Kartoffel + Erdapfel: Erdtoffel* (in der Gegend von Magdeburg).[27]

Ebenso wie das eigentliche Wortspiel unterscheiden sich das Anagramm und das Palindrom vom Kalauer dadurch, dass sie mit viel mehr Mühe zustande kommen. Die griechischen Namen deuten an, wie alt diese Spiele sind.

Unter **Anagramm** versteht man die Umstellung der Buchstaben eines Wortes, sodass ein anderes entsteht. Es gibt Dichter, die auf diese Weise ihre Namen veränderten. François Rabelais veröffentlichte unter

---

26   HANS REIMANN: Vergnügliches Handbuch. S. 150.
27   WILHELM SCHMIDT: Deutsche Sprachkunde. S. 135.

dem Dichternamen *Alçofrybas Nasier*. Christoffel von Grimmelshausen gebrauchte die Pseudonyme *Samuel Greifnson von Hirschfelt* und *German Schleifheim von Sulsfort*. Paul Verlaine unterzeichnete zuweilen mit *Pauvre Lelian*. Anton Kippenberg verbarg sich hinter dem fantasievollen Decknamen *Benno Papentrigk*. Aus dem Umstellen der Buchstaben eines Wortes entwickelten sich mehrere Spiele.

So dienen etwa die Buchstaben eines Wortes als Bausteine für andere Wörter. Mit der Länge des Ausgangswortes wächst im Allgemeinen auch die Zahl der Wörter, die man aus seinen Buchstaben bilden kann:

Art – Ar, Rat.

Bild – Lid.

Grad – Rad, Ar, gar, arg.

Stein – Set, Ei, Nest, ein, sein, es, nie, in.

Gabel – Gabe, Abel, Labe, Gel, Balg, gelb, ab.

Garten – Gen, Ar, Art, Ger, Rat, Trage, Tran, Narte, Nager, raten, gar, an.

Schneemann – Schnee, Mann, Schema, Scham, See, Seemann, Sehne, Senne, Sahne, Samen, Sache, Henne, Hahn, Hase, Name, Nase, Mache, Masche, Maehne, Mensch, Ahne, Anne, As, Ase, Asche, Achse, Amen, Esche, Echse, ahnen, sehnen, nehmen, naschen, machen, mahnen, nahe, es, manch, man, am, an, ach, aha.

BUCHSTABEN-PUZZLE

Die Spieler versuchen, aus den Buchstaben eines gegebenen Wortes je mehr andere sinnvolle Wörter zu kombinieren. Vor Spielbeginn wird vereinbart, ob man sich auf Substantive beschränkt, ob auch Eigennamen akzeptiert werden, ob nur die Grundform gültig ist oder ob auch gebeugte Wortformen zählen und wie Homonyme bzw. Homofone zu handhaben sind (*sein* – Verb und *sein* – Possessivpronomen; *Weg* – Substantiv und *weg* – Adverb). Man spielt nach der Uhr. Wer innerhalb der ausgemachten Zeit die meisten gültigen Wörter aufschreibt, hat gewonnen.

WORTBAUSTELLE

Reihum trägt jeder Spieler Buchstaben zum Bau eines Wortes bei. Der erste sagt und schreibt z.b. E und denkt an *Entenbraten.* Der zweite fügt ein I hinzu, weil er das Wort *Eisenbahn* bilden möchte. Der dritte schreibt EIN und meint *Einsamkeit.* Doch der vierte erhöht auf EINB, weil er an *Einbildung* denkt. Der fünfte macht EINBA *(hnstraße)* daraus, doch der sechste gibt dem Wort mit EINBAL *(samieren)* eine überraschende Wendung. Gewonnen hat, wer den letzten Laut bzw. Buchstaben anfügen konnte, mit dem das Wort noch sinnvoll zu verlängern ist. Damit niemand auf den Gedanken kommt, dem entstehenden Wort einen beliebigen Laut bzw. Buchstaben anzuhängen, hat jeder Spieler das Recht, seinen Vorgänger nach dem Wort zu fragen, an das er gedacht hat.[28]

BEDINGUNG NR. 1

Kein Mensch lebt ohne mich. Ist das nicht klar genug,
so wisst: In mir steckt Erbgut und Betrug.

(Geburt.)
Friedrich Haug

„GEFÜLLTE KALBSBRUST"

Das Spiel ist auch unter dem Namen „Gefüllte Leberwurst" bekannt. Wir vereinbaren ein Wort von fünf bis zwölf Buchstaben Länge, das keine schwierigen Buchstaben wie C, J, Q, X und Y enthält. Jeder Mitspieler schreibt das Wort auf ein Blatt Papier, und zwar auf der linken Blattseite von oben nach unten, auf der rechten Blattseite aber von unten nach oben. Dann müssen die Zwischenräume ausgefüllt werden. Nach Ablauf der vereinbarten Zeit – etwa fünf Minuten – liest jeder die von ihm eingesetzten Wörter vor und streicht durch, was auch bei den

---

[28]   Nach einem Vorschlag von GILBERT OBERMAIR: Die interessantesten Wortspiele. S. 61. Siehe auch: KARL ERICH KRACK (Hg.): Das goldene Buch der Spiele. S. 235.

anderen vorkommt. Wer mit den meisten Wörtern bleibt, darf das nächste Spielwort vorschlagen. Es wird festgelegt, ob nur Substantive oder auch andere Wörter zulässig sind.

T	AUB	E	T	RÜB	E
R	ÜCKENKOR	B	R	OTGEL	B
A	HNFRA	U	A	ZURBLA	U
U	ROM	A	U	LTR	A
B	AUE	R	B	ESSE	R
E	RFUR	T	E	INS	T

Manche Wörter lassen sich gut von hinten nach vorn lesen, weil auch die umgekehrte Buchstabenfolge einen Sinn ergibt: *Eber – Rebe, euer – Reue, Esel – Lese, falsch – Schlaf, Lager – Regal, Leben – Nebel, Mais – Siam, Maus – Saum, Ton – Not, Tor – rot.* Solche Wörter heißen **Palindrom.** Ein Nachschlagebuch wird scherzhaft als *Nokixel* bezeichnet, das ist die Umkehrung von *Lexikon,* entstanden um 1900 unter dem Einfluss von niederdeutsch *nokieken* – „nachsehen".

Ludwig freut sich über so genannte *Spiegelrätsel,* die als Lösungswörter Palindrome erwarten. In der Aufgabe werden beide Begriffe umschrieben. Zum Beispiel:

Hauptstadt der Fidschi-Inseln – ehemalige Autorennstrecke in Berlin *(Suva – Avus);*

Griechischer Göttervater – Stadt und Kanal in Ägypten *(Zeus – Suez);*

Haarwuchs im Gesicht – Pferdegangart *(Bart – Trab);*

Teppichoberfläche – Vorname Hochhuths *(Flor – Rolf);*

Reizstoff im Tee – Metallbolzen *(Tein – Niet).*

In Kassel war es um 1900 ein beliebter Scherz, die Vornamen und Zunamen der Spielgefährten von hinten nach vorn auszusprechen. Johannes Lewalter gibt dafür folgende Beispiele:

Franz Kersten – Znarf Netsrek, Minna Lewalter – Annim Retlawel, Oskar Schäfer – Rakso Refäsch, Julius Fingerling – Suiluj Gnilregnif, Eduard Draude – Draude Eduard.[29]

Es gibt Personen, die es erlernen – zuweilen sogar spielend leicht –, alle Wörter geläufig von hinten nach vorn zu sagen. In Gesprächen mit anderen, die diese Kunst beherrschen, können sie den Inhalt ihrer Mitteilungen vor Uneingeweihten verheimlichen. Im 19. Jahrhundert haben sich die rumänischen Metzger auf diese Weise über Güte und Preis ihrer Waren unterhalten, um von den Kunden nicht verstanden zu werden.[30]

In Ausnahmefällen ist die umgekehrte Buchstabenfolge mit der normalen identisch. Angeblich sind etwa 50 Wörter der deutschen Sprache – bei rund 500.000 insgesamt – so beschaffen, dass sie von vorn nach hinten und von hinten nach vorn gelesen denselben Sinn haben: *aha, Anna, Ebbe, Ecke, Egge, Ehe, Elle, Esse, Gnudung, Kuckuck, Lagerregal, Madam, Marktkram, neben, necken, nennen, nun, oho, Otto, rar, Radar, Reittier, Reitstier, Reliefpfeiler, Renner, Rentner, Retter, Rohr, Rotor, stets, Tat, tot, Trabart* und *Uhu.* Die aufgezählten Wörter stehen in der Grundform. Man kann die Liste durch etliche gebeugte Wortformen erweitern: *netten* (aus *nett*), *netzten* (aus *netzen*), *neuen* (aus *neu*), *reger* (aus *rege*), *Sees* (aus *See*), *tut* (aus *tun*).

Die Palindrome *Marktkram* und *Reliefpfeiler* hat Arthur Schopenhauer gefunden.[31]

Dem Fachbuch „Annasusanna" von Hansgeorg Stengel entnehme ich die folgenden Schöpfungen: *Teebeet, Geistsieg, Tragart, Tranart, Kilokolik, Reflexelfer, Gnutötung, Testset, hangnah, Eigrogorgie, Dienstmannamtsneid.*

Wem solche Kugelwörter nicht genügen, der bastelt mit viel Geduld komplette Kugelsätze zusammen. Man braucht Geduld, weil nur

---

[29]   JOHANN LEWALTER (Hg.): Deutsches Kinderlied und Kinderspiel. S. 144
[30]   In der kulturell-wissenschaftlichen Wochenzeitung MAGAZIN, Bukarest. Ausgabe vom 11. Juni 1983. S. 10.
[31]   HANS REIMANN: Vergnügliches Handbuch der deutschen Sprache. S. 167.

wenige von den unentbehrlichen Wörtern wie *der, die, das, ein, ist, sind, hat, und* usw. umgedreht einen Sinn ergeben (etwa *die – Eid, ein – nie*). Infolgedessen wirken Kugelsätze oft stark gekünstelt, viele sind absurd. Zum Beispiel:

Holz, loh!
Riss es, Sir?
Alle necken Ella.
Bei Liese sei lieb!
Leg Raps ein, nie Spargel!
Ein teuer Reittier reuet nie.
Leben Sie mit im Eisnebel?
Ella rüffelte Detlev für alle.
Tunk nie Anna ein, Knut!
Tunk nie ein Knie ein, Knut!
Regal mit Sirup pur ist im Lager.
In Nagold legen Hähne Geld – log Anni.
Nie fragt sie: „Ist gefegt?" Sie ist gar fein.
Ida war im Atlas, Abdul lud Basalt am Irawadi.

3. Die Aussprache

Mundart und Standardsprache unterscheiden sich am auffälligsten durch eigene Regeln der Aussprache. Im 21. Jahrhundert wächst immer noch ein großer Teil der Sprachgemeinschaft mit einer Mundart auf und eignet sich in der Schule mehr oder weniger gut die Standardsprache an. Für den Schweizerdeutschen ist der Gebrauch der Mundart in allen Alltagssituationen selbstverständlich, nur der eigentliche Unterricht in der Schule bildet eine Ausnahme.

Dort, wo die Mundart verblasst ist, erlernen die Kinder im Elternhaus eine Sprachform zwischen Mundart und Standardsprache – eine Umgangssprache. Das Wort *Missingsch* etwa (entstanden aus *Meißnisch*, d.h. „wie man in der Stadt Meißen spricht") bezeichnet eine Mischform aus Plattdeutsch und Standardsprache; laut Tucholsky gibt es „hundert und aber hundert Abarten, von Friesland über Hamburg bis nach Pommern; da hat jeder kleine Ort seine Eigenheiten."[32] Laut S. Fischer-Fabian spricht man im Hamburger Hafen Plattdeutsch, in Harvestehude Hochdeutsch und im Stadtteil Barmbek Missingsch.[33] Christoph Gutknecht zufolge wird in Hamburg neben der hochdeutschen Standardsprache die Geest-Mundart, die Marsch-Mundart und Missingsch gesprochen.[34]

Wie groß das Vergnügen an der Mundart ist, zeigen rezente Übersetzungen aus der Standardsprache. Im Wilhelm-Busch-Jahr 1982 hat Manfred Görlach einen Sammelband mit Nachdichtungen der Bildgeschichte „Max und Moritz" herausgegeben (dreizehn vollständige Übersetzungen und acht Auszüge).[35] Zwei Jahre darauf folgte ein Sammelband mit der Bildgeschichte „Plisch und Plum" auf Plattdeutsch, Kölsch, Schwäbisch, Bairisch, Züritüütsch und Wienerisch.[36] Sogar die Asterix-Geschichten von René Goscinny und Albert Uderzo wurden in mehrere deutsche Dialekte übertragen.

In manchen **Sprechsituationen** ist Mundart oder eine der Mundart nahe Variante der Umgangssprache natürlich, so beim Plaudern mit Familienmitgliedern und Nachbarn. In anderen Sprechsituationen ist eine gewählte Ausdrucksweise geboten, also eine der Standardsprache möglichst nahe Form, so im Unterricht, bei wissenschaftlichen Tagungen und im Gespräch mit Vorgesetzten.

Nun kann der Sprecher im zweiten Fall mit voller Absicht Mundartwörter, mundartliche Wendungen, ganze Sätze in mundartlicher Aussprache einfließen lassen, um je nachdem Zutrauen, Abscheu, Spott oder Verachtung zu bekunden. Durch das Übersetzen in die Standardsprache würden viele Ausdrücke ihre Kraft verlieren. „Mir ham tem Treck a

---

[32]   KURT TUCHOLSKY: Schloss Gripsholm. In: Ders.: Gesammelte Werke. Bd. 3, S. 659-746, hier S. 664.
[33]   S. FISCHER-FABIAN: Vergeßt das Lachen nicht. S. 137.
[34]   CHRISTOPH GUTKNECHT: Lauter böhmische Dörfer. S. 111.
[35]   MANFRED GÖRLACH (Hg.): Wilhelm Busch: Max und Moritz in deutschen Dialekten, Mittelhochdeutsch und Jiddisch. Hamburg: Buske, 1982.
[36]   MANFRED GÖRLACH (Hg.): Wilhelm Busch: Plisch und Plum in deutschen Dialekten. München: Deutscher Taschenbuch Verlag, 1984.

Watsch'n geb'n" hieß es in Temewar[37], wenn ein Vorhaben misslungen war. Die von Simrock in der Standardsprache verzeichnete Fassung klingt viel zahmer: *Das heißt dem Dreck eine Ohrfeige geben.*[38] Deshalb bleibt, wer die Wahl zwischen den zwei Fassungen hat, bei der *Watsch'n*. Eine dämliche Person ist *von triewe-riwer* (nicht von drüben-herüber). Der Satz *G'siehn un gekennt* haut besser hin als die literarische Entsprechung „Du hast die Lage auf den ersten Blick voll erfasst."

Erstaunlicherweise verstärken bildhafte Redensarten, *wenn sie das Kind beim Namen nennen,* die Wirkung einer Aussage. Wer also mit jemandem *deutsch reden* will, wird schwerlich auf eine bildhafte Redensart verzichten, *die den Nagel auf den Kopf trifft,* nur weil sie von der Mundart geprägt ist. Übrigens verbindet man mit dem Wort *deutsch* seit frühneuhochdeutscher Zeit nicht nur den Begriff des Klaren, Offenen und Ehrlichen, sondern auch den des Derben und Groben.

Nun möchten manche Personen mit der Standardsprache angeben. Wer trotz merklicher Anstrengung mit mundartlichem Einschlag spricht, braucht für den Spott nicht zu sorgen. Er *sächselt,* heißt es dann, oder er *schwäbelt. „Tem schlaat ter Schwob ins Gnack",* sagte man im Banat.[39] Von Tucholsky stammt folgende Definition: „Missingsch ist das, was herauskommt, wenn ein Plattdeutscher hochdeutsch sprechen will. Er krabbelt auf der glatt gebohnerten Treppe der deutschen Grammatik empor und rutscht alle Nase lang wieder in sein geliebtes Platt zurück."[40]

---

[37]   Temeswar – Metropole im Westen Rumäniens, das Zentrum der Region Banat.

[38]   KARL SIMROCK: Die deutschen Sprichwörter. Nr. 1696.

[39]   Banat – historische Landschaft zwischen Theiß, Donau, Marosch und den Südkarpaten. Sie wurde im 18. Jahrhundert von den Wiener Kaisern mit deutschen Kolonisten besiedelt. Die eingebürgerte Bezeichnung *Banater Schwaben* führt irre, denn die meisten deutschen Siedlungen waren fränkisch. Von den 154 Ortschaften, die JOHANN WOLF in der „Banater deutschen Mundartenkunde" in Betracht zieht, sprachen rund 100 eine rheinfränkische Mundart (S. 73). Nach dem Zusammenbruch des kommunistischen Regimes in Rumänien 1989 übersiedelten die meisten der noch im Banat lebenden Deutschen nach Deutschland.

[40]   KURT TUCHOLSKY: Schloss Gripsholm. In: Ders.: Gesammelte Werke. Bd. 3, S. 659-746, hier S. 662.

Bei dem Versuch, mundartliche Besonderheiten zu vermeiden, kommen Ausrutscher vor; man fasst diese unter dem Begriff „Hyperhochdeutsch" zusammen. Elise Riesel gibt folgendes Beispiel: „Im Hessischen, Thüringischen und anderen Gebieten ist die Variante ‚Quetsche' für oberdeutsch ‚Zwetsche', ‚Zwetschge', ‚Zwetschke' (besondere Art der Pflaume) verbreitet. So erklärt sich im Mund einer hessischen Schneiderin die überkorrekte Bildung ‚Zwetschgenfalte' anstatt ‚Quetschfalte'."[41]

Unser Alphabet begünstigt das Verharren im Fahrwasser der Mundart, weil mehrere Buchstaben keinen eindeutigen Lautwert haben. Im Falle der Selbstlaute wird die Länge nicht immer und die Öffnung gar nicht verdeutlicht. Deshalb gibt die Schrift die Standardsprache nur unvollkommen wieder. Zwischen unserem Alphabet und der fonetischen Umschrift für die Siebs-Lautung der Standardsprache besteht ein deutlicher Unterschied. Man könnte sagen, dass die Schrift einem Lattenzaun gleicht, durch dessen Lücken die Mundart eindringt.

Der Buchstabe A steht für zwei Laute, nämlich für einen kurzen und für einen langen. Das A ist kurz in den Wörtern *Mann*, *Wasser*, *kann*, *dann*, wo die Kürze durch die folgende Mitlautverdoppelung angezeigt wird, aber auch in den Wörtern *Wand*, *rasch*, *man*, *was*, *an*, *dran*, wo sie nicht angezeigt wird. Das A ist lang in den Wörtern *Aal* und *wahr*, wo die Länge durch ein Dehnungszeichen angezeigt wird – durch ein Doppel-A bzw. ein Dehnungs-H –, aber auch in den Wörtern *Wal* und *war*, wo sie nicht angezeigt wird.

Der Buchstabe E steht für fünf Laute: kurz und offen – kurz und geschlossen – lang und offen – lang und geschlossen – Murmel-E. Lang und geschlossen ist das E beispielsweise in den Wörtern *Besen*, *Mehl*, *Seele*, *Meer*, *der*, *den*, *wer*, *mehr* und *wegen*. Ich neige dazu, das lange E vor einem R offen zu sprechen, weil es in der Umgangssprache meiner Geburtsstadt, der eine südbairische Mundart zugrunde liegt, so üblich war.

Der Buchstabe S in Verbindung mit T wird am Anfang des Wortes und nach einem Präfix als SCH gelesen: *Stimme*, *stark*, *umstimmen*,

---

[41] ELISE RIESEL: Der Stil der deutschen Alltagsrede. S. 165.

verstärken. In Württemberg lesen die Schulkinder auch dort SCH, wo die Buchstabenkombination ST im Wortinneren oder am Wortende steht, weil sie es von der Mundart her so gewöhnt sind: *Fenschter, geschtern, bischt, fescht, hascht, wüscht.*

Was für ein gutes Ohr die Mitglieder der Sprachgemeinschaft für mundartliche Besonderheiten haben, das belegen unzählige Ortsneckereien. Der Berliner wurde vormals mit folgendem Spruch verspottet: *Eine jut jebratene Jans mit jutem Jurkensalat ist eine jute Jabe Jottes.* Das Bewusstsein mundartlicher Unterschiede äußert sich ferner in den volkstümlichen Namen für landschaftlich gebundene Sprachformen wie *Kölsch* (von *Köln*), *Züritüütsch* („Zürcher Deutsch"), *Platt, Missingsch* (von *Meißen*). Unter *Platt* versteht man im Allgemeinen das Niederdeutsche, aber im Volksmund heißen die Mundarten des Vogelsberggebiets, welches mitten in Hessen liegt, ebenfalls *Platt – Vogelsberger Platt.*

DER MIRAELPLATZ (Berlin)

„Können Sie mir sagen, wo der Miraelplatz ist?"
„Miraelplatz? Meinen Sie vielleicht den Michaelplatz oder Michaelkirchplatz?"
„Ja schon, aber ich denke, ihr Berliner sagt ‚mir' statt ‚mich'."

WIE MAN'S SAGT (Bayern)

In einer bayrischen Schule fragt der Lehrer: „Was ist das für ein Tier?"
Schüler: „Des is a Goaß."
Lehrer: „Es heißt nicht ‚Goaß', es hoaßt ‚Geiß'."

IN MÜNCHEN

„Mein Mann arbeitet jetzt als Dolmetscher in München."
„Ja, ja, das Bayerische."

AUF DEM STANDESAMT (Sachsen)

Der Beamte: „Un wie soll 'n der Gleene heeßen?"
„Nu vielleicht Dankward!"
„Also heren Se, seinen Namen will ich wissen, nich, was er mal wärn soll."
(*Dankwart* heißt Hagens Bruder im Nibelungenlied, Marschall der Burgunderkönige. Dieser Name war im 13. Jahrhundert beliebt und lebte im 19. Jahrhundert wieder auf.)

IN DER EISENBAHN

Ein Schweizer, ein Schwabe und ein Berliner sitzen in einem Eisenbahnabteil. Der Schweizer fragt den Berliner: „Send Sie schou z' Züri gsi?"

Weil der Berliner mit dem letzten Wort nichts anfangen kann, greift der Schwabe hilfreich ein: „Er moint: gwää."

Man hört gar bald, wenn einer ein Schwab oder ein Bayer ist. (Sprichwort.)

Die Schwaben haben nur vier Sinne [weil sie auch das Riechen mit *Schmecken* bezeichnen]. (Sprichwort.)

Die Württemberger haben die Himmel im Stalle und die Ingel im Hemmel [die Hammel im Stalle und die Engel im Himmel]. (Sprichwort.)

Als *Himmel* bezeichnet man auch Teile des Stalls: das verschalte Dach, die waagerechte Fläche vom unteren Dachende bis an die Mauer sowie den obersten Dachraum, der für das Geflügel bestimmt ist. In einem Lied aus der Schweiz heißt es:

Freu dich, mis Schätzli,
und freu dich, mis Chind,
du chunnst in den Himmel,
wo d' Hühner drin sind.

IM FUSSBALLSTADION (Wien)

Ein Zuschauer ereifert sich ununterbrochen. „Zu was der Tepp so lang dribbelt, statt dass er die Kugel abgibt ...!"
„Wozu!" verbessert ein danebenstehender besserer Herr. Der Eiferer reagiert nicht.
Nach einer Weile: „Zu was der blöde Flügel nicht früher flankt, möcht i wissen!"
„Wozu!" verbessert der Herr.
„Zu was der Schiedsrichter, dieser Hundling, nicht pfeift ...!"
„Wozu!" betont der bessere Herr noch einmal.
Dann ist das Spiel aus, die Leute gehen. Sagt der Eiferer nach einem Seitenblick auf den besseren Herrn zu seinem Freund: „Jetzt möcht i nur wissen, zu was der Kerl immer ‚wozu' g'sagt hat!"

AM CHIEMSEE (Bayern)

„Du, hör mal, schreit da nicht jemand um Hilfe?"
„Keine Spur, das ist ein Sachse, der jodelt."

Eine lokale Besonderheit bei den Siebenbürger Sachsen[42] ist das so genannte *dicke L*. Im Burzenland, so heißt eine Senke im Karpatenbogen, war es in Heldsdorf und in Tartlau zu hören. Man erzählte, dass ein Kirchenchor wegen des dicken L verunglückt sei, alle Mitglieder starben am selben Tag und zur selben Stunde, sie erstickten. Jener Kirchenchor wollte sich auf das bevorstehende Kronenfest vorbereiten und hatte an einem neuen Lied geprobt – einem Lied mit dem Kehrreim *lalalala, lalalala*.

---

[42]   Siebenbürgen (oder Transsilvanien) ist die von Bergen umschlossene Hochebene im zentralen Teil Rumäniens. Dort siedelten die ungarischen Könige im Mittelalter Deutsche an, deren Nachkommen man traditionell *Siebenbürger Sachsen* nennt. Wie die meisten Banater Schwaben sind Anfang der neunziger Jahre die meisten noch in Siebenbürgen lebenden Deutschen nach Deutschland gezogen.

Die Fonetik der Standardsprache wird als *Bühnenaussprache* bezeichnet, weil die Sprechweise der Schauspieler, um die sich schon Goethe bemühte, vorbildlich sein soll. Man nennt sie auch *Siebs-Lautung* nach dem Linguisten Theodor Siebs, der 1898 ein Wörterbuch für die Aussprache nach den verbindlichen Regeln veröffentlicht hat. Beim Drama der Klassik verbindet sich die abgehobene Aussprache mit einer besonderen Wortwahl und mit einer oft ungewöhnlichen Wortfolge, die durch Versmaß und Reim bedingt wird. Doktor Faust beim Osterspaziergang:

„Vom Eise befreit sind Strom und Bäche
durch des Frühlings holden, belebenden Blick;
im Tale grünet Hoffnungsglück;
der alte Winter, in seiner Schwäche,
zog sich in raue Berge zurück."

Nun war Faust ein Gelehrter, doch so „gehoben" wie er spricht auch sein Famulus Wagner, dann der alte Bauer und sogar Gretchen, die Tochter einer Pfandleiherin.

Schillers Trauerspiel „Kabale und Liebe" ist nicht in Versen verfasst, insoweit eine Ausnahme, trotzdem unterscheidet sich die gewählte literarische Sprache, mit Bildern aufgeladen, gewaltig von der Alltagssprache. Seine Hauptgestalt Luise ist die Tochter eines Stadtmusikanten, sechzehn Jahre alt. Dem Sekretär Wurm ruft Luise zu: *„ Höre, Mensch! Du gingst beim Henker zur Schule. Wie verstündest du sonst, das Eisen erst langsam-bedächtlich an den knirschenden Gelenken hinaufzuführen und das zuckende Herz mit dem Streich der Erbarmung zu necken? "* Der Lady Milford ruft sie zu: *„Freiwillig tret' ich Ihnen ab den Mann, den man mit Haken der Hölle von meinem blutenden Herzen riss. "*

Wie die Bühnensprache auf Mundartsprecher ohne höhere Schulbildung wirkte, verdeutlicht eine Anekdote mit dem Schauspieler Alexander Moissi (1880-1935).

BÜHNENDEUTSCH

Mit fliegenden Rockschößen stürmte Alexander Moissi ins Theater, um nicht die Probe zu versäumen. Auf dem Weg zur Bühne traf er einen Kulissenschieber. Er hielt ihn am Ärmel fest: „Hat die Probe schon begonnen?"
„Ich glaube ja, Herr Moissi! Die sprechen schon so unnatürlich!"

Nebenbei ist die Mundart ein beliebtes Mittel der Parodie. Die „Säk'schen Balladen" von Lene Voigt (1891-1962) finden bis zum heutigen Tag ein dankbares Publikum. Dem folgenden Text, auch „säk'sch", liegt Goethes Gedicht „Wanderers Nachtlied" zugrunde.

SÄCHSISCHE ABENDSTIMMUNG

Ieber allen Gässchen is Ruh',
im „Goldnen Fässchen" findest du
kaum noch ä Bier;
de Kellnerin hängt schon ihr Kebbchen,
nach diesem Debbchen
ruhen ooch wir.
Mikado (d. i. Karl Edler von der Planitz)

Anschließend zum Vergleich das Original:

WANDERERS NACHTLIED

Über allen Gipfeln
ist Ruh,
in allen Wipfeln
spürest du
kaum einen Hauch.
Die Vögelein schweigen im Walde.
Warte nur: balde
ruhest du auch.

II. DER WORTBESTAND
1. Umfang und Bereicherung des Wortbestandes. Fachwörter und Fremdwörter. Zusammensetzungen. Ableitungen. Homofone und Homonyme

Der Wortbestand der deutschen Sprache wird auf 300.000 bis 500.000 Wörter geschätzt, je nachdem, wie man zählt: nur deutsche oder auch Lehn- und Fremdwörter, nur Stammwörter und einfache Ableitungen oder auch Zusammensetzungen, nur die lebendigen oder auch veraltete Wörter. Man kommt aber leicht auf die zehnfache Menge, wenn man die **Fachwörter** in Betracht zieht – das Sonderwortgut der Fachsprachen. (Die Bezeichnung *Fachsprache* führt irre, denn es ist immer dieselbe Morphologie, dieselbe Syntax, derselbe Grundwortbestand, zu dem bloß unheimlich viele Fachausdrücke treten.) Andererseits schwanken die Zählungen des Wortbestandes von Dorfmundarten zwischen 5.000 und 20.000; im Alltag sollen manche Personen schon mit einigen hundert Wörtern auskommen. Für den durchschnittlich Gebildeten gibt der Brockhaus einen passiven Wortschatz von 50.000 an. Passiver Wortschatz bedeutet, dass einer so und so viele Wörter kennt, ohne sie laufend zu verwenden; oft ist der passive Wortschatz viel umfangreicher als der aktive.

Ein Mitglied der Sprachgemeinschaft beherrscht also nur einen sehr geringen Teil des Wortbestandes. Das wird uns von Fernsehen, Rundfunk und Presse bewusst gemacht, denn die Berichterstatter müssen oft Wörter erklären, die das breite Publikum wahrscheinlich nicht kennt, alte und neue.

KLAGELIED

Ich spreche Deutsch seit 30 Jahren
und bin jetzt 31 alt,
doch vor Finanzamtsformularen
macht meine ganze Bildung Halt.

Da sitze ich wie die Chinesen
vor einem Hölderlingedicht,
die Worte kann ich zwar noch lesen,
doch ihren Sinn versteh' ich nicht.

Ich laufe Amok durch Rubriken.
Aus „Ersterwerb" und „Sachbezug"
und „Nutzungswert aus Rasenstücken"
wird nur ein Schriftgelehrter klug.

Mir fährt der Schrecken in die Glieder.
Ich schreibe ringsum Zahlen hin
und staune selber immer wieder,
wie dämlich ich veranlagt bin.

Unbekannter Verfasser
(Aus der Hauszeitschrift des Bundes deutscher Steuerbeamter)

Genauso geht es mir, wenn ich in der DUDEN-Grammatik vom Jahre 2022 lese, obwohl ich ausgebildeter Deutschlehrer bin. Ich bleibe hängen an Wörtern wie *Abtönungspartikel, Beendigungssignal, Diskurswelt, Linksherausstellung, Nachbaustein, referenzidentisch* und *Sonorität*.

Ein Teil der Namen für neue Begriffe wurde aus deutschem Wortgut gebildet und in dieser Form akzeptiert wie *Winkelhaken, Einfallswinkel, Grundwasserspiegel* und *Huckepackverkehr*. Ein Teil wurde aus anderen Sprachen übernommen wie *pasteurisieren, boxen, Lift, Folklore, Foul, Film, Double, live, Hardware* und *Software*. **Fremdwörter** sind die noch nicht eingedeutschten, d.h. nicht völlig angepassten Wörter aus anderen Sprachen, einschließlich der Bezeichnungen, die künstlich aus griechischen und lateinischen Wortelementen gebildet worden sind wie *Telefon, Automobil, Dynamit, Placebo, Antibiotikum, fotogen* und *bioaktiv*.

Oft konnte ein Fremdwort durch ein zu diesem Zweck gebildetes deutsches Wort ersetzt werden. Für *Telefon* wurde der deutsche Name *Fernsprecher* gefunden, für *Telefonzentrale* der deutsche Name *Fernsprechamt*. Diese werden gestützt durch die Wörter *Ortsgespräch* und *Ferngespräch*. Trotzdem halten sich *Telefon* und *Telefonzentrale* zäh im Sprachgebrauch. Zum einen sind ihre Bestandteile *tele* und *fon [phon]* aus anderen Zusammenhängen gut bekannt, zum anderen gibt es für *telefonieren* und *Telefonbuch* keinen Ersatz.[43] Man kann zwar *fernsehen*, aber nicht *fernsprechen* oder *fernhören*, und die verbale Fügung *ein Ferngespräch führen* klingt gespreizt. Wir finden *Telefon* als Grundwort in *Münztelefon, Kartentelefon, Kundentelefon, Mobiltelefon, Funktelefon* und als Bestimmungswort in *Telefonleitung, Telefonkabel, Telefonanschluss, Telefonkabine, Telefonrechnung, Telefongesellschaft, Telefonkunde*.

Ähnlich steht es mit dem Ersatzwort *Briefwechsel* für *Korrespondenz*, das von Ernst Wasserzieher wie *Fernsprecher* zu den erfolgreichen Verdeutschungen gezählt wird.[44] *Briefwechsel* konnte *Korrespondenz* nicht verdrängen, weil *Korrespondenz* von *korrespondieren* und *Korrespondent* gestützt wird, die kein deutsches Synonym haben.

Für *Automobil* wurden die deutschen Namen *Kraftwagen* und *Kraftfahrzeug* gefunden. Aus diesen Wörtern sind mehrere Zusammensetzungen gewachsen: *Personenkraftwagen* mit der Abkürzung *Pkw*, *Lastkraftwagen* (mit der Abkürzung *Lkw*), *Kraftfahrzeugbau, Kraftfahrt-*

---

43   ERNST WASSERZIEHER: Leben und Weben der Sprache. S. 214-215. „Wohl kann man Fernsprecher, Fernruf sagen; aber wie sagt man für telephonieren? Ehe dafür ein Ersatz gefunden ist, wird man auch Telephon nicht loswerden, so wünschenswert das wäre [...].“
44   ERNST WASSERZIEHER: Woher? Ableitendes Wörterbuch der deutschen Sprache. S. 89.

versicherung, Kraftfahrzeugsteuer u.a.m. Inzwischen ist *Automobil* zu *Auto* geschrumpft und wird parallel zu *Wagen* verwendet.

Im Bereich der Grammatik halten die Fachleute aus Gründen der Konsequenz und der Einheitlichkeit an der Terminologie lateinischer Herkunft fest, obwohl für viele Begriffe längst wohlbekannte Entsprechungen zirkulieren. Die DUDEN-Grammatik vom Jahre 1998 vermerkt jeweils in einer Fußnote, dass man die Verben auch als *Zeitwörter*, die Substantive auch als *Hauptwörter*, die Adjektive auch als *Eigenschaftswörter* bezeichnet, und vermeidet den Fachausdruck *steigern*. Trotzdem verwendet sie auch deutsche Fachausdrücke wie *Umlaut, Ablaut* und *Ableitung;* neben *Flexion* und *flektieren* erscheinen der Abwechslung halber *Beugung* und *beugen*. Außerdem stellt sie Begriffe vor, die in unserer Zeit erarbeitet worden und mit deutschen Wörtern bezeichnet worden sind: *Wortfamilie, Satzbauplan, Satzklammer, Gleichsetzungsglied, Gleichsetzungssatz* u.a.

Sinnige Verdeutschungen sind *Einzahl* und *Mehrzahl* für *Singular* und *Plural, Stabreim* für *Alliteration, Satzaussage* für *Prädikat*. Wir sprechen von den vier *Fällen*, nicht von den vier *Kasus*. In der Umgangssprache leben die lateinischen und die deutschen Bezeichnungen friedlich nebeneinander, und dieser Parallelismus reicht bis in die Folklore. *Aus etwas einen großen Kasus machen* bedeutet „etwas aufbauschen"; *ein rechter Vokativus* ist ein Schlitzohr – jemand, der es faustdick hinter den Ohren hat. Umgekehrt kommen in einem geflügelten Wort, das aus der ersten Hälfte des 19. Jahrhunderts stammt, die Begriffe „dritter Fall" und „vierter Fall" vor: *Ich lieb nich uf den dritten Fall,/ ich lieb nich uf den vierten Fall,/ ich lieb uf alle Fälle.* Es handelt sich um einen Text, der auf den falschen Dativgebrauch in Westdeutschland und Norddeutschland anspielt; er hätte kaum Erfolg gehabt, wenn die zwei Begriffe dem Publikum nicht bekannt gewesen wären. Wir haben gesehen, dass Goethe im Gedicht „Séance" die Wörter *Selbstlauter* und *Mitlauter* gebrauchte, Morgenstern aber verfasste rund hundert Jahre später ein Gedicht über einen *Vokal* („Der neue Vokal"). Man hat sich an diesen Parallelismus gewöhnt. Inzwischen passten sich die lateinischen Bezeichnungen der deutschen Sprache an; wir sagen etwa *das Verb, des Verbs, die Verben* und nicht *[das] Verbum, Verbi, [die] Verba.*

Die Herausgeber der DUDEN-Grammatik vom Jahre 2022 beflei-
ßigen sich einer anspruchsvollen Metasprache und verwenden konsequent lateinische Fachwörter, soweit es welche gibt.

Wie Franz Leppmann ausführt, sind etliche Wörter, die als Ent-
lehnungen aus dem Französischen gelten, den heute lebenden Franzosen
nicht geläufig. Das gilt für *Garderobe* mit der Bedeutung „Kleiderab-
lage" (die Franzosen sagen *vestiaire*), ferner für *Frisör (coiffeur), Com-
pagnon (associé), Kuvert (enveloppe), Parterre (rez-de-chaussée), Toi-
lette* im Sinne von WC *(lavabo), Delikatesse (comestible), Filiale (suc-
cursale), Manschette (poignet* beim Herrn, *parement* bei der Dame). Für
den Franzosen bedeutet *délicatesse* „Zartgefühl" und *manchette* „Akten-
deckel". Laut Leppmann stammen einige dieser Wörter aus alter Zeit und
haben den Zusammenhang mit der Entwicklung des französischen
Sprachgebrauchs verloren, andere aber wurden von den Deutschen dreist
und gottesfürchtig erfunden.[45]

Geradezu unwahrscheinlich groß ist die Zahl der Fachwörter in
der Medizin. Zu diesem Thema veröffentlichte das Nachrichtenmagazin
„Der Spiegel" einmal höchst aufschlussreiche Feststellungen: In der ganzen Welt, vor allem in den entwickelten Ländern, ist neben der normalen
Sprache eine zweite Sprache entstanden, die den Körper betrifft, Geburt,
Leben, Gesundheit und Krankheit. Obwohl sich der menschliche Körper
in den letzten paar Jahrhunderten kaum verändert hat, ist die Sprache, die
ihn beschreibt, fortwährend in Bewegung. Nach Schätzungen eines Ver-
treters der Weltgesundheitsorganisation (WHO) umfasst das „Basiswör-
terbuch der medizinischen Berufe" in den modernen Weltsprachen rund
50.000 Wörter. Darüber hinaus gebe es aber noch weitere Begriffe, schät-
zungsweise 150.000, hinter deren Bedeutung man nur mit Hilfe speziali-
sierter Wörterbücher gelangt.[46]

Im 17. und im 18. Jahrhundert war das Deutsche dem starken Einfluss des Französischen ausgesetzt, eine Folge der politischen und kultu-
rellen Vormachtstellung des Nachbarlandes. Damals bildeten sich Ge-
sellschaften mit dem Ziel, die Muttersprache zu pflegen und zu schützen.

---

[45]   FRANZ LEPPMANN: 1.000 Worte Deutsch. S. 194-196.
[46]   Berg der Worte. In: DER SPIEGEL, Hamburg. Heft Nr. 1/1984, S. 131-132.

Seither haben sich viele Sprachfreunde um die Eindeutschung von Wörtern fremder Herkunft verdient gemacht. Manche Vorschläge setzten sich durch, andere nicht. Im Theaterroman „Wilhelm Meisters Lehrjahre" (1796) hat Goethe das Wort *Souffleur* (welches „Flüsterer" bedeutet) durch *Einhelfer* verdeutscht (5. Buch, 6. Kapitel). Als ein Souffleur den Schauspieler und Dramatiker Johann Nestroy (1801-1862) nach einem deutschen Ausdruck fragte, hat Nestroy angeblich *Kastengeist* vorgeschlagen. Es ist aber bei *Souffleur* geblieben.

Viele Jahre später erfand ein Schüler spontan die Bezeichnung *Flüstertüte*.[47]

Im letzten Viertel des 20. Jahrhunderts entfachten die Medien mit Blick auf die Weltmacht USA eine Anglomanie mit besorgniserregenden Auswirkungen. Am auffälligsten ist das von Jugendlichen und Kindern zunehmend praktizierte deutsch-englische Kauderwelsch, *Denglisch* genannt. Parallel damit entstanden durch die Anglisierung der Warenbeschriftung nicht bloß für die Käufer Verständnisschwierigkeiten, sondern auch für das Verkaufspersonal. Die Wissenschaftler vernachlässigten die Bildung deutscher Terminologien und gefährdeten dadurch den Fortschritt der einheimischen Forschung. Zu dieser Entwicklung hat der bekannte Fernseh-Moderator Rudi Carrel (1934-2006), ein gebürtiger Niederländer, einmal sarkastisch gesagt: „Als ich nach Deutschland kam, sprach ich nur Englisch – aber weil die deutsche Sprache inzwischen so viele englische Wörter hat, spreche ich jetzt fließend Deutsch."

Eike Christian Hirsch tischt eine Reihe von Redewendungen auf, die aus den USA übernommen worden sind, d.h. aus dem Amerikanischen („nur eine kleine Auswahl", die sich über zwei Seiten hinzieht), z.B.: *jemandem den Stecker ziehen; mit jemandem auf Augenhöhe reden; ein falsches Signal; er/sie muss liefern; für ihn/sie wird es eng.* Hirsch vermerkt sarkastisch, dass wir damit unsere schöne Willkommenskultur zeigen.[48]

---

[47]   LENA GREINER und CAROLA PADTBERG: Geige, Bratsche, Limoncello. Neue witzige Schülerantworten und Lehrersprüche. S. 73.
[48]   EIKE CHRISTIAN HIRSCH: Ist das Deutsch oder kann das weg? S. 82-84.

Die Auseinandersetzungen um die Reinerhaltung der deutschen Sprache dauern also mit gutem Grund an. Sie werden durch Übertreibungen aufgeheizt. Während manche Theoretiker geneigt sind, den Fremdwörtern Tür und Tor zu öffnen, sind andere vor Schreck drauf und dran, das Kind mit dem Bad auszuschütten. Sogar der Sprachforscher Gustav Wustmann (1844-1910), der mit seinem Buch „Allerhand Sprachdummheiten" einen Knigge für den richtigen Sprachgebrauch geschaffen hat, ließ sich in der Hitze des Gefechts zu leichtfertigen Äußerungen hinreißen. Im Abschnitt über die Fremdwörter schätzte er die Vokabeln *retour, charmant, sich revanchieren, sich amüsieren, existieren, passieren* (im Sinne von „geschehen") und *sich genieren* als Modewörter ein, die bald aus der Umgangssprache verschwinden würden – aber die Sprachgemeinschaft hat sich anders entschieden. Die englischen Brocken, mit denen das Deutsche zu seiner Zeit überschüttet wurde, empfand er als widerwärtig; u.a. wollte er *Baby, Star* und *Standard* nicht dulden. „Eine deutsche Mutter", schrieb Wustmann, „sollte sich schämen, ihr Kind *Baby* zu nennen."[49]

In dieselbe Kerbe haut der Verfasser des nachstehenden satirischen Gedichts (zitiert aus Franz Leppmann, „1.000 Worte Deutsch", 1931).

DER DEUTSCHE MANN IERT

Ein Übel hat der deutsche Mann:
Er wendet gern ein Fremdwort an.
Und wenn man's deutsch auch sagen kann,
er wendet doch ein Fremdwort an.
Er impo-, defi-, depo-niert,
er iso-, gratu-, defi-liert,
er da-, zi-, dik- und debü-tiert,
er inspi-, do- und exer-ziert,
er igno-, inse-, inspi-riert,

---

[49] GUSTAV WUSTMANN: Allerhand Sprachdummheiten. S. 316-333, hier S. 317-320, Zitat S. 320.

er bombar-, degra-, explo-diert,
er bug-, zen-, fri- und amü-siert,
er dekla-, bla- und ani-miert!
O du verflixte Iere-rei!
Der Teufel hol' die Ziererei,
die Sprachenruiniererei
und Bildungsparadiererei!
Ach, Goethe, hättest du's erlebt,
wie man die Sprache jetzt verwässert,
mit welschen Brocken sie durchwebt,
du hättest deinen „Faust" verbessert:
„Es i e r t der Mensch, solang' er strebt."

Karl Ettlinger

Der Verfasser hätte sich besser auf Jacob Grimm berufen sollen,
der die Entlehnung von Verben auf -ieren aus den romanischen Sprachen
in einem Vortrag vor der Akademie der Wissenschaften missbilligte
(„Über das Pedantische in der deutschen Sprache"[50], 1847). Goethe aber
gebrauchte sie ohne weiteres, wenn ihm nichts Besseres zur Verfügung
stand. In einem Sonderlexikon mit reichlich tausend Wörtern aus Goethes Wortschatz, verfasst von Martin Müller, finden sich auch drei Dutzend Verben auf -ieren. In einigen Fällen weicht ihre Bedeutung von der
ab, die uns vertraut ist, so bei *kompromittieren* („jemanden zum Schiedsrichter wählen"), *signalisieren* („Zug für Zug beschreiben") und *urgieren*
(„nachdrücklich betonen"). Hans Reimann vermerkt, dass Goethe eine
Vorliebe für Verben auf -isieren bekundete, er nennt als Beispiele *didak-
tisieren, englisieren, feminisieren, infantisieren, theatrisieren.*[51] Ettlinger
wusste nicht oder hat verdrängt, dass Goethe und Schiller sich über die
radikalen Sprachreiniger lustig machten, siehe weiter unten. Goethes Gedicht „Die Sprachreiniger" verspottet Eiferer, die nicht nur ganze Wörter,
sondern auch Vor- und Nachsilben fremder Herkunft bekämpfen. (Mit

---

[50]   JACOB GRIMM: Über das Pedantische in der deutschen Sprache. In: Ders.:
Selbstbiographie. S. 125-153, hier S. 137-138, 146-147.
[51]   HANS REIMANN: Vergnügliches Handbuch der deutschen Sprache. S. 81.

dem Tyrannen ist Napoleon I. gemeint, mit Helena der Ort seiner Verbannung, die Insel Sankt Helena.) Überhaupt war Goethe der Ansicht, dass die Gewalt der Sprache nicht darin besteht, das Fremde abzuweisen, sondern es zu verschlingen.[52]

Dazu zitiere ich Hans Reimann:

„In ähnlicher Weise sind von unserer Sprache geschluckt und verdaut worden: Abonnemang, Akku, Auto, Balkong, Biblothek, Böffsteck, brilljant, Bulljong, Büro, egal, Fassong, Hämoriden, Indiwidjum, injoriern, Inschenör, Inschtrument, kaputt, Kino, Klo (Clo), Lektüre, Lokführer, Mattrial, Orang-Utan, orginell, Pangsion, Parföng, Portmanneh, Postilljon, profentiern, Pull, Pulli, Reschpeckt, Schikane, Schkandal, Schofför, Schokolade, Schtazjon, schtrappeziern, Zollogischer Garten."[53]

Wer merkt schon unserem Wort *Teller* die romanische Herkunft an? Es hat eine wunderliche Geschichte. Letzten Endes geht das Wort auf ein volkslateinisches Verb mit der Bedeutung „zerschneiden" zurück. Aus dem wurde im Italienischen und im Französischen je ein Substantiv mit der Bedeutung „Vorlegeteller" oder „Hackbrett" gebildet. Seit dem 13. Jahrhundert ist das neue Substantiv auch im Deutschen belegt, seit dem 16. Jahrhundert tritt es in der Schriftsprache als männlich auf. Offenbar war jene Unterlage zum Zerschneiden gewöhnlich aus Holz; ein solches Brettchen wird bei ländlicher Kost bis auf den heutigen Tag verwendet. Anstelle des Brettchens konnte in Deutschland, siehe das „Deutsche Wörterbuch" von Grimm, auch eine Scheibe Brot oder ein aus Reis gebackenes Plätzchen als Unterlage dienen. Doch die Entwicklung ging weiter. Zwischen dem ebenen Brettchen und dem bauchigen Topf machte sich ein neuartiger Speisebehälter breit, bestimmt für Körner, Beeren, Suppe und Brei. Er war zunächst ebenfalls aus Holz, später aus gebranntem Ton, aus Zinn, Steingut, Porzellan, Glas, Pappe, Aluminium und Kunststoff. Das neue Gefäß zog den Namen *Teller* an sich.

---

[52]   „Die Gewalt einer Sprache ist nicht, dass sie das Fremde abweist, sondern dass sie es verschlingt." Zitiert nach: ERNST WASSERZIEHER: Woher? Ableitendes Wörterbuch der deutsche Sprache. S. 89.

[53]   HANS REIMANN: Vergnügliches Handbuch der deutschen Sprache. S. 83.

Nun tischt der bayrische Sprachforscher Wolfgang Johannes Bekh zu dieser Geschichte eine Hypothese auf: Um das sächliche Geschlecht des Wortes im Bairischen zu erklären, setzt er als Zwischenstufe das Kompositum *Tellerbrett* voraus *(das Tellerbrett)*. Denn in Bayern sagen die Einheimischen *das Teller*.[54]

Im Vogelsberggebiet, das ist Mittelhessen, habe ich am Telefon den italienischen Abschiedsgruß *Ciao* in der Sprossform *Tschau-tschauchen* gehört. Mein Gesprächspartner wollte damit sagen: „Mach's gut, ich hab' jetzt noch anderes zu tun."

DER PURIST

Sinnreich bist du, die Sprache von gallischen Wörtern zu säubern, nun so sage doch, Freund, wie man *Pedant* uns verdeutscht.
Goethe und Schiller, Xenien, 1797

DIE SPRACHREINIGER

Gott Dank! dass uns so wohl geschah:
Der Tyrann sitzt auf Helena!
Doch ließ sich nur der eine bannen,
wir haben jetzo hundert Tyrannen.
Die schmieden, uns gar unbequem,
ein neues Kontinentalsystem.
Teutschland soll rein sich isolieren,
einen Pestkordon um die Grenze führen,
dass nicht einschleiche fort und fort
Kopf, Körper und Schwanz von fremdem Wort.
Goethe

Der große Dichter gebrauchte *Teutschland* wie *Deutschland*. Während und nach den Freiheitskriegen war die Frage, ob man *teutsch*

---

[54] WOLFGANG JOHANNES BEKH: Richtiges Bayerisch. S. 54.

oder *deutsch* schreiben soll, eines der Lieblingsthemen der Sprachreiniger.[55] Über diesen unnützen Streit äußerte er sich wie folgt:

AN DIE TEUTSCHEN UND DEUTSCHEN

Verfluchtes Volk! Kaum bist du frei,
so brichst du dich in dir selbst entzwei.
War nicht der Not, des Glücks genug?
Deutsch oder teutsch, du wirst nicht klug.

Die Mitte, wo die Wahrheit über das Fremdwort liegt, wird von der Meinung umschrieben, dass ein Fremdwort dann vermieden werden soll, wenn ein praktisches deutsches Wort denselben Dienst leistet. Kurt Tucholsky meinte im Jahre 1930, man könne etwa die gute Hälfte aller Fremdwörter vermeiden („Die hochtrabenden Fremdwörter"[56]). Hören wir uns um! Warum *Workshop* und nicht *Arbeitsgruppe?* Warum *Computer* und nicht *Rechner?* Warum *Monitor* und nicht *Bildschirm?* Warum *cash* und nicht *bar?* Warum *clever* und nicht *schlau?* Warum *cool* und nicht *sachlich?* Warum *servil* und nicht *unterwürfig?* Im 17. Jahrhundert, als viele Deutsche die Franzosen nachäfften, kommentierte Friedrich von Logau diese Entwicklung mit folgendem Sinngedicht:

FREMDE TRACHT

Alamode-Kleider, Alamode-Sinnen;
wie sich's wandelt außen, wandelt sich's auch innen.

Dazu noch ein Sagwort: „Peu à peu", sagt Kuchenbecker, „zu Deutsch: successive."

---

[55]   JOHANN WOLFGANG GOETHE: Mit Seide näht man keinen groben Sack. S. 129 (Fußnote).
[56]   KURT TUCHOLSKY: Die hochtrabenden Fremdwörter. In: Ders.: Gesammelte Werke. Bd. 3, S. 418-421, hier S. 418.

Ein aufgeklärter Mensch erlebt die häufige Konfrontation mit unverstandenen Wörtern in dem Bewusstsein, dass die Handwerker, die Ingenieure, die Ärzte, die Künstler und andere Gruppen ihren Sonderwortschatz haben, dass gleichzeitig laufend Fremdwörter in unseren Alltag dringen. Unter diesen Voraussetzungen entstehen Witze mit Wörtern, die einem Fachbereich angehören, und mit Wörtern, die fremd klingen. Dem Witzpublikum sind sie natürlich bekannt, sonst könnte der Witz nicht zirkulieren, nur eben der Witzheld kennt sie gewöhnlich nicht.

Nehmen wir beispielsweise das Wort *Kerze*, das ursprünglich nur einen Beleuchtungskörper aus Talg oder Wachs mit eingezogenem Docht bezeichnete. Im 19. Jahrhundert wurde das Wort auf einen Teil des Verbrennungsmotors übertragen, der seither *Zündkerze* heißt, bzw. abgekürzt einfach *Kerze*. Auf dieser Namensidentität gründet der folgende Witz.

KERZEN UND WIND

Ein Ehepaar fährt sein neues Auto ein. „Diese verfluchten Kerzen!" brummt der Mann.

„Ganz natürlich, mein Lieber", tröstet ihn die Frau, „bei diesem Wind ...!"

NEUNZEHN KNOTEN

„Dieses Schiff", erklärt stolz der Erste Offizier während einer Besichtigung, „macht neunzehn Knoten in der Stunde."

„Und wer", fragt ein Besucher, „macht nachher die Knoten wieder auf?"

(*Knoten* – von der Logleine stammende Bezeichnung für die Maßeinheit der Fahrgeschwindigkeit eines Schiffs. Ein Knoten bedeutet eine Seemeile je Stunde bzw. 1,852 Km je Stunde. *Knoten* – „zu einem festen Ganzen in sich verschlungene Fäden oder Bänder".)

Freilich gibt es auch Leute, die sich schämen, wenn sie ein neu gehörtes Wort nicht verstehen, obwohl dazu objektiv kein Grund vorhanden ist. Anstatt zu fragen, tun sie so, als wär's ihnen vertraut. Diese Haltung hat Fritz Erpenbeck in der Humoreske „Repunsieren" verspottet. Andere Leute wieder werfen mit Fremdwörtern um sich, um Eindruck zu schinden, oft unbekümmert um die korrekte Aussprache. Diesen Typ hat Roda Roda im „Leitfaden für Reiche" auf den Arm genommen. Warum lachen die Leser? Weil es gar so viele ähnlich klingende Vokabeln gibt und weil sie aus eigener Erfahrung wissen, wie leicht man diese verwechselt. Nur eben: Sie haben aus den Fehlern gelernt, vorsichtig zu sein. Wer sich leichtfertig in die Gefahr der Fremdwörter begibt, kommt in ihr um.

GEWUSST WIE IM KINDERGARTEN

„Mein Vati hat den defekten Mikroprozessor auf den Heizkörper gelegt, und dann hat er wieder funktioniert."

„Was ist ein Heizkörper?"

(*Prozessor* – „aus Leitwerk und Rechenwerk bestehende Funktionseinheit in digitalen Rechenanlagen"; *Heizkörper* – „zur Raumerwärmung dienender Metallkörper, der vom Dampf oder Warmwasser der Heizung durchströmt wird".)

HIMBEEREIS

Lehrer: „Wisst ihr, was eine Proportion ist?"
Schüler: „Ja, Himbeereis kostet pro Portion 50 Pfennig."
(*Proportion* – „Größenverhältnis".)

NACHLÄSSIGE BIENE

Ein Elektriker bemerkt, dass sein Sohn einen wunden Finger hat, und fragt: „Hast du dich geschnitten?"

„Nein, Papa. Ich habe eine Biene gefangen, und die war am Stachel nicht isoliert!"

(*Isolieren* – [in der Elektrotechnik] „den elektrischen Leiter umhüllen", „abdichten".)

EIN DRUCKFEHLER

Andreas: „Papa, hier steht, das Kabinett tagt in Permanenz, was heißt das?"

Vater: „Das ist ein Druckfehler; es muss heißen: in Pirmasens!"

(*In Permanenz* – „ununterbrochen"; *Pirmasens* – Name einer Stadt im Pfälzer Wald.)

DAS KILOWATT

„Sag mal, Jutta, weißt du, was ein Kilowatt ist?"

„Na klar, das sind zwei Pfund Elektrisch!"

(*Kilowatt* – Bezeichnung für eine Maßeinheit der Leistung; *Pfund* – Name einer im Sprachgebrauch fortlebenden Gewichtseinheit, gleichwertig mit einem halben Kilo.)

KILO GEGEN PFUND (I)

Im Lebensmittelgeschäft verlangte ein Kunde zwei Pfund Mehl. „Das heißt jetzt ‚Kilo'", belehrte ihn die Verkäuferin.

Da kam ein Wanderer des Wegs und sagte: „‚Mehl' hört sich aber besser an!"

(Pfund – alte Gewichtseinheit, vom Deutschen Zollverein 1858 auf 500 Gramm festgelegt. In Deutschland und in der Schweiz als amtliche Gewichtsbezeichnung abgeschafft.)

KILO GEGEN PFUND (II)

Kunde: „Ich möchte gern zwei Pfund Zucker."

Verkäufer: „Das heißt jetzt ‚Kilo'."

Kunde: „Na gut, dann geben Sie mir eben zwei Pfund Kilo!"

DER SATTELSCHLEPPER

Lehrerin: „Kinder, was ist ein Sattelschlepper?"
Fritzchen: „Ich glaube, ein Cowboy, der sein Pferd verloren hat."
(*Sattelschlepper* – „Zugmaschine ohne Ladefläche, die mit einem meist einachsigen aufgesattelten Anhänger gekoppelt ist".)

IM THEATER

Franz und Karla haben Plätze im Parkett. „Gleich kommt der große Monolog", flüstert Karla.
„Hoffentlich setzt er sich nicht ausgerechnet vor uns hin", brummt Franz.
(*Monolog* – „Selbstgespräch", besonders im Drama.)

IM BLUMENGESCHÄFT

„Fräulein, ich möchte gern 24 Gladiatoren."
„Sie meinen sicher Gladiolen?"
„Ach ja, das andere wären ja die Heizkörper!"
(*Gladiator* – „Schauspieler [Zirkuskämpfer] im alten Rom"; *Gladiole* – lateinischer Name der Siegwurz; *Radiator* – Bezeichnung für einen Heizkörper.)

EIN BESSERER BÄCKER

„Stellen Sie sich vor, der Sohn von meinem Nachbarn Lehmann will Bakteriologe werden!"
„Wissen Sie, heute gibt es schon so viele Fremdwörter, also für mich ist das Wort ‚Bäcker' fein genug."
(*Bakteriologe* – „Wissenschaftler, der sich mit Bakterien beschäftigt".)

FREMDWORT-PHOBIE

„Was ist Ihr Beruf?"
„Tontechniker."
„Blöde Fremdwörter. Sagen Sie doch einfach ‚Töpfer'!"

DIE VERLOBUNG

„Macht denn Klein Erna?"
„Och, geht ihr gut, is jetzt verloobt."
„Is nich waahr, mit wen denn?"
„Mit'n Veterinär."
„Was? So'n Ollen aus'n Ersten Weltkrieg?"
„Nee! Isst keen Fleisch."
(*Veterinär* – „Tierarzt"; *Veteran* – „im Dienst Ergrauter", „früherer Feldzugsteilnehmer"; *Vegetarier* – „Pflanzenkostesser".)

HARTER WETTKAMPF

Auf der Hochzeit eines namhaften Sportlers wendet sich Tante Luise an einen jungen Mann im Smoking: „Sind nicht Sie der Bräutigam?"
„Nein, Tante. Ich bin schon im Viertelfinale ausgeschieden."
(*Viertelfinale* – „zweitvorletzte Phase sportlicher Wettkämpfe".)

AN DER FALSCHEN TÜR

Ein Komponist arbeitet zu Hause. Plötzlich klingelt es an der Wohnungstür.
„Entschuldigen Sie, wohnt hier Ingenieur Krause?"
„Krause? Nein. Zwei Oktaven tiefer."
(*Oktave* – [in der Musik] „der acht Stufen umfassende Tonraum zwischen zwei gleichnamigen Tönen [C bis c, D bis d, E bis e usw.]".)

EIN EHRLICHER MIETER

Nach dem Einzug vertraut der neue Mieter seiner Wirtin an, dass er ein Pseudonym benutzt. „Das macht nichts", erwidert die Wirtin. „Hauptsache, Sie verbrauchen damit nicht zu viel Strom."
(*Pseudonym* – „Deckname", wörtlich: „falscher Name".)

AUF ALLE FÄLLE

„Und dann hat er noch gesagt, ich wäre ein Choleriker."
„Was ist denn das?"
„Weiß ich nicht. Auf alle Fälle habe ich ihm eine runtergehauen."
(*Choleriker* – „reizbarer, jähzorniger Mensch".)

DER GEOLOGE

Der Hauptmann zum Rekruten Krause, der von Beruf Geologe ist: „Beschreiben Sie mir das Gelände!"
„Zu Befehl, Herr Hauptmann! Vor uns haben wir die archaische Formation des kristallinen Schiefers."
(Es handelt sich um eine Gesteinsart aus dem Erdzeitalter Archaikum, welches der ältere Abschnitt des Präkambriums ist.)

UNBEDINGT KARTOFFELN

Herr Schmitz wird im Hotel gefragt, ob er „table d'Hôte" oder „à la carte" zu speisen wünsche. Er bemerkt herablassend: „Selbstredend beides, aber geben Sie mir eine anständige Portion Kartoffeln dazu."
(*Table d'Hôte* – französisch „[gemeinsame] Speisetafel im Hotel"; *á la carte* – französisch „nach der Speisekarte".)

BETTELN IST BETTELN

„Mein Onkel beschäftigt sich mit Numismatik."
„Was soll das heißen?"
„Die Numismatiker sammeln Münzen."
„Toll, diese Fremdwörter. Hat man solche Menschen früher nicht ‚Bettler' genannt?"
(*Numismatik* – „Münzkunde", „Beschäftigung mit Münzen als Gegenstand der Wissenschaft oder des Sammeleifers".)

DER WAHN

Arzt: „Ihr Mann leidet an Delirium tremens."
„Was für Zeug?"
„Säuferwahn."
Die Frau lacht. „Niemals, Doktor. Der säuft wirklich."

AUF HALBMAST

„Wo steckt eigentlich Maat Müller?" fragt der Kapitän. „Den hab' ich heute noch nicht gesehn."
Steuermann: „Der Schiffsarzt hat ihn auf halbmast gesetzt."
(*Die Flagge auf halbmast setzen* – „die Flagge zum Zeichen der Trauer nicht ganz hochziehen".)

DIE SÄNGERIN (Rheinland)

„Ich ben def beendröck, Tünnes! Wat hät doch die Sängerin för en herrliche Koloratur!"
„Pass leever op dä Jesang op; wat jeiht dich die Koloratur vun dem Mädchen an."
(*Koloratur* – „Ausschmückung und Verzierung einer Melodie mit einer Reihe umspielender Töne".)

AM DOM

„Nun zeigen Sie uns bitte noch das Domrestaurant, Herr Küster!"
„Bedaure, da gibt es kein Restaurant."
„Aber im Prospekt steht doch: ‚Restauration des Doms seit 1975 im Gang'!"
(*Restaurieren* bedeutet „erneuern", „wiederherstellen"; *sich restaurieren* bedeutet „sich erholen", „sich erfrischen". Von diesen Verben sind die gleichlautenden Substantive *Restauration* abgeleitet. Das eine bezeichnet die Wiederherstellung eines Kunstwerks, Bauwerks usw., das andere eine Gaststätte, es ist gleichbedeutend mit *Restaurant*. Als Heine während seiner Harzreise das Brockenhaus erreichte, fand cr in dcr Wirtsstube Studenten, die sich *restaurierten,* und es gibt ein Spottgedicht von Eduard Mörike, das mit dem Wort *Restauration* im Sinne von Erfrischung überschrieben ist.[57])

DREI SKLEROSEN

In der Konditorei bestellt eine alte Frau zwei Sklerosen mit viel Creme. „Madame", entgegnet die Verkäuferin, „so ein Gebäck führen wir nicht!"
„Unmöglich! Erst gestern hab' ich hier drei Sklerosen gekauft!"
„Und ich wiederhole, dass wir so ein Gebäck nicht führen. Versuchen Sie sich an den Namen zu erinnern!"
„Erinnern, erinnern! Als ob man sich mit dem Eclair, das ich hab', an etwas erinnern könnte!"
(*Sklerose* – „krankhafte Verhärtung eines Organs oder Gewebes", hier ist die Verkalkung der Gehirnarterien gemeint, die u.a. Vergesslichkeit zur Folge hat; *Eclair* – „mit Creme gefülltes Gebäck".)

---

[57] EDUARD MÖRIKE: Restauration. In: Ders.: Sämtliche Werke. 5., neu durchgesehene Auflage. München: Hanser, 1976. S. 225.

KUNZ BERUHIGT

Hinz: „Hast du vielleicht eine Enzyklopädie?"
Kunz: „Nein, ich bin ganz normal."
(*Enzyklopädie* – „übersichtliche Darstellung der Wissenschaften und Künste in lexikalischer Form", „Nachschlagewerk".)

DAS GESTÄNDNIS

Richter: „Haben Sie den Zeugen im Affekt niedergeschlagen?"
„Nein, Herr Rat, in der Waschküche!"
(*Affekt* – „Gefühlsaufwallung".)

KOSMETISCHE PHYSIK

Als nach dem Ersten Weltkrieg auch Frauen zur Hochschullaufbahn zugelassen wurden, konnte sich die Atomphysikerin Lise Meitner habilitieren. Ihre Antrittsvorlesung behandelte die damals noch rätselhaften „Probleme der kosmischen Physik".

Einem Zeitungsschreiber kam dieses Thema bei einer Frau etwas seltsam vor, deshalb nannte er den Vortrag „Probleme der kosmetischen Physik".

(*Kosmos* – „Weltraum", „Universum"; *Kosmetik* – „Körper- und Schönheitspflege".)

REPUNSIEREN

In Wilhelmshaven entdeckten wir ein hübsches Gesellschaftsspiel, das ich weiterempfehlen möchte; es macht viel Spaß.

Man erfinde ein Fremdwort. Warum sollte man nicht? Es gibt ja auch Leute, die „Exponat" und „Spezifik" erfunden haben. Wir erfanden: repunsieren.

Nach längerer Probenarbeit fragt Werner Hinz den Regisseur: „Können wir nicht mal ein paar Minuten repunsieren?"

„Nur diese kurze Szene noch, dann hätte ich sowieso Pause gemacht."

Wir begegnen auf dem Weg zum Mittagessen einem dicken Herrn, einem bekannten Großkaufmann. „Nun, wie steht's mit Ihrer Repunsion?" fragt ihn Kollege Marquardt.

„Viel besser, seit ich regelmäßig Fructana-Tabletten nehme."

Im Restaurant fragt Kollege Thomas die neue Kellnerin: „Wo kann man hier repunsieren?"

Sie errötet, deutet auf das Schild „Für Herren".

Der Wirt kommt an den Tisch. Die Kollegin Giehse fragt: „Können Sie uns eine besondere Repunsion empfehlen?"

„O ja – wir haben heute eine ganz delikate Mockturtlesuppe."

Werner Hinz zieht eine neu hinzukommende, besonders prüde Kollegin beiseite und fragt sie: „Wie wär's denn mit uns beiden? Mit dir möchte ich gern mal repunsieren ..."

„Ich verbitte mir das!" sagt sie und setzt sich an einen anderen Tisch.

„Ah, Fräulein von Osterburg!" begrüßt Kollege Thomas die Tochter eines Werftdirektors. „Haben Sie heute früh repunsiert?"

„Nein, heute nicht, dazu war mir das Wetter zu schlecht."

Die Souffleuse kommt. Hedda Zinner sagt tadelnd: „Deine Repunsion war vorhin aber schwach."

Böse antwortet sie: „Du musst deine Rolle besser lernen; ich habe getan, was ich konnte."

Ein Kritiker bleibt am Tisch stehen, hört zu. Wir fachsimpeln. Kollege Bischof sieht ihn und setzt einen begonnenen Satz fort: „... natürlich könnte ich als Meiseken etwas mehr repunsieren, aber da müsste ich aufsetzen. Die Rolle gibt es nicht her. Eine echte Repunsion kommt nur zustande, wenn im Text zumindest einige Anhaltspunkte dafür gegeben sind."

Der Kritiker nickt tiefsinnig: „Ja, ja", erklärt er, „ich habe deshalb ja auch geschrieben, dass der Dialog dieses Stücks sehr oberflächlich ist."

Wir rufen den Wirt: „Repunsieren!"

„Fräulein Emmi kommt gleich."

Und so weiter. Probieren Sie es, erfinden Sie ein beliebiges „Fremdwort"; Sie werden in Deutschland nur wenige Zeitgenossen finden, die Sie fragen: „Repunsieren – was ist das? Kenne ich nicht."

Fritz Erpenbeck

Wie das Spiel erfunden wurde, hat Erich Schlaikjer in einer anderen Humoreske erzählt, die denselben Titel trägt: „Repunsieren".[58] Es wurde in einem Wirtshaus erfunden, und zwar von einem Mann, der schon unter dem Tisch lag. Er wollte ein neues Wort in die deutsche Sprache einführen. „Ihr sollt die Ersten sein", rief er seinen Zechbrüdern zu, „die das neue Wort vernehmen. Es heißt ‚repunsieren', mit einem u in der zweiten Silbe. Wer es mit o schreibt, macht einen Fehler." Dann ging das Spiel los. Am selben Abend, vier Kneipen weiter, führte der Mann auch noch das zum Verb passende Substantiv ein: *Repunsion* – mit einem u in der zweiten Silbe. „Wer es mit einem o schreibt, macht einen Fehler." Völlig unerwartet übernahm der Wirt von der vierten Kneipe das neue Wort für seine Werbung, die Zechbrüder entdeckten es einen Tag später auf einem frischen Plakat. Dort stand geschrieben:

Angenehmer Aufenthalt für Familien.
Vortreffliche Speisen. Wohlgepflegte Getränke.
Glänzende Repunsion nach allen Seiten.

Das oben karikierte Verhalten, so tun als ob, wenn man nicht weiß, was ein Wort bedeutet, hat Kurt Tucholsky in einer lustigen Erzählung bestätigt. Sie heißt „Das Wirtshaus im Spessart".

Der Erzähler und seine zwei Freunde beanstanden einen Wein. Ein Mann vom Nebentisch mischt sich ein, kostet und erklärt: „Meine Herren, der Wein schmeckt nicht nach dem Korken! Wenn er nach dem Korken schmeckt, dann möpselt es nach!" Zwar haben die drei Freunde keine Ahnung, was *möpseln* heißt, „... aber es ging sofort in unseren Sprachschatz über. Jeder Weinkenner muss wissen, was ‚möpseln' ist. Wie sich später herausstellte, ist ‚möpseln' offenbar eine

---

[58]   ERICH SCHLAIKJER: Repunsieren. In: O. KOLLEX (Hg.): Die Gloria-Hose und andere heiter-frivole Geschichten. S. 200-204.

heruntergekommene Form von ‚böckeln': nach dem Bock, dem ziegenledernen Schlauch schmecken."[59]

LEITFADEN FÜR REICHE

Lieber Freund, Sie sind durch glückliche Ausnutzung geschäftlicher Chansons in einen Gesellschaftskreis aufgestiegen, der gern Fremdwörter gebraucht. Damit Sie sich nun nicht jeden Augenblick balsamieren, möchte ich Ihnen einige Winke für die Konservation geben.

Vor allem, bitte, seien Sie nicht beleidigt, wenn jemand Sie einen Parvenü nennt. Er meint nichts Böses. Parvenü ist eine spanische Wand, ein Bettschirm. Arrivé hingegen: eine singbare Melodie, ein Gesangstück.

Man wird Ihnen schlechte Manieren vorwerfen und Mangel an Courtoisie. Lassen Sie sich dadurch nicht kränken, die Mängel wiegen nicht schwer: Courtoisie ist nichts anderes als Maklergebühr; und Manieren – die Hände pflegen wollen Sie sich ohnehin.

Lädt man Sie zum Tee, kann es ein Five-o'clock-tea sein oder ein Thé dansant. Keinesfalls hat es das Mindeste mit Theorie zu schaffen, der Gottesgelehrsamkeit.

Hypothese wieder ist die längste Seite eines rechtwinkligen Dreiecks; verwechseln Sie das nicht mit Hippologie, der krankhaften Reizbarkeit von Frauen.

Bietet man Ihnen beim Tee Baisers an und Curaçao, so müssen Sie wissen, dass Baiser Flauheit auf der Börse bedeutet und Curaçao einen schweren Reiter; der Gegensatz ist Infamie (Fußtruppe, in übertragenem Sinn auch: Mannstollheit). Absinth ist die Enthaltung von geistigen Getränken.

---

[59]   KURT TUCHOLSKY (unter dem Pseudonym PETER PANTER): Das Wirtshaus im Spessart. In: Ders.: Gesammelte Werke. Bd. 2, S. 944-949, hier S. 947. Die Erklärung zur Bedeutung des Wortes fehlt in dieser Ausgabe. Ich fand sie in der Sammlung „Drei Bücher des Lachens. Die schönsten heiteren Geschichten von heute". Berlin: Ullstein, 1928. Bd, 1, S. 7-16, hier S. 12.

Zwischen Tuberosen und Protuberanzen ist ein gewaltiger Unterschied: Protuberanzen sind Apfelsinen, Tuberosen jedoch Lungenschwindsüchtige.

Halten Sie Zyklamen und Zyklus auseinander: Zyklame ist ein Wirbelwind; Zyklus ist ein Riese mit einem Auge.

Für Wirbelwind kann man auch Toreador sagen; Tournedos klingt wohl ähnlich, bedeutet aber etwas anderes, nämlich einen südfranzösischen Minnesänger.

„Sagt man Champignon oder Champion?" werden sie fragen. Es kommt darauf an, ob Sie Haarwäsche meinen oder eine Papierlaterne.

Antinomie ist die Kunst, Leichen zu zergliedern; Anthologie: Selbstregierung, Unabhängigkeit.

Panorama ist eine Landenge in Südamerika; Paranoia aber ein Schlafanzug.

Tarlatan: ein Kurpfuscher und Marktschreier; der schlaue Tamerlan war Minister des Äußeren unter Napoleon dem Großen.

Samojeden sind russische Teemaschinen.

Merken Sie sich ferner, dass eine Kreolin nicht dasselbe wie eine Mulattin ist. Mulatten sind Bastarde von Pferd und Esel; eine Kreolin ist ein gebauschter Frauenrock.

Man wird Ihnen von Krankheit und Gesundheit reden, Prophylaxe und Hygiene. Behalten Sie, bitte, wohl im Gedächtnis: Prophylaxe ist die Reblaus; Hygiene ist ein Raubtier, das Leichen frisst.

Ein großer Unterschied ist auch zwischen Olymp und Hades; Hades ist die Rückenmarkschwindsucht, Olymp aber ein Neugebilde in der Nase.

Basilisk: eine griechische Kirche; die Lieblingsfrau des Türken heißt Obelisk.

- - - Mein Freund, ich hoffe, Sie wissen nun Bescheid mit Fremdwörtern. Sollten Ihnen noch jemals Zweifel aufsteigen, dann reden Sie nicht leichtfertig hin, sondern schlagen vorher hübsch nach im Konföderations-Mexiko, wo Sie, nach dem Alpaka geordnet, das Wissenswerte beisammen finden.

Roda Roda

Jede Sprache weist Fremdwörter auf, die eine mehr, die andere weniger. Die deutsche Sprache hat zahlreiche innere Möglichkeiten, um neue Wörter als Namen für neue Erscheinungen hervorzubringen. Die wichtigste davon ist die Wortbildung, insbesondere durch Zusammensetzung und durch Ableitung, und bei der letzteren vor allem mit Hilfe der Suffixe. Die nächstfolgende Möglichkeit ist die Bedeutungsveränderung, am häufigsten durch Bedeutungsübertragung (oder *Metapher*): Aufgrund einer Ähnlichkeit wird der Name eines Dings für ein anderes gebraucht (z.B. *Stopfei* als Bezeichnung für ein Werkzeug, *Fuchs* als Bezeichnung für ein Pferd und für einen Schmetterling, *Schlüssel* als Bezeichnung für einen Code). Andere Möglichkeiten sind die Entlehnung aus mundartlichem Wortgut (z.B. *Alm, brauen, Egge, hastig, Watt*) und die Wiederbelebung alten Wortgutes (z.B. in den Zusammensetzungen *Atommeiler, Musiktruhe*).

Gelegentlich kommt auch eine Neuschöpfung vor. Ein Beispiel dafür wäre das Wort *sitt*, ein Antonym zu *durstig,* wie *satt* zu *hungrig.* Auf Anregung der Firma „Lipton Eistee" wurde dieses Wort im Jahre 1999 von der DUDEN-Redaktion durch einen öffentlichen Wettbewerb ermittelt. Es ergab sich die Perspektive, die bekannte Redensart *Müd' und matt, alle Arbeit satt* abzuwandeln auf *Matt und müd', alle Arbeit sitt.* Vier Jahre später stellte man fest, dass der Vorschlag sich nicht durchgesetzt hat. Für ein solches Wort besteht offenbar kein Bedarf, andernfalls hätte die Sprachgemeinschaft längst eines geschaffen. Sehen wir uns zum Vergleich eine erfolgreiche Neuschöpfung an – das Wort *Automobil,* welches durch die Zusammensetzung vorhandener Wörter gebildet worden ist. Es hat sich eingebürgert, obwohl es einen Schönheitsfehler aufweist, denn der eine Teil ist griechischer, der andere lateinischer Herkunft. Den Sprechern war das egal. (Korrekt gebildet hätte die Neuschöpfung *Autokineton* bzw. *Ipsomobil* gelautet.)

Zahlreiche Substantive, auch Verben, Adjektive usw. sind **aus zwei oder mehr Wörtern zusammengesetzt**, nämlich aus einem voranstehenden Bestimmungswort (Vorderglied) und einem nachstehenden Grundwort (zweites Glied), wobei das Bestimmungswort den Ton trägt. Wilhelm Schmidt schreibt dazu:

98

„Das Neuhochdeutsche besitzt eine sehr stark ausgeprägte Fähigkeit zur Bildung von Komposita. Die Mühelosigkeit, mit der Komposita gebildet werden können, ist die Ursache dafür, dass die Zusammensetzung der gebräuchlichste Wortbildungstyp unserer Sprache geworden ist, und sie hat nicht wenig Anteil an der starken Ausweitung unseres Wortbestandes, besonders in den letzten zwei Jahrhunderten. Die Zusammensetzung ist zu einem Faktor geworden, der die Ausdruckskraft des Deutschen entscheidend mitbestimmt."[60]

Kinder erfinden unbekümmert Wörter, wenn sie um die richtige Bezeichnung verlegen sind. Zum Beispiel:
Fegestock für „Besen";
Torfhammer für „Beil":
Schiebkasten für „Karre".
Wasserfass für „Regentonne";
Brötchenkranz für „Hörnchen";
Blätterstock für „Zweig".[61]

Substantive verbinden sich am häufigsten mit Substantiven, aber auch mit Adjektiven *(Altbau, Frischgemüse, Grünzone, Volltreffer)*, mit Verben *(Badezimmer, Pressplatte, Rührei, Turnstunde)* und mit unbeugbaren Wörtern *(Nichtraucher, Rückweg, Vorfrühling)*. Man unterscheidet zwischen einer determinativen Zusammensetzung, bei der das Bestimmungswort der näheren Bestimmung des Grundwortes dient *(Apfelsaft, Zahnarzt)*, einer kopulativen Zusammensetzung, bei der gleichgeordnete Begriffe verwachsen *(Nordost, nasskalt)* und einer possessiven Zusammensetzung, die eine Person oder eine Sache nach einem Besitz oder einem hervorstechenden Merkmal kennzeichnet *(Kahlkopf, langbeinig)*.

Im Rahmen der determinativen Zusammensetzung treten mehr als ein Dutzend Möglichkeiten der genaueren Kennzeichnung auf. Das Bestimmungswort bezeichnet in Bezug auf das Grundwort u.a.

[60]   WILHELM SCHMIDT: Deutsche Sprachkunde. S. 95.
[61]   H. Scharrelmann: Herzhafter Unterricht. S. 21.

- den Ursprung: *Schmelzwasser, Treibhaustomate;*
- die Abstammung: *Arbeiterkind, Heldenspross;*
- die Ursache: *Brandblase, Meteortrichter;*
- den Urheber: *Bruderhilfe, Pioniertat;*
- den Stoff oder einen wichtigen Bestandteil: *Seifenwasser, Stroh-hut;*
- das Ganze, wovon das durch das Grundwort bezeichnete Ding ein Teil ist: *Schwarmbiene, Wurfgeschwister, Sonnenstrahl;*
- den Aufenthaltsort: *Eckstein, Gartenblume;*
- den Zweck: *Fotolabor, Schülerheim;*
- den Besitzer: *Farmerhaus, Matrosenmütze;*
- die Zeit oder die zeitliche Ausdehnung: *Aprilscherz, Eintags-fliege;*
- das Objekt: *Briefmarkensammler, Selbstbeherrschung;*
- das Mittel oder das Werkzeug: *Elektromotor, Netzfischerei;*
- die Richtung oder das Ziel: *Museumsbesuch, Scheibenschießen;*
- das Fassungsvermögen: *Literflasche, Mehrfamilienhaus;*
- die Leistung: *100-Meter-Schanze, 12-Tonnen-Kran;*
- einen Vergleich: *Nashornkäfer, Treibhauseffekt.*

DIE PREISFRAGE

„Was sind Sie eigentlich von Beruf?"
„Ich bin Straßenhändler."
„Ach, wie interessant! Wie viel kostet eine Straße so im Durch-schnitt?"

ANZEIGE

Kleines Krankenhaus in Oberösterreich sucht baldmöglichst Chefarzt für Skirurgie.

Den Laien fasziniert das Verfahren der Zusammensetzung durch seine ungeheure Produktivität. Die Leichtigkeit, mit der sich zwei oder mehrere Wörter zu einem einzigen verbinden, ist die Erklärung für den Reiz der folgenden Gesellschaftsspiele.

WÖRTERKETTEN

1.) Der Spielleiter nennt ein zusammengesetztes Wort (vorzugsweise ein Substantiv), worauf sein Nachbar ein zusammengesetztes Wort bilden muss, in dem das Grundwort des Ausgangswortes als Bestimmungswort fungiert, der zweite Nachbar ein zusammengesetztes Wort, in dem das neue Grundwort als Bestimmungswort erscheint, usw. Zum Beispiel: *Kuckucksuhr – Uhrenfabrik – Fabriktor – Torschluss – Schlussrunde.* Wer um ein neues Wort verlegen ist, gibt ein Pfand. Von Helga Biebricher übernehme ich die Regel, dass man sich vorher einigt, ob es erlaubt ist, Homonyme zu verwenden, wie sie in den möglichen Kettengliedern *Ausbildungsleiter – Leitersprosse* und *Parkbank – Bankdirektor* vorkommen.[62]

Man kann die Spannung durch Zuwerfen eines verknoteten Taschentuchs oder kleinen Kissens erhöhen. Dazu sind Tageslicht und Ellbogenfreiheit nötig. Der Spielleiter wirft das Taschentuch einem Mitspieler zu, der es auffangen und sein Wort sagen muss; dann fliegt das Taschentuch kreuz und quer mal hierher, mal dorthin.

2.) Jeder Spieler spannt eine Wörterkette für sich; es gewinnt A) wer innerhalb der festgelegten Zeit die meisten Glieder angefügt hat; B) wer zuerst eine Kette von zehn Gliedern fertig bringt. Man kann das Spiel durch die Bedingung erschweren, dass jeder zum Ausgangswort zurückkehren muss. Anschließend ein Beispiel für so eine Wörterkette: *Eislaufen – Laufstall – Stalllaterne – Laternenpfahl – Pfahlbau – Baumeister – Meisterschule – Schulferien – Ferienheim – Heimabend – Abendrot – Rotglut – Glutofen – Ofenrohr – Rohrstück – Stückeschreiber – Schreibkunst – Kunsteis – Eislaufen.*

3.) Fortgeschrittene spielen mit selbsterfundenen Wörtern, andere zählen nicht. Als Ausgangspunkt für Übungen bieten sich die

---

[62] HELGA BIEBRICHER: Noch mehr Scherzfragen, Rätsel, Schüttelreime. S. 63-64.

Wortschöpfungen Morgensterns in einem Text an, der zwar wie ein Gedicht aussieht, aber sonst mit einem Gedicht nichts zu tun hat.

NEUE BILDUNGEN,
DER NATUR VORGESCHLAGEN

Der Ochsenspatz
Die Kamelente
Der Regenlöwe
Die Turtelunke
Die Schoßeule
Der Walfischvogel
Die Quallenwanze
Der Gürtelstier
Der Pfauenochs
Der Werfuchs
Die Tagtigall
Der Sägeschwan
Der Süßwassermops
Der Weinpintscher
Das Sturmspiel
Der Eulenwurm
Der Giraffenigel
Das Rhinozepony
Die Gänseschmalzblume
Der Menschenbrotbaum.

Zum Beispiel:
Ochsenspatz – Spatzenblech – Blechfreitag – Freitagstern ...
Gänseschmalzblume [Butter + Blume] – Blumenerdesturm [Sand
+ Sturm] – Sturmschrittbefehl [Marsch + Befehl] – Befehlstonwechsel
[Stimme + Wechsel] – Wechselkursschneider [Änderung + Schneider] ...
Menschenbrotbaum [Affenbrot + Baum] – Baumdiebslaterne
[Strauchdieb + Laterne] – Laternenwachsrest [Kerzenwachs + Rest] –
Restkammertür [Vorratskammer + Tür] ...

BRÜCKENRÄTSEL

Die Fähigkeit, Wörter mit einem gewissen Sinngehalt zu finden, die in unserem Gedächtnis gespeichert sind, wird auch bei einem lustigen Rätsel gefordert. Hier soll man zu zwei gegebenen Wörtern ein drittes stellen, sodass sich zwei sinnvolle Verbindungen ergeben, nur muss das dritte Wort, damit es als Brücke erscheint, in der einen Verbindung das Grundwort und in der anderen Verbindung das Bestimmungswort sein. Zum Beispiel:

WASSER	*LAUF*	STEG
DACH	*KAMMER*	CHOR
KUH	*MILCH*	KAFFEE
MEISTER	*BRIEF*	TAUBE

Die Vielfalt der möglichen Zusammensetzungen spiegelt sich auch in der so genannten *Wort-Chemie* wider, die Alwin Joel zusammengestellt hat.

WORT-CHEMIE

Wie gewinnt man Blei? Man mischt Bleistifte mit zerkleinertem Draht. Der Draht verbindet sich mit den Stiften zu Drahtstiften, und das Blei wird frei.

Wie gewinnt man Sauerstoff? Man dreht Sauerkraut und einen Stoffrest zusammen durch die Wurstmaschine. Dann entwickelt sich aus Kraut und Rest ein Krautrest, und der Sauerstoff wird frei.

Wie gewinnt man Holz? Holz kann man leicht gewinnen, wenn man eine Holztaube in einen Brief steckt, diesen gut verschnürt, weglegt und sich vorläufig nicht darum kümmert. Wenn man wieder mal darauf zurückkommt, wird man finden, dass sich Brief und Taube zur Brieftaube verbunden haben, welche natürlich entwichen ist, während das freigewordene Holz zurückblieb.

Neben den einfachen Komposita stehen solche mit drei, vier und noch mehr Gliedern. Die Entwicklung von Wissenschaft und Technik hat zu Wortungeheuern geführt, z.b.

Desoxiribonukleinsäure,
Doppelsteppstichnähmaschine,
Hirnstromwellenmessgerät,
Selbstwählfernsprechverkehr,
Kraftfahrzeughaftpflichtversicherungsteilnehmer.

Der Volksmund bewitzelt diesen Trend; es zirkulieren mehrere unmögliche Bildungen, z.b.

Konstantinopolitanische *Schnupftabaksdosenmachergesellenvereinsherbergsväter,*
Waffeleisenendmontageüberprüfungsgeräteingenieur,
Briefmarkenkatalogherausgebervereinigung,
Großglocknerbergbesteigungskommissionsmitgliedsbuch und, non plus ultra,
Donaudampfschifffahrtsgesellschaftskapitänswitwenunterstützungskasse.

Wir lesen bei Mark Twain, wie Mehrfachzusammensetzungen auf einen Nicht-Deutschen wirken („Die schreckliche deutsche Sprache"). Ich zitiere:

„[...]Einige deutsche Wörter sind so lang, dass sie eine Perspektive aufweisen. Man beachte folgende Beispiele:
Freundschaftsbezeigungen.
Dilettantenaufdringlichkeiten.
Stadtverordnetenversammlungen.
Diese Dinger sind keine Wörter, sie sind alphabetische Prozessionen. Und sie sind nicht selten; man kann jederzeit eine deutsche Zeitung aufschlagen und sie majestätisch quer über die Seite marschieren sehen – und wenn man nur einen Funken Phantasie besitzt, kann man auch die Banner sehen und die Musik hören. Sie verleihen dem sanftesten Thema einen kriegerischen Schmiss. [...]"

Wenn sich eine dieser großartigen Bergketten quer über die Druckseite zieht, schmückt und adelt sie natürlich die literarische Landschaft – aber gleichzeitig bereitet sie dem unerfahrenen Schüler großen Kummer, denn sie versperrt ihm den Weg; er kann nicht unter ihr durchkriechen oder über sie hinwegklettern oder sich einen Tunnel durch sie hindurchgraben. Also wendet er sich hilfesuchend an sein Wörterbuch; aber da findet er keine Hilfe. Irgendwo muss das Wörterbuch eine Grenze ziehen – und so lässt es diese Art von Wörtern aus. Und das ist richtig, denn diese langen Dinger sind kaum echte Wörter, sondern eher Wortkombinationen, und ihr Erfinder hätte umgebracht werden müssen. Es sind zusammengesetzte Wörter, deren Bindestriche weggelassen sind. Die verschiedenen Wörter, aus denen sie aufgebaut sind, stehen im Wörterbuch, aber sehr verstreut, so dass man die Wörter nacheinander aufstöbern kann und schließlich den Sinn herauskriegt, aber das ist eine langwierige und aufreibende Beschäftigung.[...]"[63]

Wir können manche mehrgliedrige Komposita leichter verstehen als andere, und das hängt von der Beschaffenheit ihrer Glieder ab. Die Gesamtbedeutung lässt sich dann leichter erschließen, wenn Verbalsubstantive enthalten sind und das vorausgehende Wort das Objekt der Handlung darstellt, z.B.:

Heizgasentstaubungsanlage,

Kleinkinderbewahranstalt,

Reißverschlussabnäheinrichtung,

Sekundärrohstoffsammelstelle.

Beim Lesen von mehrfach zusammengesetzten Wörtern kommt es darauf an, dass man die Verbindungsstellen erkennt (wo laut Mark Twain ein Bindestrich stehen könnte) und dann richtig betont. *Blumento-Pferde* sind nicht dasselbe wie *Blumentopf-Erde*. Die entsprechende Fertigkeit ist die Voraussetzung für das Vergnügen an Kalauern wie *Ahornvieh* und *Kürbiskuit*, von denen bei der Fonetik die Rede war.

---

[63]   MARK TWAIN: Die schreckliche deutsche Sprache. In: Mark Twain bummelt durch Europa. Anhang. S. 236-255, hier S. 247-248.

DAS KREISTIER

Frage an den Veterinär: „Was ist ein Kreistier?"
„Das kenn' ich nicht."
„Muss es aber geben. Denn es gibt einen Kreistierarzt."
(Mit dem Wort *Kreis* ist hier nicht die geometrische Figur, sondern ein Verwaltungsgebiet gemeint.)

Dazu eine Glosse von Roda Roda:

„Es gibt Tiere, Kreise und gibt Ärzte.
Es gibt Tierärzte, Kreisärzte und Oberärzte.
Es gibt einen Tierkreis und einen Ärztekreis.
Es gibt auch einen Oberkreistierarzt.
Ein Oberkreistier aber gibt es nicht."[64]

Zusammengesetzte Substantive reizen zu Abkürzungen. Wie zu erwarten, wird auch mit Abkürzungen gespielt. Was bedeutet GMBH? Eigentlich „Gesellschaft mit beschränkter Haftung", aber ein Witzbold hat das Kürzel zur Aufforderung „Geh mir Bier holen!" umgedeutet. KHW ist die passende Automarke für einen Tölpel – KHW bedeutet „Kleiner Hand-Wagen". Das beste Rezept für Personen mit Übergewicht lautet FDH, das bedeutet „Friss die Hälfte!" Ein Aufkleber für Büros gibt das Wort *Team* als Abkürzung aus, nämlich für diesen Satz: „Toll, ein anderer macht's!"

Unabhängig von der Länge des Kompositums beziehen sich seine Attribute logisch und grammatisch immer auf das Grundwort. Obwohl diese Regel einfach ist, kommen doch oft Verstöße gegen sie vor und bewirken Heiterkeit.

[64] RODA RODA: Einfälle. In: Ders.: Der Mann mit der roten Weste. S. 130-131, hier S. 130.

Auch für diese Art Entgleisung hält der Volksmund geflügelte Worte bereit. Dazu zitiere ich eine Stelle aus dem DUDEN-Taschenbuch „Fehlerfreies Deutsch" von Dieter Berger:

„Man kann zwar *ein großes Geschrei* erheben. Aber *ein kleines Geschrei, was ist das?* Wer wird also schon *kleines Kindergeschrei* statt *Geschrei kleiner Kinder* oder auch *Kleinkindergeschrei* sagen? Altbekannt sind die drolligen Wortfügungen, mit denen man sich über solche Fehlbildungen lustig macht. Das fängt bei der *frischen Eierfrau* und dem *gedörrten Zwetschgenmännchen* an, und mit dem *wilden Schweinskopf*, dem *geräucherten Fischladen*, dem *mehrstöckigen Hausbesitzer* und dem *siebenköpfigen Familienvater* hört es noch lange nicht auf. Solche Schlagwörter sind schnell zur Hand, wenn einer unserer lieben Mitbürger versehentlich eine entsprechende Fügung zustande bringt. Immerhin schlüpft doch ab und zu etwas Derartiges unbemerkt durch alle Kontrollen und wird gedruckt."[65]

Die Mittel der **Ableitung** sind Silben und einzelne Laute, die zum Stamm eines Wortes treten. Man nennt sie zusammenfassend *Affixe*. Die Affixe erscheinen vor oder hinter dem Wortstamm, in unserem Beispiel vor oder hinter dem Wort *Freund: an-freund-en, be-freund-en, freundlich, un-freund-lich, Freund-lich-keit, Freund-schaft, freund-schaft-lich*. Früher hat man von *Vor-* und *Nachsilben* gesprochen, doch sind die Bezeichnungen ungenau, weil manche Affixe nur aus einem einzigen Laut bestehen, z.B. -e *(hoch – Höhe, red-en – Red-e)* und -t *(stell-en – Ge-stalt, flieh-en – Fluch-t)*. Darum bevorzugt man heute in wissenschaftlichen Werken die lateinischen Bezeichnungen *Präfix* und *Suffix*.

Im Namen eines beliebten Rätsels jedoch, des *Silbenrätsels*, hat sich die ältere Anschauung erhalten. Bei dieser Art Rätsel sollen aus einer langen Reihe von „Silben" die Bestandteile bestimmter Wörter gefunden werden, deren Bedeutung wie beim Kreuzworträtsel durch eine Umschreibung angegeben ist. Wer sich die Zeit mit Silbenrätseln vertreibt, spielt bewusst oder unbewusst mit den Mitteln der Ableitung – mit den Affixen.

Anschließend ein Silbenrätsel.

---

[65] DIETER BERGER: Fehlerfreies Deutsch. S. 170-171.

Aus den Silben: a – a – bel – chat – da – da – e – e – em – ge – ge – ge – gie – gie – go – har – i – in – jek – le – le – lung – man – me – men – mi – ner – ni – on – on – pa – pä – rie – ri – sa – sar – se – ser – si – tal – tei – ter – ti – ti – ti – tu – us – wäs – ze – zi sind Wörter folgender Bedeutung zu bilden: 1. Brettspiel; 2. Voralpental in der Schweiz, nach dem eine Käsesorte benannt ist; 3. Märchengestalt; 4. Stern; 5. Erzieher, Lehrer; 6. großer Anfangsbuchstabe; 7. Kraft; 8. Sammelbegriff für Flüsse, Seen, Teiche; 9. Befreiung aus Abhängigkeit; 10. Operettenkomponist; 11. Hauptstadt des antiken Königreichs Dakien; 12. Halbedelstein; 13. lotrechter Dachabschluss; 14. Rechenvorgang; 15. Ausrufe-, Empfindungswort. Bei richtiger Auflösung ergeben die ersten und dritten Buchstaben, von oben nach unten gelesen, ein Sprichwort.

Die gesuchten Wörter sind: *Dame, Emmental, Riese, Sirius, Pädagoge, Initiale, Energie, Gewässer, Emanzipation, Lehar, Sarmizegetusa, Achat, Giebel, Teilung, Interjektion.* Das Sprichwort lautet: *Der Spiegel sagt immer die Wahrheit.*

Es gibt ein Dutzend Präfixe und fünfmal mehr Suffixe. Der Laie wirft die Ableitungen in einen Topf mit den Zusammensetzungen, die mit einsilbigen Wörtern gebildet wurden, doch bei näherer Betrachtung unterscheiden sich die Affixe von den einsilbigen Wörtern dadurch, dass sie nicht selbstständig vorkommen, siehe beispielsweise die Präfixe be-, ver- und zer-. Zusammensetzungen sind: *ausdrücken, eindrücken, wegdrücken, zudrücken, zusammendrücken.* Ableitungen sind: *bedrücken, verdrücken, zerdrücken.*

Bei dem folgenden Sprichwort hat der Volksmund eine geläufige Endung von Ortsnamen als Suffix verwendet:
Er ist nicht von Gebingen, sondern von Nehmingen.

MITBRINGSEL

„Na, Frau Meier, welche Eindrücke hat Ihr Töchterchen aus dem Ferienlager mit nach Hause gebracht?"
„Eindrücke? Nicht der Rede wert. Aber die Ausdrücke!"

REKLAME

Zwei benachbarte Gasthäuser in einem bayrischen Kurort machen sich Konkurrenz. Eines Tages hängt der Besitzer des einen folgenden Text aus: *Bei uns wird mit Liebe gekocht.*

Betroffen überlegt der Besitzer des anderen, wie er den Schlag parieren könnte. Schließlich lässt er ein Schild anfertigen mit der Aufschrift: *Bei uns wird mit Vorliebe gegessen.*

DER PANSCHER

Als Amtsrichter in Husum sagte Storm zu einem Angeklagten: „Die Anklage ist bei Ihnen nicht ganz richtig formuliert. Sie werden angeklagt, die Milch verwässert zu haben, aber in Wirklichkeit haben Sie ja das Wasser vermilcht."[66]

DAS ABGELEITETE WORT

Der Lehrer gibt bekannt: „Heute sprechen wir über Wörter, die von anderen abgeleitet sind. Weiß jemand ein Beispiel?

Gabriele meldet sich: „‚Regenwasser'."

„Wieso? Wovon ist das abgeleitet?"

„Von der Dachrinne."

Doch das Wort *Regenwasser* ist nichts weniger als abgeleitet – es ist zusammengesetzt. Zudem sind seine zwei Glieder Grundwörter. Bei dem ebenfalls zusammengesetzten Wort *Dachrinne* kann ich als Laie vermuten, dass *Rinne* mit *rinnen* und *Dach* mit *decken* zusammenhängt, bin aber nicht imstande, die Art der Verwandtschaft zu demonstrieren. Erst ein Blick ins etymologische Wörterbuch verschafft mir Gewissheit: Das Verbalsubstantiv *Rinne* wurde aus dem Verb *rinnen* gebildet, das Verb *rinnen* seinerseits aus dem Verb *rennen*; es ist ein so genanntes *bewirkendes Verb* (oder *Faktitivum*) und hatte ursprünglich die Bedeutung

---

[66] BUSCHA, ANNEROSE, und BUSCHA, JOACHIM: Wortspielereien. S. 34.

„zum Rennen bringen". Das Substantiv *Dach* gehört zur Wortfamilie des Verbs *decken* und bedeutete ursprünglich „das Deckende".

Es wäre irreführend, den Vorgang der Ableitung so zu präsentieren, als ob es im Belieben des einzelnen Sprechers stünde, mit Hilfe von Präfixen oder Suffixen neue, bisher nicht vorhandene Wörter zu bilden. Dazu sind am ehesten Wissenschaftler und Techniker in der Lage, wenn sie ein neues Erzeugnis, ein neues Verfahren benennen. Zum Beispiel: *Barbiturat, Koffein, Tein; Begrünen, Belichten, Berenten, Beschottern, Bezuschussen.* Das Adverb *vorlings* ist ein Fachausdruck der Turnersprache, ein Antonym zum Adverb *rücklings*, es bedeutet „dem Gerät [mit der Vorderseite des Körpers] zugewandt".

DAS VERWEINTE HAUS

Eine Frau kommt mit ihrem Töchterchen an einem Haus vorbei, das von Weinreben umrankt ist. Sagt Lisa: „Sieh mal, Mutti, ein ganz verweintes Haus ..."

(Diese Einmalbildung folgt einem Muster. Der Käse setzt Schimmel an – er ist *verschimmelt;* der Nagel setzt Rost an – er ist *verrostet;* das Haus ist von [Wildem] Wein umgeben – es ist *verweint.*)

BLÄTTER IM PARK

Beim Spazieren im Park entdeckt Susanne bunte Herbstblätter mit dunklen Punkten. Ihr Kommentar: „Guck mal, Papi, pünktliche Blätter!"

(Auch diese Einmalbildung folgt einem Muster. Das Hemd hat Flecken – es ist *fleckig* [gesprochen: fleckich]; die Birne enthält Saft – sie ist *saftig* [gesprochen: saftich]; auf dem Weg liegen Steine – er ist *steinig* [gesprochen: steinich]; die Blätter haben Punkte – sie sind *pünktlich.*)

GLÜCKLICHE LIEBE

Wie bin ich wundersam beglückt,
ich höchst beneidenswerter Herr!
Das schönste Briefchen fing ich emp-,
das je ein Mägdlein fasste ver-.

Welch ungeheurer Wonnetraum,
der lodernd mir im Busen brennt!
Bei allen Göttern schwör ich's be-,
nie sag' ich mehr der Liebe ent-!

Sie wortet ant-, das holde Kind,
sie schreibt so wunderlich und fromm;
und was das Briefchen nicht erzählt,
das Beste, das binier' ich kom-.

Ihr Genien, ach, spiriert mich in-!
Ich weiß vor Lust nicht wie und wo:
Das nahe Glück verwirrt mein Herz.
O Vater Zeus, tegier mich pro-!

Der allzu ungestüme Drang
gefällt dem zärtren Weibe miss-:
Drum hilf, dass nicht die Liebeswut
mich schmählich kreditiere dis-.

Am ganzen Leib' spirier' ich trans-:
Und fließ ich so vor Liebe zer-,
dann rümpft das Näschen sie vielleicht
und lächelt und sifliert mich per-.

Unbekannter Verfasser, um 1880

Die Zahl der Erscheinungen, die benannt werden müssen, ist riesig, die Zahl der Laute vergleichsweise winzig klein. Teils durch

Bedeutungsdifferenzierung, teils durch die konvergierende Entwicklung der Lautgestalt zweier Wörter, die ursprünglich nichts miteinander zu tun hatten, kommt es zu einer kuriosen Erscheinung: Zwei Wörter haben bei gleicher Lautgestalt verschiedene Bedeutung. Wenn die Schreibung verschieden ist, spricht man von **Homofonie** bzw. **Homofonen, wenn** auch die Schreibung übereinstimmt, von **Homonymie** bzw. **Homonymen.**

Homofon sind u.a. folgende Wörter: *Gut – gut, Lärche – Lerche, Lid – Lied, Los – los, mahlen – malen, Meer – mehr, Mohr – Moor, Treiben – treiben, Wehr – wer, Wirt – wird.*

Ein Beispiel für Bedeutungsdifferenzierung sind die drei Substantive *Schloss* (1. „Verschließvorrichtung an Türen"; 2. „Vorrichtung an Handfeuerwaffen"; 3. „großes Herrenhaus"). Die mit ihnen bezeichneten Dinge hatten früher eine wesentliche Eigenschaft gemeinsam – sie schlossen etwas ab: einen Wohnraum, eine Geschosskammer, ein Tal gegen den Feind. Für die von Parks umgebenen Gebäude, die wir heute *Schloss* nennen, ist die Eigenschaft nicht mehr kennzeichnend. Dem Laien ist auch der Zusammenhang zwischen den anderen zwei Wörtern nicht mehr bewusst. Dasselbe gilt für die zwei Substantive *Schimmel*, heute selbstständige Wörter, von denen das ältere einen weißlichen Überzug aus kleinen Pilzen auf organischen Stoffen bezeichnet, das jüngere ein weißes, also schimmelfarbenes Pferd. Dasselbe gilt für die vier Substantive *Hahn* (1. „Vogelmännchen"; 2. „hahnförmige Wetterfahne"; 3. „Zapfen an Brunnen und Fässern"; 4. „Gewehrabzug"). Bestimmend für die Entstehung der Homonyme *Hahn* war die ursprüngliche Form der betreffenden Gegenstände, von der man inzwischen abgekommen ist.

Beispiele für die konvergierende Entwicklung der Lautgestalt zweier Wörter, die ursprünglich nichts miteinander zu tun hatten, sind *Leiter* („verantwortlicher Funktionär") und *Leiter* („Steiggerät aus Seitenbalken und Sprossen"), *Bremse* („große Stechfliege") und *Bremse* („Hemmschuh"), *kosten* („schmecken") und *kosten* („wert sein"). Das eine Substantiv *Leiter* (männlich) ist eine Ableitung von neuhochdeutsch *leiten*, mittelhochdeutsch *leiten*, althochdeutsch *leiten, leittan;* das andere Substantiv *Leiter* (weiblich) geht auf das mittelhochdeutsche *leiter(e)*, althochdeutsch *leitera* zurück. Das Substantiv Bremse mit der Bedeutung „große Stechfliege" ist eine Ableitung von *brummen* und ursprünglich ein niederländisches Wort; das Substantiv *Bremse* mit der Bedeutung „Hemmschuh" ist eine Ableitung von mittelniederdeutsch *pramen* – „drücken". Die beiden Verben *kosten* haben sich aus den lateinischen Wörtern *gustare* und *constare* entwickelt.

Mit dem Satz „Du hast Einfälle wie ein altes Haus!" wird ein Vorschlag des Gesprächspartners als unannehmbar abgelehnt. Dieser sprichwörtliche Satz ist nur möglich, weil den Sprechern zwei Bedeutungen des Substantivs *Einfall* vorschweben, nämlich „neuer Gedanke" und „Zusammensturz eines Gebäudes". Dieselben zwei Bedeutungen, aber auf das Verb *einfallen* bezogen, sind bei der Scherzfrage gemeint, wer der beste Baumeister sei. Antwort: „Ein Dummkopf – dem fällt nie etwas ein."

Es fesselt die Aufmerksamkeit der Sprecher, dass derselbe Lautkomplex völlig verschiedene Dinge bezeichnet. Auf diesem Widerspruch gründen die Witze, Scherzfragen, Rätsel und Spiele mit Homofonen und Homonymen.

Das Vergnügen an ihnen ist uralt, wie eine Scherzfrage aus Dresden und eine Anekdote aus Leipzig belegen.

WEIN IN DRESDEN

„Was kostet eine Kanne Wein zu Dresden?" fragte Vagante Schwärmum.

Sein Kamerad antwortete: „Das Maul."

(*Kosten* – „Wert sein"; *kosten* – „schmecken", „den Geschmack prüfen". Aus einem alten Rätselbuch, veröffentlicht 1670.)

EIN GEFÄHRLICHER CHOR

Johann Sebastian Bach leitete eine öffentliche Probe in der Leipziger Thomaskirche. An einer Stelle setzte der Chor mehrmals zu spät ein. Bach ärgerte sich und rief mit donnernder Stimme: „Der Chor fällt ein! Der Chor fällt ein!" Die Wirkung war ungeheuer. Panikartig stürzten Sänger und Publikum zu den Ausgängen, sodass der Thomaskantor allein zurückblieb. Er war zunächst verdutzt, bis er verstand und schallend lachte.[67]

(*Chor* – „Sängegruppe"; *Chor* – „[erhöhter] Kirchenraum, für die Sängergruppe". *Einfallen* – „[mit dem Lied] einsetzen"; *einfallen* – „einstürzen".)

DAS VERRÜCKTE AMERIKA

Als die Wiener Tänzerin Fanny Elßler (1810-1884) eine Tournee durch Amerika unternahm, feierte sie die größten Triumphe. Ihre Auftritte versetzten die Zuschauer in einen Begeisterungstaumel. Danach entstand ein Wortspiel: „Wenn Kolumbus jetzt zur Welt käme, könnte er Amerika nicht mehr finden, weil dieser Kontinent wegen Fanny Elßler verrückt ist."

(*Verrückt* – [umgangssprachlich] „nicht normal"; *verrückt* – „an eine andere Stelle versetzt".)

AUF DEM SPIELPLATZ

Opa: „Was ergibt drei mal sieben?"
Klein Eva: „Ganz feinen Sand."
(*Sieben* – Numerale, Name einer Primzahl; *sieben* – Verb, „etwas durch ein Sieb schütten, rühren, um die kleineren Bestandteile einer [körnigen] Substanz von den größeren zu trennen".)

---

[67] BUSCHA, ANNEROSE, und BUSCHA; JOACHIM: Sprachscherze. S. 90.

BEIM ARZT

Zwei kleine Jungen kommen zum Arzt. Der fragt: „Was fehlt euch?"

„Ich hab' eine Murmel verschluckt", gesteht der eine weinend.

„Und was fehlt dir?"

„Die Murmel", schluchzt der andere.

(*Fehlen* bzw. *Was fehlt ihm?* – „Woran ist er erkrankt?"; *fehlen* – „abhanden sein".)

MENSCH UND ROSE

„Wer sieht besser als der Mensch?" fragt die Lehrerin.

„Der Adler."

„Richtig. Wer hört besser?"

„Die Katze."

„Richtig. Wer riecht besser?"

„Die Rose."

(*Riechen* – „den Geruch von etwas wahrnehmen"; *riechen* – „einen Geruch verbreiten".)

DIE FISCHE

Hinz: „Können Fische riechen?"

Kunz: „Ich glaub' schon, wenn man sie ein paar Tage lang liegen lässt."

ALS KELLNER

„Mein Vati muss jetzt umschulen auf Kellner."

„Warum denn das?"

„Der Augenarzt hat ihm gesagt, er soll lieber Gläser tragen!"

(*Gläser* – Synonym für Brille; *Glas* – „Trinkgefäß".)

DER KLEINSTE WALD

Lehrer: „Welches mag der kleinste Wald in Deutschland sein? Krause!"
Krause: „Der Odenwald."
Lehrer: „Warum gerade der Odenwald?"
Krause: „Weil es ein Lied gibt, in dem es heißt: ‚Es steht e i n Baum im Odenwald.'"
(Im zitierten Satz ist das Wort *ein* unbestimmter Artikel, Krause aber betrachtet es als Numerale.)

ENDLICH SCHULFREI

Fritzchen meldet zu Hause: „Morgen ist keine Schule. Unser Lehrer verreist."
„Wohin denn?"
„Das weiß ich nicht. Er sagte nur soviel: ‚Schluss für heute. Morgen fahre ich fort.'"
(*Fortfahren* – „mit einem Fahrzeug wegfahren, abreisen"; *fortfahren* – „etwas Begonnenes neu aufnehmen und weiterführen".)

BEI HOMER GELESEN

„Wer war der erste Bürokrat?"
„Der Grieche Odysseus."
„Wo steht das geschrieben?"
„Bei Homer. Dort heißt der Held immer wieder ‚Odysseus der Listenreiche'."
(*Liste* – „schriftliche Zusammenfassung von Personen oder Sachen, die unter einem bestimmten Gesichtspunkt zusammengehören"; *List* – „raffiniert ausgeklügelter Plan, mit dem man durch Täuschung des anderen ein bestimmtes Ziel verwirklichen will".)

DIE TAPETEN

Liese kommt mit einer dicken Backe zur Schule. „Wo hast du die her?" fragt ihre Deutschlehrerin.

„Das ist wegen Ihnen, Frau Zumpe. Es war doch unsere Hausaufgabe, dass wir die Tapeten im Wohnzimmer beschreiben."

„Ja, und?"

„Dann hat mir mein Vater eine geknallt, denn ihm gefallen sie unbeschrieben besser."

(*Beschreiben* – „etwas mündlich oder schriftlich darstellen", „mündlich oder schriftlich durch Aufzählen von Kennzeichen oder Besonderheiten jemandem eine Vorstellung von etwas geben"; *beschreiben* – „auf etwas schreiben", „etwas mit Schriftzeichen bedecken".)

SPECK MUSS SEIN

„Rekrut Huber, was ist ein Kriegsgericht?"

„Bohnen mit Speck, Herr Hauptmann."

(*Gericht* – „Behörde, die Recht spricht"; *Gericht* – „zubereitete Speise, die eine vollständige Mahlzeit oder einen Teil der Mahlzeit bildet".)

IM ZWEIFEL

Ganoven-Ede soll der neuen Freundin verraten, welches sein Lieblingsgericht ist. „Schwer zu sagen", sinniert Ede. „Bisher hat mich keins freigesprochen."

(*Gericht* – „eine Speise"; *Gericht* – „Tribunal".)

DIE FENSTERSCHEIBE

Der Glasermeister zum Kunden: „Nehmen Sie die Fensterscheibe so mit, oder soll ich sie Ihnen einschlagen?"

(*Einschlagen* – „Papier, Stoff zum Schutz um etwas legen"; *einschlagen* – „etwas durchschlagen, durch Schlagen zertrümmern".)

BEIM ZOLL

Frage des Zöllners an den Reisenden: „Haben Sie Devisen?"
Antwort: „Nur eine: Seid nett zueinander!"
(*Devisen* [nur in der Mehrzahl] – „Zahlungsmittel in ausländischer Währung"; *Devise* – „Wahlspruch", „Losung".)

DAS LOS

„Fräulein Hilde, könnten Sie sich vorstellen, mein Los zu teilen?"
„Aber sicher, wie viel haben Sie denn gewonnen?"
(*Los* – „Schicksal, Geschick"; *Los* – „Anteilschcin in der Lotterie".)

VERSPROCHEN

Gabi: „Vor der Hochzeit hast du versprochen, meine Ausgaben zu bestreiten!"
Kurt: „Ja, das ist richtig!"
Gabi: „Siehst du, jetzt brauche ich ein neues Kleid für die Party!"
Kurt: „Ich bestreite das!"
(*Bestreiten* – „die Kosten von etwas tragen, etwas finanzieren"; *bestreiten* – „etwas anfechten", „etwas für unrichtig erklären".)

EINZIGE AUSNAHME

„Ach, Liebling", jammert Agnes, während sie den Kleiderschrank durchwühlt, „was soll ich den überziehen?"
„Das ist mir egal", antwortet ihr Mann, „bloß nicht unser Konto."
(*Überziehen* – „ein Bekleidungsstück über den Körper ziehen"; *überziehen* – „etwas über die zulässigen Grenzen hinaus betreiben", hier: „mehr abheben, als auf dem Konto steht".)

DAS GESCHENK

„Meine Frau wünscht sich zum Geburtstag ein Streichinstrument."

„Und was hast du ihr gekauft?"

„Ein Buttermesser!"

(*Streichen* – [in der Musik] „den Bogen über die Saiten führen"; *streichen* – [in der Küche] „[mit dem Messer] eine [weiche, essbare] Substanz auf eine Brotschnitte oder auf ein Tortenblatt auftragen".)

IM HAMBURGER HAFEN

„Das größte Schiff der Welt ist in Hamburg eingelaufen."

„So? Und wie groß ist es jetzt?"

(*Einlaufen* – „hineinfahren"; *einlaufen* – „eingehen", „schrumpfen".)

UNVERZEIHLICH

„Hast du schon gehört, dass Irene seit Tagen nicht mehr mit ihrem Mann spricht?"

„Was hat er angestellt?"

„Eine bildhübsche Sekretärin."

(*Etwas anstellen* – „Torheiten begehen"; *jemanden anstellen* – „jemanden einstellen, in Dienst nehmen".)

WAS VOM GOETHE (Hessen)

In eine Frankfurter Buchhandlung kommt ein Mann und sagt: „Ich hätt' gern was vom Goethe."

Der Verkäufer: „Welche Ausgabe?"

Der Kunde: „Da habbe Se aach Recht." Und geht wieder.

(*Ausgabe* – „das von einem Autor, Editor, Verlag nach bestimmten Richtlinien Herausgegebene", „Publikationsform"; *Ausgabe* – „Geldaufwand", „Verbrauch an Geld".)

DIE ARME SCHWESTER (Wien)

Zwei Wiener Antiquitätenhändler begegnen einander auf dem Flohmarkt. Fragt der eine: „Wie geht es deiner Schwester?"
„Sie ist gestorben."
„Gestorben? Was hatte sie denn?"
„Ach, nix Besonderes – eine Barockkommode, einen Renoir und einen Picasso."
(*Haben* – [drückt einen passiven Sachverhalt aus] „Jemand ist von etwas [hier von einer Krankheit] ergriffen worden"; *haben* – „etwas besitzen, sein Eigentum nennen".)

IN DER GEMÄLDEGALERIE

Zwei Damen aus Altona besuchen die Gemäldegalerie. Sie stehen lange vor einem weiblichen Akt mit dem Titel „Sterbende Gallierin".
„Woran mag die gestorben sein?" fragt die eine Dame.
„Weiß nich'."
„Halt, steht ja hier: Nach dem Stich eines alten Meisters."
(*Stich* – „das Stechen", auch „durch Stechen entstandene Verletzung"; *Kupferstich* bzw. *Stahlstich* – eine Technik in der bildenden Kunst und das durch sie geschaffene Werk.)

FALSCH VERBUNDEN

„Hier Kreiskrankenhaus."
„Entschuldigung, ich bin falsch verbunden!"
„Da müssen Sie schon herkommen und es dem Arzt sagen!"
(*Verbinden* – „einen telefonischen Anschluss zwischen zwei Fernsprechteilnehmern herstellen"; *jemanden verbinden* – „jemandem einen Verband anlegen".)

AM FALSCHEN PLATZ

Hinz: „Wo hast du dich so erkältet?"
Kunz: „Ich habe gestern drei Stunden im Zug gestanden."
Hinz: „Ich würde sagen, besorg dir doch beim nächsten Mal eine Platzkarte."
(Hinz meint den Luftzug, Kunz die Eisenbahn.)

UNGLÜCKLICHE LIEBE

Fragt der Ober: „Nun, mein Herr, wie schmeckt Ihnen der Braten?"
„Er stimmt mich traurig. Das arme Tier hat gewiss eine unglückliche Liebe hinter sich."
„Was meinen Sie damit?"
„Sein Fleisch ist voller Sehnen."
(*Sehnen* – „Gebilde aus straffem, faserigem Bindegewebe, das den Ansatz eines Muskels mit einem Knochen verbindet"; *Sehnen* – „Sehnsucht", „Verlangen".)

FINDERGLÜCK (I)

Der Kellner zu einem Gast: „Mein Herr, wie haben Sie das Beefsteak gefunden?"
„Oh, nach längerer Suche unter einer Kartoffel."
(*Finden* – „eine Meinung über etwas, jemanden haben"; *finden* – „durch Suchen oder zufällig auf etwas, jemanden stoßen".)

FINDERGLÜCK (II)

„Nun, mein Herr, wie fanden Sie das Fischfilet?"
„Oh, rein zufällig – als ich die Zitronenscheibe beiseiteschob."

DER WEIN

„Herr Ober, was macht eigentlich der Wein, den ich vor reichlich einer halben Stunde bei Ihnen bestellte?"

„Sechs Mark und zehn Pfennig, mein Herr."

(*Machen* – „etwas tun", „mit etwas beschäftigt sein"; *machen* – [umgangssprachlich] „kosten", „wert sein".)

BEIM FINANZAMT

Am Eingang zum Finanzamt wird Maier vom Pförtner aufgehalten: „Heute kein öffentlicher Zutritt, es werden nur Geladene eingelassen."

Darauf Maier: „Sie haben keine Ahnung, wie geladen ich bin!"

(*Geladen* – „aufgefordert, sich bei einem Amt oder Gericht einzufinden"; *geladen* – [salopp] „von Zorn erfüllt, wütend".)

SELBST IST DER MANN

Treffen sich zwei Taschendiebe. „Wie geht's?" fragt der eine.

„Na ja", erwidert der andere, „wie man's nimmt."

(*Nehmen* – „etwas ergreifen", „sich etwas aneignen". *Wie man's nimmt* – „wie man es einschätzt".)

DIE ZWEI RICHTER

Ein junger Richter bittet seinen ergrauten Kollegen um Rat. „Ich habe da einen Schwarzbrenner, der Zwetschgengeist verkauft. Wie viel soll ich ihm geben?"

„Auf keinen Fall mehr als fünf Mark pro Liter!"

(*Geben* – hier umgangssprachlich im Sinne von „bestrafen" bzw. von „bezahlen".)

NACH DEM PROZESS

Der Verteidiger zum Mandanten: „Wir haben den Prozess verloren, jetzt müssen wir die gesamten Kosten bestreiten."
Mandant: „Na klar. Bestreiten wir. Zahlen kann ich sowieso nicht."
(Wie oben bei „Versprochen".)

DIE PERSONALIEN (I)

Beim Einwohnermeldeamt kommt Werner an die Reihe. „Wie ist Ihr Name?"
„Werner Krempel."
„Und Ihr Alter?"
„Hans Krempel"
„Nein, ich meine, wie alt sind Sie?"
„Hören Sie, ich bin 33, da kann man doch nicht von Alter sprechen!"
(*Alter* – „Summe der Lebensjahre"; *Alter* – [umgangssprachlich salopp] „Vater", „Ehemann".)

DIE PERSONALIEN (II)

„Sind Sie Frau Wokurka?"
„Ja, Herr Richter."
„Und Ihr Alter?"
„Der wartet vor der Tür."

BLUE JEANS

Was ist der Unterschied zwischen Blue Jeans und dem schweizerischen Verwaltungsapparat? (Es gibt keinen. An allen entscheidenden Stellen sitzen Nieten.)
(*Niete* – hier eine Art Knopf aus Metall; *Niete* – „Fehllos", „Los ohne Gewinn", [übertragen] „Versager".

Warum sind die Schüler so reich? (Weil jeder eine Bank hat.)
(*Bank* – hier „aus Schreibpult und Sitzfläche kombiniertes Möbelstück für Klassenzimmer"; *Bank* – „Geld- und Kreditinstitut".)

Ich sah eine Mücke eine andere Mücke fressen. Seit wann tun die Mücken denn so etwas? (Es war eine Grasmücke.)
(Der Name dieses Vogels gehört als *gras-smücke* oder *grâ-smücke* mit seinem zweiten Teil zu mittelhochdeutsch *smücken, smucken* – „schmiegen" – und bedeutet demnach „Grasschlüpferin" bzw. „graue Schlüpferin". Das Wort wurde frühzeitig an *Mücke,* althochdeutsch *mucka* mit der Bedeutung „Mücke" bzw. „Fliege", angelehnt.)

Welche Leute tun nichts als hauen und stechen und werden doch nicht bestraft? (Bildhauer und Kupferstecher.)
(*Hauen* – [umgangssprachlich] „jemanden prügeln, verhauen"; *hauen* – „künstlerische Figuren mit Hammer und Meißel herausarbeiten". *Stechen* – „mit einem spitzen Gegenstand, mit einer spitzen Waffe zustoßen, jemanden verletzen"; *stechen* – „mit einem spitzen Werkzeug, mit einer spitzen Vorrichtung etwas in etwas bohren, eingraben".)

Wer war der größte Kaufmann des 19. Jahrhunderts? (Napoleon – er hatte Niederlagen von Moskau bis Paris.)
(*Niederlage* – „Zweiggeschäft", „Lager, Stapelplatz eines Betriebs"; *Niederlage* – „das Unterliegen, Unterlegensein in einem Kampf".)

Was ist für jedes Auto notwendig und für jedes Pferd lästig? (Bremsen.)
(*Bremse* – „Gerät zur Verlangsamung einer Bewegung"; *Bremse* – eine Biesfliegenart.)

Was hat der Berliner in sich? (Quark oder Marmelade.)
(*Berliner* – „Bewohner der Stadt Berlin"; *Berliner* - „kugelförmiges, in Fett gebackenes, meist gefülltes Gebäck".)

Wer ist der ärmste Mensch? (Der Radfahrer, denn er muss Luft pumpen.)

(*Pumpen* – „eine Flüssigkeit, ein Gas mit einer Pumpe irgendwohin befördern"; *sich von jemandem etwas pumpen* – „sich etwas borgen".)

In welchem Strudel kann man nicht ertrinken? (Im Apfelstrudel.)

(*Strudel* – „Wasserwirbel"; *Strudel* – [süddeutsch, österreichisch] „meist süßes Gebäck aus dünn ausgewalztem Teig, der gefüllt, zusammengerollt und gebacken wird".)

Was steht auf dem Grabstein eines Rauchfangkehrers? (Er kehrt nie wieder.)

(*Kehren* – „mit einem Handfeger oder Besen Schmutz beseitigen"; *wiederkehren* – „zurückkommen".)

Der Bauer legt's dem Pferde an,
wenn's ziehen soll den Wagen.
Die Mutter stellt es auf den Tisch,
wenn mittags knurrt dein Magen.

(Das Geschirr.)

(*Geschirr* – „Leder- und Riemenzeug, mit dem die Zugtiere angeschirrt werden"; *Geschirr* – „Gegenstände, Geräte, besonders aus Porzellan, die im Haushalt zum Bereiten und Auftragen der Speisen benötigt werden".)

Mit zweien fährt der Bürgersmann,
der Edelmann spannt viere an,
die Potentaten lieben
das reichgeschmückte Sechsgespann;
nun sagt: Wer fährt mit Sieben?

(Der Siebmacher.)
Johann Peter Hebel

SITZEN IN SALZBURG

Arthur Schnitzler wollte sich die erste „Jedermann"-Aufführung ansehen und bat seinen in Salzburg weilenden Freund Hugo von Hofmannsthal, ihm dafür Sitze zu besorgen. Hofmannsthal, der im Hotel „Österreichischer Hof" wohnte, erfüllte die Bitte seines Freundes und sandte ihm sofort ein Telegramm mit folgendem Wortlaut:

„Sitze besorgt Österreichischer Hof Hofmannsthal."

Schnitzler erhielt das Telegramm, sah es verwundert an, eilte zum nächsten Postamt und telegrafierte zurück:

„Warum sitzest du besorgt im Österreichischen Hof?"

„TEEKESSEL"

Es gilt, zwei Homofone oder zwei Homonyme zu erraten, sagen wir *Bauer* („Landwirt") und *Bauer* („Vogelkäfig"). Bettina und Anton, die sich abgesprochen haben, stellen der Gruppe ihren Begriff vor, indem sie abwechselnd je ein Merkmal nennen.

Bettina: „Mein Teekessel wird abends zugedeckt."

Anton: „Mein Teekessel muss zeitig aufstehen, auch am Sonntag."

Bettina: „Meinen Teekessel kann man in der Hand tragen."

Anton: „Mein Teekessel hat Schwielen an den Händen."

Weitere mögliche Rätselwörter sind: *Bock* („männliches Schaf") und *Bock* („Turngerät"); *Färse* („junge Kuh") und *Ferse* („Teil des Fußes"); *Flamme* („Feuer") und *Flamme* („Geliebte"); *Lärche* („Nadelbaum") und *Lerche* („Singvogel"); Schimmel („Pilzbefall") und Schimmel („weißes Pferd").

Man kann die Aufgabe erschweren, indem A) nicht nur nach Lebewesen und Gegenständen gefragt wird, sondern auch nach abstrakten Begriffen, B) nicht nach Dingen, sondern nach Tätigkeiten. Zum Beispiel: *Kerze* („Wachslicht") und *Kerze* („Turnübung"); *Spagat* („Bindfaden") und *Spagat* („Turnübung"); *Schein* („Banknote") und *Schein* („Trugbild"); *leeren* („den Inhalt entfernen") und *lehren* („durch

Unterricht Wissen und Können vermitteln"); *säen* („Saatgut in den Boden bringen") und *sehen* („mit den Augen wahrnehmen").

Ein Baumarkt in Gießen wirbt mit folgendem Text: *Alle Parkplätze mit Blick aufs Mehr!*

Wenn schon die Zahl der Homofone (oder Gleichlauter) derart groß ist, dass man eigene Wörterbücher zusammenstellt, um die Unterschiede in Bedeutung und Gebrauch zu erklären, so ist die Zahl der ähnlich lautenden Wörter noch viel, viel größer. Undeutliche Aussprache, Lärm, Müdigkeit und Aufregung tragen zu Missverständnissen durch ähnlich lautende Wörter bei. *Theoderich,* stand in einem Schulaufsatz, *war der König der Postboten.*

DIE MEHRZAHL

Lehrerin: „Ihr wisst nun, wie man bei den Wörtern die Mehrzahl bildet. Jetzt werden wir üben. Wie sagt man in der Mehrzahl ‚Mein Bruder ist ganz klein'? Karl! Schnell!"
Karl: „‚Meine Brüder essen Gänseklein.'"
(*Ist* – Personalform von *sein*; *isst* – Personalform von *essen*; *Gänseklein* – „Gericht aus Gänsefleischstücken".)

MAINZ ALS BEISPIEL

„Venedig", sagt der Geografielehrer, „sinkt und sinkt. Die Bewohner machen sich große Sorgen …"
Da fällt ihm Karl-Heinz ins Wort: „Die sollen sich mal an Mainz ein Beispiel nehmen: Mainz singt und lacht!"

DER VERDACHT

„Mein Mann ist jetzt Teilhaber in einem Weingeschäft. Er verdient ganz anständig."
„Sagten Sie ‚verdient' oder ‚verdünnt'?"

AUF DER PARTY

Heiner und Lotte finden auf der Party keinen Anschluss; gelangweilt sitzen sie in einer Ecke. Heiner seufzt.
„Was seufzt du?" fragt Lotte.
Darauf Heiner: „Am liebsten Bier." (Variante mit dem Schlesier Antek: „Am liebsten Korn und ein Hälles.")

DER FREUND

Susi kommt ungewöhnlich spät nach Hause und wird von ihrer Mutter in Empfang genommen. Sie gesteht, dass sie mit einem Freund auf dem Korso war.
„Hat er wenigstens einen anständigen Beruf?"
„Ja, er ist Kirchenangestellter."
„Küster?"
„Und wie!"

JÄGERLATEIN ZUM QUADRAT

Im „Freischütz" kommt der Max auf die Bühne und erzählt von seinem Jagdglück. Doch die Souffleuse bleibt ihm etwas unverständlich, und so renommiert er: „Ich habe heute Nacht einen Sechszylinder geschossen."
„Sechzehnender", flüstert gut hörbar die Souffleuse.
„Sechzehn Enten habe ich auch geschossen", lässt sich der Max daraufhin vernehmen.

DER HEISSE NAME

„Guten Tag! Ich möchte einen Antrag auf Namensänderung stellen: Ich heiße Brenz."
„Aber der Name ist doch ganz normal?"
„Schon, schon, aber wenn ich telefoniere und mich mit ‚Hier Brenz' melde, kommt immer die Feuerwehr"

SCHÖNE AUSSICHTEN

Der folgende Text soll auf Diktat korrekt geschrieben werden. Er besteht aus vier Sätzen mit je einem irreführenden Wort. Um die Aufgabe zu lösen, muss man diese Wörter ersetzen (und zwar in zwei Fällen durch Homofone und in zwei Fällen durch ähnlich klingende Wörter).

Wenn's h e u t e regnet, wird's Leder billig.

Wenn's m o r g e n regnet, wird's Land billig.

Wenn's a b e r m a l s regnet, wird's Bier billig.

Wenn's w i e d e r u m regnet, wird der Branntwein billig.

(Es muss geschrieben werden: *Häute – Morgen – aber Malz – wieder Rum.*)

2. Die Gliederung des Wortbestandes. Wortfamilie, Sachgruppe, Wortfeld

Das Wort ist die Einheit aus Lautkomplex und Begriff. Der Lautkomplex stellt die Form dar, der Begriff den Inhalt. Unser Gedächtnis speichert die Wörter nicht aufs Geratewohl, ganz im Gegenteil. Die Wörter sind dort nach mehreren Kriterien geordnet und durch verschiedene Beziehungen miteinander verbunden.

Ein solches Kriterium ist die **Wortfamilie.** Es wird in der Schule bewusst gemacht, wenn von Sprachgeschichte und Etymologie die Rede ist. Jede Wortfamilie gruppiert Elemente des Wortbestandes aufgrund einer gemeinsamen Wurzel, die oft nicht mehr selbstständig vorkommt. Die Mitglieder der Wortfamilie hängen durch einen Grundbegriff zusammen. So gehören beispielsweise zur Wortfamilie „ziehen" neben *ziehen* die Grundwörter *Zug, Zucht, Zügel, Zaum, Herzog, Zögling, Zeug, Zeuge, zeugen, zögern, zucken, zücken.* Von der Wurzel, die dem Verb *ziehen* zugrunde liegt, lassen sich über 200 Ableitungen auffinden; die ganze Wortfamilie wächst mit allen Zusammensetzungen auf über 1.000 Wörter an.[68] Freilich erkennt der Laie ihre Verwandtschaft oft nicht.

---

[68] WILHELM SCHMIDT: Deutsche Sprachkunde. S. 57.

Woher soll er auch wissen, dass etwa das Substantiv *Zeuge* von dem mittelhochdeutschen Verb *geziugen* abgeleitet ist, welches die Bedeutung „durch Zeugnis beweisen", „Tatsachen hervorziehen", „Tatsachen ans Tageslicht ziehen" hatte. Das abgeleitete Substantiv bedeutete ursprünglich „das zum Beweis Hervorgezogene", also „Beweismittel", „Zeugnis", und erst später „die als Beweismittel dienende Person". Für den Laien sind oft die Zusammenhänge verdunkelt. Infolgedessen ordnet er weniger Wörter in eine Wortfamilie ein als der Sprachgelehrte.

Durch **Bedeutungsveränderung**, wie sie beim Übertragen des Wortes auf ein anderes Ding eintritt, wird das Prinzip der Wortfamilie durchbrochen. Die Übertragung erfolgt häufig aufgrund von Ähnlichkeiten in der Form oder in der Funktion (dann sprechen wir von einer *Metapher*), aber auch vom Ganzen auf einen Teil, von einem Teil auf das Ganze oder nach anderen Zusammenhängen (dann sprechen wir von einer *Metonymie*).

Gewisse Teile des Webstuhls, nämlich die länglichen, zugespitzten, früher hölzernen Behälter für Schussfäden, erinnern an Schiffe; manche Glühlampen haben die Form einer Birne. Ein Schreibwerkzeug mit Tintenfüllung heißt nach dem ehemals gebräuchlichen Gänsekiel. Die Kleinkinderschule, deren Zöglinge umhegt und gepflegt werden müssen wie zarte Pflänzchen, vergleichen wir mit einem Garten, umgekehrt jenen Teil der Gärtnerei, in dem Baumsetzlinge gezogen werden, mit einer Schule, und für die Schwärme bestimmter Fische gebraucht man der Ähnlichkeit halber dasselbe Wort. Um aber kein Missverständnis aufkommen zu lassen, verwenden wir gewöhnlich eine Zusammensetzung: *Webschiffchen, Glühbirne, Füllfeder, Kindergarten, Baumschule.* Ihr Grundwort verweist auf eine Wortfamilie, doch der Bedeutung nach gehört die Zusammensetzung woanders hin. So ist etwa das Webschiffchen kein Wasserfahrzeug, sondern Bestandteil des Webstuhls, die Glühbirne keine Baumfrucht, sondern ein Leuchtkörper. Die Eisblume lässt sich nicht in eine Vase stecken, die Taucherglocke nicht läuten, der Talkessel nicht aufs Feuer stellen.

Auf diesem Widerspruch zwischen Form und Inhalt fußen zahlreiche Scherzfragen, welche die Beobachtungsgabe und den Scharfsinn und zugleich damit die Sprachkenntnisse auf die Probe stellen. Sie sind ein Beweis dafür, dass die Kinder bereits im Grundschulalter eine kritische Einstellung zu den Wortfamilien haben.

Welche Mutter hat kein Kind? (Die *Schraubenmutter.*)
Welcher Garten wird nie umgegraben? (Der *Kindergarten.*)
In welcher Schule lernt man nichts? (In der *Baumschule.*)
In welchen Adern fließt kein Blut? (In den *Erzadern.*)
Welcher Bart wird nicht gekämmt? (Der *Schlüsselbart.*)
Welche Krone krönt kein Haupt? (Die *Baumkrone,* die *Wellenkrone.*)
Welche Schuhe zerreißen nie an den Füßen? (Die *Handschuhe.*)
Welches Bett ist nass und kalt? (Das *Flussbett.*)
Welche Speise kann man nicht essen? (Die *Glockenspeise.*)
Welcher Apfel wird nicht rot? (Der *Erdapfel.*)
Welche Birne hängt an keinem Baum? (Die *Grundbirne,* die *Glühbirne.*)
Welches Futter können Tiere nicht fressen? (Das *Mantelfutter.*)
Auf welchen Pferden kann man nicht reiten? (Auf *Heupferden* und *Seepferden.*)
Welche Wölfe heulen nicht? (Die *Fleischwölfe.*)
Wie heißt die größte Glocke Deutschlands, und wo befindet sie sich? (Das ist die *Dunstglocke* über dem Ruhrgebiet.)

In unserem Gedächtnis gibt es Beziehungen zwischen Wörtern, die Gegensätze bezeichnen – den Antonymen, z.B. *Gewinn – Verlust, alt – neu, er – sie, aufbauen – niederreißen, rechts – links, mit – ohne.* Es gibt Beziehungen zwischen Wörtern mit ähnlicher Bedeutung – den Synonymen, z.B. *Wohnung – Appartement, bauen – errichten, schnell – rasch – geschwind, immer – ewig – stets – fortwährend – andauernd – permanent.* Ferner gibt es Beziehungen zu den Wörtern, die einen übergeordneten Begriff bezeichnen. So gehört nach Elise Riesel das Verb *schlendern* zusammen mit seinen Synonymen *bummeln* und *flanieren* in die synonymische Reihe „gemächlich, ohne Ziel gehen". Diese Reihe bildet zusammen mit den synonymischen Reihen „langsam gehen wegen Behinderung" und „langsam gehen aus Schlaffheit" die thematische

Reihe „langsam gehen". Diese Reihe wieder ordnet sich mit den thematischen Reihen „schnell gehen", „unbemerkt gehen", „auf und ab gehen" und anderen in die thematische Gruppe (oder das Wortfeld) „gehen" ein.[69] Der Oberbegriff von „gehen" ist „Bewegung", der von „Bewegung" ist „Ortsveränderung". Nach diesem Prinzip hat der Philologe Franz Dornseiff den gesamten Wortbestand der deutschen Sprache thematisch geordnet und, wie Riesel sagt, ein monumentales Nachschlagewerk geschaffen[70], es heißt „Der deutsche Wortschatz nach Sachgruppen" (1934).

Während die Synonyme eines Wortes immer derselben Wortart angehören und gleiche syntaktische Funktionen aufweisen, springt die Beziehung zum übergeordneten Begriff auch über die Grenze einer Wortart hinweg.

Die Sachgruppe „Bewegung" beispielsweise umfasst nach Franz Dornseiff außer den Verben *gehen, laufen, schwimmen, gleiten, rodeln, reiten, fahren, turnen und schieben* u.a.

- Substantive: *Quecksilber, Perpetuum mobile, Bewegung, Unruhe, Wandel, Fortbewegung, Ortsveränderung, Gang, Marsch, Fahrt, Zug, Strom, Eile, Hast, Geschwindigkeit, Tempo, Zuck, Ruck, Raumgewinn, Zeitmaß, Kinematik, Kinetik, Schlittschuh, Schneeschuh, Ski, Bobsleigh, Schlitten, Rodelschlitten;*
- Adjektive: *kinetisch, lokomotorisch, motorisch, ambulant, beweglich, erratisch, flüchtig, friedlos, lebendig, mobil, nomadisch;*
- Adverbien: *ein und aus, hin und her, unterwegs;*
- Interjektionen: *tschupp, hoppla.*

Walter Porzig spricht von „wesenhaften Bedeutungsbeziehungen" zwischen zahlreichen Wörtern – wenn wir das eine verwenden, ist das andere implizite mitgesetzt: Wie das *Gehen* die *Füße* voraussetzt, so das *Greifen* die *Hand*, das *Sehen* das *Auge*, das *Hören* das *Ohr*, das *Lecken*

---

69   ELISE RIESEL: Stilistik der deutschen Sprache. S. 59.
70   Idem, S. 57.

die *Zunge*, das *Küssen* die *Lippen*.[71] Das *Bellen* gehört zum *Hund* wie das *Miauen* zur *Katze* und das *Wiehern* zum *Pferd*. Das *Rollen* entspricht den regelmäßig geformten runden Körpern wie *Scheibe, Rad, Zylinder, Rohr, Kugel,* das *Kullern* dagegen den unregelmäßig geformten Körpern, die bloß *rundlich* sind; eine *Kartoffel kullert*. Wenn wir einen Blick auf die Grammatik werfen: Das *Substantiv* wird *dekliniert*, das *Adjektiv* wird *gesteigert*, das *Verb* wird *konjugiert*. Solche wesenhafte Bedeutungsbeziehungen ranken sich durch die Sachgruppen.

Freilich gibt es in unserem Gedächtnis daneben auch Beziehungen zwischen den Wörtern für Dinge, die wir aufgrund der persönlichen Erfahrung in einen Zusammenhang bringen. Bei *Baustelle* denke ich an die Arbeiten, die man auf der Baustelle verrichtet, an die Fachleute, die dort tätig sind, an spezifische Werkstoffe und Werkzeuge, an bestimmte Geräusche. Diese Zusammenhänge bestehen für mich und für andere. Ich denke aber auch an die *Mondschein-Gasse*, wo sich die nächste mir bekannte Baustelle befindet, sowie an den Kranführer *Schwarz*, den ich dort kennenlernte, und aus diesen Namen ergeben sich weitere zufällige Assoziationen.

Die **Synonyme** gehören zu den schwierigsten Erscheinungen einer Sprache, weil sie einander in Bedeutung und Gebrauch gewöhnlich nur teilweise entsprechen. Eine Uhr kann *schlagen,* aber nicht *hauen;* der Sommer kann *kommen,* aber nicht *gehen*. Es gibt begriffliche, stilistische und regionale Synonyme.

Die *begrifflichen* Synonyme bringen Unterschiede in der Bedeutung zum Ausdruck. So ist etwa die *Gasse* ein schmaler Weg, die *Straße* ein breiter Weg zwischen zwei Häuserreihen. Die *Stiege* ist ein anspruchsloser Stufenweg, die *Treppe* ein sorgfältig ausgebauter, bequemer Stufenweg. Das *Kritzeln* ist ein unordentliches Schreiben; gekritzelte Wörter sind schwer lesbar. Wir bezeichnen einen Gegenstand als *feucht,* wenn er mit wenig Flüssigkeit, und als *nass,* wenn er mit viel Flüssigkeit in Kontakt gekommen ist. *Pünktlich* bedeutet „genau in der Zeit".

---

[71]   WALTER PORZIG: Wesenhafte Bedeutungsbeziehungen. In: TH. FRINGS (Hg.): BEITRÄGE ZUR GESCHICHTE DER DEUTSCHEN SPRACHE UND LITERATUR. Bd. 58. Halle (Saale): Niemeyer, 1934. S. 70-97, hier S. 70.

Die *stilistischen* Synonyme lassen die gefühlsmäßige Einstellung des Sprechers erkennen. Neben den Wörtern mit expressiver Nullfärbung wie *Kopf, Gesicht, Pferd, essen, trinken, heiraten, sterben*, welche der neutralen, normalsprachlichen Schicht angehören, gibt es oft weitere, emotional gefärbte Ausdrücke. Manchmal bilden diese eine Art Treppe mit mehreren Stufen. Zum Beispiel:

Haupt – Kopf – Hirnkasten, Rübe;
Antlitz – Angesicht – Gesicht – Larve, Fresse, Visage;
sich (an etwas) *laben – speisen – essen – futtern – fressen;*
den Durst stillen – trinken – saufen;
den Bund fürs Leben schließen – sich vermählen – heiraten – unter die Haube kommen, unter den Pantoffel kommen – sich beweiben;
die Seele aushauchen, für immer die Augen schließen – entschlafen, verscheiden – sterben – sich zu seinen Vätern versammeln, ins Gras beißen – verrecken, abkratzen.

Man unterscheidet fünf Stilschichten (oder *Stilebenen* oder *Stilsphären*): die poetische, die gehobene, die neutrale, die saloppe und die derb-vulgäre. Bei der Wahl des passenden Ausdrucks muss der Sprecher sich nach der Sprechsituation richten, die sich durch das Thema, durch das Verhältnis zum Partner und durch die Stimmung kennzeichnet. Dann spielt auch eine Rolle, ob das Gespräch von vornherein in der Mundart bzw. in einer der Mundart nahen Form der Umgangsprache geführt wurde oder in der Standardsprache. Praktisch turnt der Sprecher immer wieder aus einer Stilschicht in die andere: er steigt, je nach der Sprechsituation, aus der neutralen, normalsprachlichen Schicht, die keine subjektive Anteilnahme erkennen lässt, hinauf in die gehobene, vielleicht sogar in die poetische Schicht, oder er lässt sich in die saloppe, möglicherweise auch in die derbe hinab.

Gleichzeitig unterscheiden die Sprachwissenschaftler mehrere funktionale Stile: den Stil des öffentlichen Lebens (oder *Amtsstil*) – den Stil der Wissenschaft – den Stil der Alltagsrede – den Stil der schönen Literatur – den Stil der Publizistik und Presse.

Den Erwachsenen ist die Mehrzahl der möglichen Sprechsituationen durchaus bewusst. Das beweisen volkstümliche Bezeichnungen wie

Ammensprache, Kucheldeutsch, Slang, Jargon, Amtsdeutsch, Bürokra-
tendeutsch, Papierdeutsch, Parteichinesisch und *Rotwelsch.* Auch *fach-*
simpeln gehört dazu. *Fachsimpeln* bedeutet „sich mit jemandem außer-
beruflich ausgiebig über fachliche Angelegenheiten unterhalten"; das
Fachsimpeln schließt den Gebrauch von auffällig vielen Fachwörtern ein.

Überkommt [übernimmt] einer ein Amt, so redet er nicht mehr
seine Sprache, er hebt an, schwäbisch [d.h. hochdeutsch] zu reden.
(Sprichwort.)
    (Im Grimm'schen Wörterbuch ist *schwäbisch reden* im Sinne von
„vornehm reden" belegt.)

Die *regionalen* Synonyme sind die landschaftlich gebundenen
Bezeichnungen. Zu ihnen zählen sowohl Mundartwörter als auch schrift-
sprachliche Ausdrücke. Solche Ausdrücke, die zwar der Schriftsprache
angehören, aber nur in einem Teil des Sprachgebiets vorkommen, nennt
man *territoriale Dubletten* (wobei es sich oft um mehr als nur zwei Wörter handelt). Ab 1900 hat der Sprachforscher Paul Kretschmer die Verbreitung der Dubletten für mehr als 300 Begriffe untersucht und das Ergebnis in seiner „Wortgeographie der hochdeutschen Umgangssprache"
festgehalten (erste Ausgabe 1918, zweite, überarbeitete Ausgabe 1969).
Als Stichwort diente ihm der in Berlin gebräuchliche Ausdruck, begin-
nend mit *Abendbrod, Abwaschfass, Adieu, anstecken ...* bis *Ziege, Zu-
ckerdose, Zurechtmachen, Zylinder.* Beispiele für territoriale Dubletten
sind:
    Rotkohl – Rotkraut – Roter Kappus – Blaukraut;
    Pott – Topf – Hafen – Kasserole – Reindl; die Bezeichnungen für
den zuständigen Handwerker lauten: *Pottbäcker – Töpfer – Hafner;*
    Schornstein – Esse – Schlot – Kamin – Rauchfang; die Bezeich-
nungen für den Handwerker, der den Schornstein reinigt, lauten: *Schorn-
steinfeger – Essenkehrer – Schlotfeger – Kaminfeger – Kaminkehrer –
Rauchfangkehrer;*
    Junge – Bube;
    Tischler – Schreiner;

Schlachter – Fleischer – Knochenhauer – Fleischhacker – Fleisch-
hauer – Metzger;
rasch – schnell – geschwind;
dreist – keck – frech;
einholen – einkaufen;
fühlen – spüren;
kneifen – pfetzen – zwicken – klemmen;
sich sputen – sich beeilen – sich tummeln;
es genügt – es reicht – es langt – es passt – es schickt.

Jedes dieser Wörter hat seine Geschichte; Kretschmers Buch und
der „dtv-Atlas zur deutschen Sprache" geben uns Auskunft. Allerdings
muss man in Betracht ziehen, dass die von Kretschmer ermittelte Verbreitung sich durch Binnenwanderung, durch Bevölkerungsverschiebun-
gen im Gefolge der Kriege und durch den Einfluss der Medien mehr oder
weniger verändert hat. Die Trennlinie zwischen *Junge* und *Bube,* ursprünglich bestimmt von der Verbreitung dieser Wörter in den Mundarten, geht von Westen nach Osten; in Norddeutschland und in Mittel-
deutschland sagt man *Junge* und im Süden *Bube* bzw. *Bub.* In der Beschreibung von Kretschmer verläuft die Trennlinie zwischen Trier und
Saarbrücken, berührt Mainz, durchquert Hessen, windet sich zwischen
Thüringen und Bayern hindurch und löst sich in Sachsen auf, weil die
sächsische Umgangssprache *Junge* durchgeführt hatte, während *Bub* in
der Mundart bis ins südliche Sachsen hineinreicht.[72] Die Trennlinie zwischen *Schreiner* und *Tischler* scheidet das deutsche Sprachgebiet in einen
kleineren westlichen und einen größeren östlichen Teil. Kretschmer zufolge gebraucht die Umgangssprache *Schreiner* in Westfalen, Hessen,
Luxemburg, Pfalz, Lothringen und in ganz Süddeutschland vom Elsass
bis Bayern. Auch in der Schweiz ist *Schreiner* der hochdeutsche Ausdruck.[73]

---

[72] PAUL KRETSCHMER: Wortgeographie der hochdeutschen Umgangssprache. S. 244.
[73] Idem, S. 526.

„KRÖTEN UND MÄUSE"

Der Spielleiter nennt ein Wort, und jeder Spieler soll möglichst viele Synonyme zu diesem finden. Zum Beispiel: <u>Geld</u>: *Moneten, Zaster, Kohlen, Kies, Moos, Knete, Marie, Pinkepinke, Kröten, Mäuse, Lappen, Emmchen, Mammon.*

Oft sind die Beziehungen innerhalb einer Gruppe von Synonymen komplex. So kann etwa das Wort *Ross* für Pferd als Bezeichnung mit expressiver Nullfärbung gebraucht werden und steht dann für ein wertvolles Tier. Es kann poetisch gebracht werden. In den oberdeutschen Mundarten ist es völlig neutral und bedeutet dasselbe wie *Pferd* im Hochdeutschen. Innerhalb eines großflächigen, ungefähr rhombusförmigen Gebiets, welches ganz Hessen umfasst und im Süden mit einem Zipfel fast bis an den Bodensee reicht, im Osten mit einem Zipfel bis weit in die Oberpfalz, gebrauchen die Mundartsprecher das Wort *Gaul* für Pferd; dort ist *Gaul* in der Mundart neutral, während es im Hochdeutschen eine Abwertung zum Ausdruck bringt. In manchen norddeutschen Mundarten bedeutet *nett* bzw. *hübsch, fein, gut* oder *glatt* jeweils so viel wie *schön* im Hochdeutschen, während diese Wörter in der Hochsprache Bedeutungsvarianten verkörpern.[74] Immer wieder müssen sich die Sprecher in einem großen Angebot von bedeutungsähnlichen Wörtern zurechtfinden und je nach der Sprechsituation entscheiden.

Aus der Beobachtung, dass es landschaftlich gebundene Wörter gibt, sind Scherzfragen entstanden:

In welchem Land isst und trinkt man nicht? (Im Elsass, da zehrt man.)

In welchem Land sind keine Pferde? (In Schwaben, da sind Rösser.)

Eine besondere Gruppe der Dubletten bilden die in Österreich gebräuchlichen Wörter (oder *Austriazismen*): *Fratschlerin* für „Marktfrau",

---

[74]   WERNER KÖNIG: dtv-Atlas zur deutschen Sprache. S. 177.

Germ für „Hefe", *Ribisel* für „Johannisbeere", *Stanitzel* für „Tüte" und viele andere.

MIT TOPFEN UND POWIDL IN DIE EU

Im April 1994 verbreitete die Deutsche Presseagentur folgende Nachricht:
WIEN (dpa). Jubel in Österreich: Die bisweilen von Minderwertigkeitsgefühlen geplagte Alpenrepublik hat sich am grünen Tisch in Brüssel gegen den oft als übermächtig empfundenen Nachbarn Deutschland durchgesetzt. Das „Protokoll Nr. 10 über die Verwendung spezifisch österreichischer Ausdrücke der deutschen Sprache" garantiert den Alpenländlern Gleichberechtigung im kulinarischen Bereich. So werden die Österreicher 1995 erhobenen Hauptes mit Karfiol (Blumenkohl) und Faschiertem (Hackfleisch), mit Fisolen (grünen Bohnen) und Marillen (Aprikosen) in die Gemeinschaft einziehen. Wer die ganze Aufregung um Paradeiser (Tomaten) und Powidl (Pflaumenmus) für Topfen (Quark) halte, der müsse zur Strafe eine Quarktasche (Topfengolatsche) verzehren, verordnete die Wiener Zeitung „Der Standard".

Die Synonyme treten zu **Wortfeldern** zusammen. Im Wortfeld wird jeder Bestandteil von seinem Nachbarn bestimmt und in der Bedeutung abgegrenzt. Je mehr Bestandteile ein Feld hat, umso schärfer abgegrenzt der Bedeutungsgehalt eines Wortes, umso genauer seine Aussage. Das Wortfeld gliedert einen Ausschnitt der Wirklichkeit entsprechend den Erkenntnissen und Standpunkten der Sprachgemeinschaft. Ob ein Ausschnitt der Wirklichkeit für die Sprachgemeinschaft wichtig ist, erkennt man daran, ob er sprachlich vielseitig gegliedert wurde.

Ein gutes Beispiel für sprachliche Aufgliederung sind die Haustiere. Neben den allgemeinen Bezeichnungen *Männchen, Weibchen, Junges* gibt es zahlreiche Wörter, die zur Hervorhebung von Eigenschaften dienen, und zwar zur Kennzeichnung des Alters, des Geschlechts, der Größe, der Farbe, der Verwendung.

Das junge Schwein ist ein *Saugferkel, Spanferkel* oder *Frischling,* später ein *Läufer, Überläufer* oder *Fasel.* Gebräuchliche Namen für das männliche Tier sind *Hauer, Bär, Eber, Baier, Haksch, Kämpe, Keiler,* gebräuchliche Namen für das weibliche Tier *Sau, Suz, Bache, Docke, Kosel.*

Das junge Rind ist ein *Kalb;* um das Geschlecht der Jungtiere zu kennzeichnen, spricht man von *Stierkalb* und *Kuhkalb.* Das männliche Rind heißt *Farre, Bulle, Stier* oder *Fasel,* das weibliche heißt bis zum ersten Kalb *Färse, Kalbin, Starke, Queene* und nach dem Kalben *Kuh.*

Das Schafsjunge ist ein *Lamm,* die Jungschafe bei der ersten Paarung nennt man *Zutreter* oder *Jährlinge,* zum männliche Schaf sagt man *Bock, Widder* oder *Stär,* zum weiblichen *Zibbe* und zum kastrierten Tier *Hammel, Schöps* oder *Kappe.*

Das Ziegenjunge ist ein *Zicklein* oder ein *Kitz;* die männlichen Ziegen heißen *Böcke,* die weiblichen *Geißen.*

Beeindruckend viele Bezeichnungen gibt es für die Pferde. Sie veranschaulichen das besondere Verhältnis zu diesen relativ intelligenten, vielseitig verwendbaren und deshalb kostbaren Tieren. „Ehrenwert heißt mein Pferd" – so lautet ein stolzer Satz in dem lustigen Volkslied, mit dem die Bäuerin ihre Familie, ihr Gesinde und die Tiere ihres Hofs vorstellt.

Das junge Pferd ist ein *Fohlen* bzw. ein *Füllen,* das einjährige heißt *Enter,* das zweijährige *Twenter,* das alte *Mähre.* Das männliche Pferd heißt *Hengst* (kastriert *Wallach*), das weibliche *Stute.* Nach der Größe unterscheidet man *Ponys* (unter 120 cm Widerristhöhe), *Kleinpferde* (121 bis 147 cm) sowie *Großpferde* (über 147 cm, meist 150 bis 165 cm). Nach Verwendung und Leistung unterscheidet man *Wagenpferde, Zuglastpferde, Reitpferde* und *Rennpferde,* ferner *Jagdpferde, Polopferde, Springpferde, Dressurpferde, Kunstreitpferde* und *Gebirgspferde.* Obwohl die Farbe für den Wert eines Pferdes unwesentlich ist, machen die Menschen doch sehr weitgehende Unterteilungen, und vielleicht spiegelt diese Tatsache mehr als alles andere ihre gefühlsbetonte Einstellung wider. Wir kennen den *Schimmel* (weiß), den *Fuchs* (rötlich in allen Abstufungen), die *Isabelle* (hell- bis dunkelgelb), den *Falben* (graugelb), den *Braunen* (vorwiegend braun) und den *Rappen* (schwarz). Falben und Braune haben ihre Färbung in wechselnder Ausdehnung, aber stets schwarze Mähne, schwarzen Schweif und schwarze Unterfüße.

Weiß geborene Schimmel – sehr seltener Fall – heißen *Milchschimmel;* gewöhnlich sind Schimmel als Fohlen dunkel. Doch so einfach ist das mit der Farbe nicht. Im Pferdefell können einzelne weiße Haare vorkommen, die so genannten *Stichelhaare;* treten diese in größerer Anzahl auf, so spricht man je nachdem von *Rot-* oder *Fuchsschimmel,* von *Rapp-* bzw. *Schwarz-* oder *Apfelschimmel.* Der Fuchs wird durch Einfärbungen zum *Rotfuchs, Hellfuchs, Lehmfuchs, Goldfuchs, Kupferfuchs, Dunkelfuchs, Brandfuchs, Schweißfuchs, Schwarzfuchs* oder *Kohlfuchs.* Ein *Scheck* ist ein Pferd mit größeren weißen Flecken; es gibt den *Tiger-* und den *Schabrackenscheck.* Schließlich bringen mehrere Synonyme den Wert eines Exemplars zum Ausdruck: Mit *Ross* bezeichnet man ein schönes, edles Pferd, mit *Gaul, Klepper* und *Mähre* dagegen unanschnliche, minderwertige, abgenutzte Tiere.

Auch die Vielzahl der Wörter für die Arbeit am Küchenherd ist für die Aufgliederung eines wichtigen Ausschnitts der Wirklichkeit aufschlussreich. Die folgenden Ausführungen sind dem Aufsatz „Verben der Speisezubereitung – ein Wortfeld" von Christian Bergmann entnommen.

„Die Wörter eines Wortfeldes verfügen über ein gemeinsames semantisches Merkmal. Sie unterscheiden sich voneinander in den untergeordneten Bedeutungsmerkmalen oder bzw. und in den stilistischen Kennzeichen.

So verfügen alle Verben der Speisezubereitung über das Bedeutungsmerkmal ‚gar machen'. Dieses setzt aber das Merkmal ‚unfertige Speise' voraus und schließt das Merkmal ‚durch Hitze' ein. Andere Bedeutungsmerkmale treten dann noch hinzu. Das Erhitzen kann durch Dampf erfolgen, auch durch Luft, Wasser oder Fett; und daraus ergibt sich – als weiteres unterscheidendes Bedeutungsmerkmal – das jeweilige Gerät: der Dämpfeinsatz, der Topf, der Ofen, die Pfanne.

Der Aufbau der Wortbedeutungen aller Glieder des Wortfeldes lässt sich mit Hilfe einer Tabelle verdeutlichen: [...]

Die aufgeführten Bedeutungsmerkmale sind einander über- und untergeordnet. An der Spitze dieses Ordnungsgefüges stehen die Merkmale ‚unfertige Speise', ‚gar werden lassen', ‚durch Erhitzen'. Über sie verfügen alle Glieder des Wortfeldes, und aus ihrem Vorhandensein resultiert die Bedeutungsverwandtschaft. Die Bedeutungsmerkmale, die angeben, womit und worin erhitzt wird, sind untergeordnet. Sie bewirken die Bedeutungsunterscheidung. Zugleich legen sie fest, mit welchen Substantiven die Verben in ihrer Bedeutung verträglich sind und mit welchen nicht. Eier z.b. können gekocht und gebraten, nicht aber gedämpft oder gedünstet werden. So stehen vorzugsweise bei

kochen:	Eier, Kartoffeln, Fleisch, Suppe, Essen, Obst, Gemüse, Pudding, Fisch, Geflügel, Kaffee, Tee;
dünsten:	Obst, Fisch, Gemüse, Kartoffeln;
dämpfen:	Obst, Fisch, Gemüse, Kartoffeln;
braten:	Kartoffeln, Fleisch, Fisch, Geflügel;
backen 1:	Brot, Kuchen, Gebäck, Plätzchen, Pastete;
backen 2:	Fisch, Eierkuchen, Kartoffeln, Äpfel, Reis, Geflügel;
grillen:	Fleisch, Wurst, Geflügel;
rösten:	Brot, Mais, Kaffeebohnen;
toasten:	Brot, Weißbrot;
schmoren:	Fleisch;
brühen:	Mandeln, Pfirsiche, Kohl, Reis, Hülsenfrüchte *(abbrühen);* Kaffee, Tee *(aufbrühen).*

Das Verb *garen,* das über keine untergeordneten Bedeutungsmerkmale verfügt und am wenigsten spezialisiert ist, weist infolgedessen von der Bedeutung her die wenigsten Vereinbarkeitsbeschränkungen auf. Es trägt aber als einziges eine stilistische Kennzeichnung, und zwar ist es ein fachsprachliches Wort. Das bedeutet, dass es in seinem Gebrauch auf den Funktionalstil der Wissenschaft beschränkt ist und in der allgemeinsprachlichen Kommunikation kaum verwendet wird."[75]

Unter den Bezeichnungen für die Nahrungsaufnahme gibt es solche, die sich auf den Menschen, andere, die sich auf Tiere, andere, die sich auf Pflanzen beziehen. Der Mensch *isst* und *trinkt,* das Tier *frisst*

---

[75]   CHRISTIAN BERGMANN: Verben der Speisezubereitung – ein Wortfeld. In: SPRACHPFLEGE. Heft Nr. 2/1985, S. 21-22.

und *säuft*. Säuglinge werden beim Menschen und beim Säugetier *gestillt*, der Vogel aber *atzt* seine Jungen. Die Tiere werden im Allgemeinen *gefüttert*, ein mutterloses Tier wird *aufgepäppelt*, eine Gans zur Mästung *gestopft*. Die Pflanze schließlich wird *gedüngt* und *begossen* bzw. *bewässert*.

Auf die Tageszeit, zu der gegessen wird, beziehen sich *frühstücken, vespern, nachtmahlen*. Ein Essen mit Appetit bezeichnen *zulangen, einhauen, futtern, schlingen*, ein Essen mit Widerwillen *hinunterwürgen*, ein Essen mit Genuss *sich laben, es sich schmecken lassen, schmausen, schwelgen, schnabulieren*. Wer kleine Portionen zu sich nimmt, der *kostet, nippt oder nascht*. Bewegungen und Geräusche beim Essen bezeichnen *nagen, knabbern, knuspern, kauen, mampfen, schmatzen, lutschen, schlürfen*. Einen Hinweis auf die festliche Stimmung enthalten *speisen, tafeln* sowie *dinieren*. Wurde alles verzehrt, heißt es, dass man *reinen Tisch gemacht* oder *schönes Wetter gemacht* hat.

Ein Wortfeld erscheint als Kontinuum, doch während die Unterschiede zwischen zwei benachbarten Gliedern gering sind, können sie zwischen den Ausläufern auf zwei gegenüberliegenden Seiten so groß sein, dass wir diese als Antonyme empfinden.

Die Theorie der Wortfelder wurde im 20. Jahrhundert entwickelt, doch die Menschen haben selbstverständlich seit jeher ihre Umgebung sprachlich nach diversen Kriterien aufgegliedert. Im Laufe der Zeit musste die Sprache neue Kriterien berücksichtigen. Infolgedessen haben sich manche Wortfelder wesentlich verändert. Ein frappantes Beispiel dafür ist die Gliederung der Tierwelt. Noch in mittelhochdeutscher Zeit (1100 bis 1350) gliederte die deutsche Sprachgemeinschaft nach der Bewegungsart: Fisch ist alles, was schwimmt, Vogel alles, was fliegt, Wurm alles, was kriecht, Tier alles, was läuft. Deshalb zählten Schmetterlinge und Käfer zu den Vögeln, Biber und Otter zu den Fischen. Weil der Biber als Fisch galt, war er als Fastenspeise zugelassen, und das ist der Grund, weshalb er in Mitteleuropa fast ausgerottet worden ist.

„BROT UND WURST"

Jeder Spieler hat eine Minute Zeit, um Wörter aufzuzählen, die zu einem gemeinsamen Oberbegriff gehören. Die Mitspieler passen auf, ob alles stimmt. Wer sich verhaspelt, gibt ein Pfand. Zum Beispiel:

Möbel: *Stuhl, Tisch, Bett, Regal.*

Speisen: *Brot, Wurst, Kaiserschmarren, Französische Erdäpfel.*

Salat: *Gurkensalat, Grüner Salat, Obstsalat, Nudelsalat.*

Werkzeuge: *Hammer, Zange, Bohrer, Säge, Schraubstock.*

KEINE SORGE

Der Besitzer einer Hühnerfarm hält um die Hand seiner Freundin an. „Können Sie eine Frau ernähren?" will ihr Vater wissen.

„Ernähren?" wundert sich der Mann. „Was heißt ernähren? Mästen kann ich sie! Mästen!"

DER SCHULDIGE RESPEKT

„Mann über Bord! Mann über Bord!" schreit der Matrose des Ausflugdampfers. Da zupft ihn ein Mädchen am Ärmel. „Sagen Sie bitte ‚Herr über Bord'. Das ist nämlich mein Bräutigam, von dem Sie reden."

DIE LEUTE LACHEN

Der englische Austauschschüler zu seinen Gasteltern: „Ist ‚prügeln' und ‚schlagen' dasselbe?"

„Ja."

„Warum lachen dann die Leute, wenn ich sage: ‚Es hat zwölf Uhr geprügelt'?"

Ohne von der Theorie der Wortfelder zu wissen, eignet sich jedes Kind den Wortbestand so an, wie die Sprachgemeinschaft ihn aufgegliedert hat. Zur Änderung eines Wortfeldes kann der Einzelne praktisch nichts beitragen.

Je umfangreicher die Bildung einer Person, umso vollständiger die Wortfelder, die sie beherrscht. Je vollständiger die Wortfelder, die eine Person beherrscht, umso treffender kann sie sich ausdrücken, eine Fähigkeit, die von der Sprachgemeinschaft immer honoriert wird. Die Kinder beginnen, kaum dass sie sprechen gelernt haben, spielerisch Wörter zu gruppieren, wobei der Spieltrieb mit der spezifischen Tendenz des menschlichen Verstandes zusammenwirkt, Ähnlichkeiten aufzudecken, Gesetzmäßigkeiten zu finden. Das Lob der Erwachsenen fördert diese Beschäftigung.

Am leichtesten findet das Kind **Antonyme**. Sein Vergnügen an dem Hin und Her hat sich in einem Kettenreim mit den häufigsten Adjektiven niedergeschlagen, der weit verbreitet ist und in mehreren Varianten zirkuliert.

> Eins, zwei, drei,
> alt ist nicht neu,
> neu ist nicht alt,
> warm ist nicht kalt,
> kalt ist nicht warm,
> reich ist nicht arm.
>
> Eins, zwei, drei,
> alt ist nicht neu,
> arm ist nicht reich,
> hart ist nicht weich,
> frisch ist nicht faul,
> Ochs' ist kein Gaul.
>
> Eins, zwei, drei,
> alt ist nicht neu,
> sauer ist nicht süß,
> Händ' sind keine Füß',
> Füß' sind keine Händ',
> 's Lied hat ein End'.

(Volksgut.)

KONDOLIEREN

„Ihr wisst alle, was ‚gratulieren' bedeutet", sagt die Lehrerin.
„Wer kann mir nun erklären, was ‚kondolieren' bedeutet?"
Arno: „Kondolieren tut man, wenn man jemandem zu einem
Trauerfall gratuliert."
(*Gratulieren* – „jemandem seine Glückwünsche aussprechen";
kondolieren – „jemandem sein Beileid aussprechen".)

FEUER UND WASSER

Lehrer: „Gebranntes Kind scheut das Feuer. Nennt mir ein ähnliches Sprichwort!"
Fritzchen: „Gewaschenes Kind scheut das Wasser!"

EINE LIEBE KUH

Der Tierarzt hat seinen Sohn zur Visite mitgenommen. „Die Kuh
ist hochträchtig", stellt er fest.
„Papa", fragt der Sohn nachher, „ist eine hochträchtige Kuh eine
liebe Kuh?"
„Wieso, mein Junge?"
„Weil eine niederträchtige Kuh doch eine böse Kuh ist."

Der Spaß am Jonglieren mit Antonymen klingt im selben Maße
ab, in dem das Kind die betreffenden Wörter als Bestandteile eines Wortfeldes mit mehreren Abstufungen erkennt (statt *warm* und *kalt* verwendet
es nun je nachdem *glühend heiß, siedend heiß, brühheiß, handwarm,
mundwarm, lau, kühl, frostig, eisig*).
Die nächste Spieltechnik besteht im Kombinieren von Wörtern
mit antonymischer Bedeutung im selben Satz oder in zwei benachbarten
Sätzen, sodass jede Aussage sofort annulliert wird.

SCHLITTSCHUH ÜBERN SANDBERG

Dunkel war's, der Mond schien helle,
Schnee lag auf der grünen Flur,
als ein Wagen blitzesschnelle
langsam um die Ecke fuhr.
Drinnen standen sitzend Leute,
schweigend ins Gespräch vertieft,
während ein geschossner Hase
übern Sandberg Schlittschuh lief.
Und auf einer blauen Bank,
die rot angestrichen war,
saß ein blondgelockter Jüngling
mit kohlrabenschwarzem Haar;
neben ihm 'ne alte Schachtel,
die kaum zählte siebzehn Jahr –
in der Hand ein Butterbrot,
das mit Schmalz bestrichen war.
Droben auf dem Apfelbaume,
der sehr süße Birnen trug,
hing des Frühlings letzte Pflaume
und an Nüssen noch genug.

Unbekannter Verfasser

Eine weitere Spieltechnik ist die Erzielung von Komik durch Wörter mit übertragener Bedeutung oder durch Ableitungen. Sie werden so in einen Satz eingepasst, dass die ursprüngliche Bedeutung bzw. die Bedeutung des Ausgangswortes einem anderen Wort des Satzes widerspricht. An dieser Technik finden auch Erwachsene Vergnügen. Die nachfolgenden Texte geben einen Begriff davon, wie die Sprecher mit dem Bildgehalt der Wörter spielen.

WAS IST PARADOX?

Wenn ein Stehkragen sitzt;
wenn eine Standuhr geht;
wenn ein Fahrstuhl geht;
wenn ein Wein sich gewaschen hat;
wenn ein aufgewecktes Kind schläft;
wenn sich eine Dame ermannt;
wenn einer ein eingefleischter Vegetarier ist;
wenn ein Vegetarier sagt, ihm sei alles Wurscht;
wenn ein Rohköstler vor Wut kocht;
wenn ein Glatzkopf etwas haarsträubend findet;
wenn sich zwei Kahlköpfe in den Haaren liegen;
wenn sich drei Freunde entzweien;
wenn einer von Rotwein blau wird;
wenn man einen Betrunkenen nicht für voll ansieht;
wenn man jemandem Eis warm empfiehlt;
wenn einer einen Heißhunger nach Gefrorenem hat;
wenn eine Friseuse niemandem ein Härchen krümmt;
wenn eine Schneiderin keine Sticheleien vertragen kann;
wenn ein Starkstromingenieur energielos ist;
wenn ein Sänger seine Stimme abgibt;
wenn ein Turmwächter einen beschränkten Horizont hat;
wenn ein Taucher ein oberflächlicher Mensch ist;
wenn ein Boxer einen Sieg erringt;
wenn ein Geiger ein eintöniges Leben führt;
wenn ein Luftschiffer nicht in die Höhe kommen kann;
wenn eine Schildwache nicht aus dem Häuschen zu bringen ist;
wenn ein Tiefbaumeister ein hohes Ziel vor Augen hat;
wenn man mit einem Rundschreiben aneckt;
wenn ein Onkel seine Nichte unverwandt anblickt;
wenn ein Heruntergekommener im sechsten Stock wohnt;
wenn einer mit seiner Flamme im Dunkeln sitzt.

PARADOX IST FERNER

wenn ein Tischler seine Frau versohlt;
wenn ein Schuster die seine vermöbelt;
wenn sich jemand im Handumdrehen den Fuß bricht;
wenn einer am Telefon ununterbrochen unterbrochen wird;
wenn dich eine Kuh anstiert;
wenn ein Esel büffelt;
wenn ein Frechdachs sich mopst;
wenn ein Krebs krabbelt und eine Krabbe dahinkrebst;
wenn eine Katze so viel Süßes maust, dass sie auf den Hund kommt;
wenn ein Fuchs nach einem Hasen luchst, weil er einen Wolfshunger hat.

MÖGLICHE UNMÖGLICHKEITEN

Die Komik kann sich auch daraus ergeben, dass ein Teil eines Wortes zu einem Teil eines anderen Wortes antonym ist.

Man kann es kaum glauben, und doch ist es möglich,
dass man einen Einspruch ausspricht;
dass ein Einbrecher ausbricht;
dass ein Ausbrecher einbricht;
dass ein Oberbaurat Tiefbau studiert hat;
dass eine Rabenmutter Hühneraugen hat;
dass ein Fußballspieler Handgeld bekommt;
dass irgendwo ein herrenloses Damenfahrrad aufgefunden wird;
dass man bei einer Demonstration einen Hauptmann zu seinem Nebenmann hat;
dass der Oberleutnant eines Unterseebootes auf einer Landzunge eine Seezunge verspeist.

Schließlich ergibt sich die Komik durch ein Wort, das im Kontext an ein anderes Wort mit antonymischer Bedeutung erinnert:

PECH IM HARZ, WESTEN IM SÜDEN

Es kommt sogar vor,
dass man im Harz Pech hat;
dass eine Wachskerze kleiner wird;
dass einem Knappen die Rüstung zu weit ist;
dass ein Bankier den Schein meidet;
dass eine Bohne aus einem Haufen Erbsen hervorlinst;
dass sich jemand gerade bückt;
dass ein Eisenbahner hart auf eine Weiche fällt;
dass ein Onkel seinen Neffen vernichten will;
dass ein Goethe-Denkmal durch die Bäume schillert;
dass ein Reisender aus dem Osten für eine Firma im Norden im
Süden Westen verkauft.

Auf die Frage, was paradox sei, soll der Komponist Hans Pfitzner
geantwortet haben: „Wenn ein Sopran bass erstaunt ist, dass ein Tenor
alt geworden ist!"

Längst sind paradoxe Wortfügungen in den allgemeinen Sprach-
gebrauch eingegangen. Hierzu gehören nach Hans Reimann: *der weiße
Rabe; der Koloss auf tönernen Füßen; das Springen über den eigenen
Schatten; das glänzende Elend; die Angst vor der eigenen Courage; das
Einrennen offener Türen; klar wie Kloßbrühe; klar wie dicke Tinte; Das
Ei ist klüger als die Henne; der Schneider ohne Elle; leeres Stroh dre-
schen; das Pferd beim Schwanz aufzäumen; das den Berg hinauflaufende
Wasser.*[76]

EINEN KAHLEN SCHEREN

Wer baden will einen Raben weiß
und daran legt seinen ganzen Fleiß,
und an der Sonne Schnee will dörren,
und Wind will in eine Kiste sperren,

---

[76] HANS REIMANN: Vergnügliches Handbuch. S. 163.

und Unglück will tragen feil,
und alle Wasser will binden an ein Seil,
und einen Kahlen will scheren,
der tut, was da unnütz ist, gern.

(Volksgut.)

Mit den Aussagen des obigen Gedichts korrespondieren gängige Sprichwörter: *Es hilft kein Bad am Raben. Der Schnee lässt sich nicht im Ofen trocknen. Wo es kahl ist, kann man nichts ausraufen.*
Dem Volksmund dienen diverse paradoxe Fügungen dazu, den Begriff „nie" zu umschreiben: *wenn die Katze kräht; wenn die Hunde mit dem Schwanz bellen; wenn die Böcke lammen; wenn die Weiden Pflaumen tragen; wenn der Main (die Elbe usw.) brennt; wenn der Schnee verbrennt; wenn der Rhein den Berg raufläuft; da Karfreitag auf einen Mittwoch fiel.*
Was sagt man über einen Tunichtgut? „Er ist ein braver Bub: Er hat noch keinen Mühlstein und keinen glühenden Amboss weggetragen."

Wir haben das Vergnügen des Kindes an den Antonymen gesehen. Ebenso zeitig erwacht sein Interesse für **wesenhafte Bedeutungsbeziehungen,** das bestätigen wohlbekannte Kinderreime.

NICHT WEIT HER

Ein Himmel ohne Sonn',
ein Garten ohne Bronn',
ein Baum ohne Frucht,
ein Mägdlein ohne Zucht,
ein Süpplein ohne Brocken,
ein Turm ohne Glocken,
ein Soldat ohne Gewehr
sind alle nicht weit her.

Aus „Des Knaben Wunderhorn"

KOMISCHE SACHEN

Vögel, die nicht singen,
Glocken, die nicht klingen,
Pferde, die nicht springen,
Pistolen, die nicht krachen,
Kinder, die nicht lachen,
was sind das für Sachen?

(Volksgut.)

EIN NÜTZLICHES TIER

„Das Schwein ist ein nützliches Tier", sagt der Lehrer. „Aus seinem Kopf bereitet der Schlachter Sülze zu. Aus seinen Hinterbacken macht man den Schinken, und seine Borsten werden zu Bürsten verarbeitet. Wer kann mir noch ein Beispiel nennen?"

Zunächst meldet sich niemand. Endlich sagt Klaus halblaut. „Sein Name wird als Schimpfwort verwendet."

VERLIEBT, VERLOBT ...

„Jana", sagt der Lehrer, „bilde mir die Zukunft von ‚lieben'!"
Jana: „‚Heiraten'."

DAS TOTE MEER

„Papa, ist der Stille Ozean den ganzen Tag still?"
„Kannst du nicht was Gescheiteres fragen?"
„Na gut: Woran ist das Tote Meer gestorben?"

GERINGHEIT DES ARMEN ADELS

Was ein Baum ist ohne Laub, was ein Kirchturm ohne Glocken,
was ein Keller ohne Wein, eine Suppe sonder Brocken,
was ein Schiff ist ohne Segel, was ein Anker ohne Grund,
was ein Schütze sonder Pulver und ein Jäger ohne Hund,
was ein Weber ohne Garn, was ein Schlosser sonder Eisen,
was ein Bäcker ohne Mehl und ein Garkoch ohne Speisen,
was ein Fuhrmann ohne Wagen und ein Bauer ohne Feld,
dies, und zehnmal noch minder, ist der Adel ohne Geld.

Johannes Grob

EIN NACHTRAG ZU SCHILLERS GLOCKE
(Was Schiller in oder an seiner Glocke vergessen hat)

Als er kam zu dieser Stelle:
„Friede sei ihr erst Geläut!",
äußerte der Altgeselle:
„Meister, Ihr seid zu zerstreut!
Fertig, glaubtet Ihr,
wär' die Glocke hier?
Und da habt Ihr unterdessen
ja den Klöppel ganz vergessen!

Denn wo das Strenge mit dem Zarten,
wo Starkes sich und Mildes paarten,
da gibt es einen guten Klang;
drum prüfet, eh' die Zeit dahin ist,
ob ein Klöppel in der Glocke drin ist:
denn was das Messer ohne Stiel ist,
und was die Bühne ohne Spiel ist,
und was der Ofen ohne Kohle,
und was der Stiefel ohne Sohle,
und was der Globus ohne Achs' is,
und was der Thurn ist ohne Taxis,

und was Akustik ohne Schall is,
und was die Schweiz ist ohne Wallis,
und was die Zarin ohne Zar is,
und was Helena ohne Paris,
und was der Haushahn ohne Henn' is,
und was der Lawn ohne Tennis,
und was der Walfisch ohne Tran is,
und was der Piscis ohne Panis,
und was das Hemd ist ohne Knöppel,
das ist die Glocke ohne Klöppel.

Drum aus Eisen lasst uns machen
einen Glockstock lang und schwer,
dass es tönend möge krachen,
wenn er baumelt hin und her.
So, jetzt ist er da,
grüßt ihn mit Hurra!
Seid des höchsten Lobs gewärtig:
Endlich ist die Glocke fertig!"

Alexander Moszkowski

Gesetz ohne Strafe, Glocke ohne Klöppel. (Sprichwort.)

Die Einsicht in wesenhafte Bedeutungsbeziehungen gibt sich in den so genannten **Umkehrungsversen** zu erkennen. Umkehrungsverse sind gereimte Denkübungen für kleine Kinder; ihr Thema bilden die Merkmale der Dinge, die zum Bildungshorizont des kleinen Kindes gehören. Man unterscheidet zwei Figuren der Umkehrung.

1.) Ein spezifisches Merkmal wird mit einem entgegengesetzten Merkmal vertauscht. Zum Beispiel: Wasser brennt. – Stroh und Petroleum löschen brennendes Wasser. – Ein großes Gebäude, konkret ein Turm, bewegt sich von der Stelle. – Der Ochse wird gemolken. Nachstehend ein Vierzeiler aus der Oberpfalz, der neben drei Umkehrungen noch einen weiteren Verstoß gegen die Logik enthält, eine Art Pleonasmus (in der ersten Zeile):

Die Donau ist ins Wasser gefallen,
der Rheinstrom ist verbrannt,
da ist der Wiener Stefflas-Turm
mit Stroh zum Löschen gerannt.

An der Existenz von Varianten erkennen wir, dass der Inhalt vielen Menschen als geistiges Spielzeug willkommen war. Eine Variante lautet:

Die Donau ist ins Wasser g'fallen,
der Rheinstrom ist verbrennt.
Eine alte Frau ist drüber gangen,
hat sich die Füß' verrenkt.

Eine andere Variante lautet:

De Elbe brennt, de Elbe brennt,
de Bauern komm mit Stroh gerennt.
De Städter, die sinn ooch nich dumm:
Se spritzen mit Petrolium.

2.) Die spezifischen Merkmale zweier Dinge werden vertauscht. Zum Beispiel:

Der Fisch kräht auf dem Dache,
der Hahn, der schwimmt im Bache.

Oder:

Der Hund miaut, die Katze bellt,
der Apfel aus dem Kirschbaum fällt.

Oder:

Schneewißi Chräje
u brandschwarze Schnee,
i hab mir Lebtag
nüt so g'seh.

Schon im dritten Lebensjahr machen Kinder sich ein Vergnügen daraus, Fortschritte beim Erfassen ihrer Umwelt durch Umkehrungen zu bekräftigen. Sie behaupten etwa, dass der Hund miaue; sie sprechen die Tante als Onkel an; sie wünschen am Morgen „Gute Nacht!"; sie erzählen, dass die Kuh ein Ei gelegt habe; sie bezeichnen bekannte Tiere mit anderen Namen; sie sagen vom Salz, das es süß, und vom Zucker, dass er salzig sei. Die Beispiele stammen aus dem berühmten Essay von Kornej Tschukowski.[77] Personen, die das Wesen dieses Spiels nicht begreifen, müssen solche Mitteilungen albern finden. Der Erwachsene nimmt nur dann Umkehrungen vor, wenn er selbst in einen für ihn neuen Wissensbereich vordringt, und sein Scherz sagt nur für Kollegen etwas aus, die sich in derselben Lage befinden, für ein anderes Publikum kommt der Scherz gar nicht in Frage, andere nehmen ihn nicht zur Kenntnis.

Das spielerische Vertauschen spezifischer Eigenschaften und Handlungsweisen hat in der Folklore aller Völker Spuren hinterlassen. Franz Magnus Böhme bringt in seiner Sammlung „Deutsches Kinderlied und Kinderspiel" vier mundartliche Varianten eines deutschen Textes mit Umkehrungen, der Kindern zu ihrem Vergnügen vorgesprochen wurde. Eine davon lautet:

> Basanneli, Basanneli,
> schlag uff und stand a Licht:
> Es geht a Haus im Geist herum,
> ich greif', er fürcht' mich an.
> Zünd's Kühele an, zünd's Kühele an,
> 's Laternle will a Kälble han,
> und wie der Teig am Himmel steht,
> da schießt der Tag in Ofa.

Laut Böhme hat man Umkehrungsverse in der Schweiz (wo sie *Rappedüzli* heißen) beim Pfänderspiel eingesetzt; wer das Verkehrte beim Nachsprechen an den logisch richtigen Platz rückte, der wurde bestraft.[78]

---

[77]   KORNEJ TSCHUKOWSKI: Sinnige Unsinnigkeiten. In: Ders.: Kinder von 2 bis 5. S. 146-176, hier S. 153-159.
[78]   FRANZ MAGNUS BÖHME (Hg.): Deutsches Kinderlied und Kinderspiel. S. 302.

Gelungene Umkehrungen, ob von Kindern oder von Erwachsenen für Kinder verfasst, wurden aufgegriffen, ergänzt, variiert, zugeschliffen und in einer gefälligen, ins Ohr gehenden Form von Generation zu Generation weitergegeben. Tschukowski, der diese Erscheinung in der russischen, englischen und deutschen Folklore studiert und den Begriff „Umkehrungsvers" geprägt hat, äußerte sich folgendermaßen zur Funktion des Genres:

„[...] Hinter jedem ‚Umgekehrt' fühlt das Kind lebhaft ein ‚So wär's gut', jedes Abgehen von der Norm bestärkt das Kind just in der Norm, und es lernt seine sichere Orientierung in der Welt noch höher schätzen. Es geht gleichsam in ein Examen seiner geistigen Kräfte und besteht diese Prüfung unbedingt – was in ihm die Selbstachtung, die Zuversicht in den eigenen Verstand, deren es so sehr bedarf, um in dieser chaotischen Welt den Kopf nicht zu verlieren, beträchtlich erhöht: ‚Ich werde mich an kaltem Brei nicht verbrennen'; ‚ich werde vor einer Schnecke nicht erschrecken'; ‚auf dem Meeresgrund werde ich nicht nach Erdbeeren suchen'.

In dieser Prüfung, in diesem Examen vor sich selber besteht die Hauptbedeutung des Kinderspiels mit den Umkehrungen."[79]

Fände sich ein Gelehrter, meint Tschukowski, der alle in der Weltfolklore lebendigen Gedichte dieses Genres systematisieren wollte, so würde sich herausstellen, dass es keinen Bereich in der Geistessphäre des Kindes (von zwei bis fünf Jahren) gibt, dem nicht ein besonderer, gleichsam eigens hierfür bestimmter Umkehrungsvers entspricht.[80]

Zur Veranschaulichung ordnete er die Verse aus einigen russischen und englischen Volksliedchen in mehrere Sparten: Umkehrung von Groß und Klein, von Warm und Kalt, von Reiter und Pferd, von körperlichen Gebrechen usw. und zeigte damit, dass in diesen Wirrnissen die ideale Ordnung herrscht – dass dieser Unsinn Methode hat.

Als „freies Spiel mit Absurditäten" bezeichnet Tschukowski eine Stilfigur des Nonsens, bei der dem Ding a eine beliebige Eigenschaft m,

---

[79] KORNEJ TSCHUKOWSKI: Sinnige Unsinnigkeiten. In: Ders.: Kinder von 2 bis 5. S. 146-176, hier S. 165.
[80] Idem, S. 168.

dem Ding b eine beliebige Eigenschaft x angedichtet wird. Wir finden diese Stilfigur in einem Text der Sammlung „Des Knaben Wunderhorn":

EI DER TAUSEND!

Ich saß auf einem Birnenbaum,
wollt' Gelbe Rüben graben,
da kam derselbe Bauersmann,
dem diese Zwiebeln waren!

„Ach, ach, du Schelm, du Hühnerdieb!
Was machst du in den Nüssen?"
So hatt' ich all mein Lebetag
kein' bessre Pflaumen 'gessen.

Der Esel hat Pantoffel an,
kam übers Dach geflogen.
Ach, ach, ich armes Mädelein,
wie bin ich doch betrogen.

Als weiteres Beispiel ein Fragment aus dem „Märchen vom Schlauraffenland" der Brüder Grimm („Kinder- und Hausmärchen" Nr. 158):

„[...] Da waren zwei Krähen, mähten eine Wiese, und ich sah zwei Mücken an einer Brücke bauen, und zwei Tauben zerrupften einen Wolf, zwei Kinder, die wurfen zwei Zicklein, aber zwei Frösche droschen miteinander Getreid aus. [...]"

Obwohl man das Genre der Umkehrungsverse zur Kinderfolklore zählt, haben doch auch die Erwachsenen ihre Freude am vermeintlichen Unsinn. Vielleicht war das früher noch mehr der Fall. Das nachstehende Gedicht war im Jahre 1530 als Flugblatt in Nürnberg verbreitet.[81]

---

[81] Das Dorf im Bauren. In: HANS BENZMANN (Hg.): Die deutsche Ballade. Bd. 1. Von den ältesten Zeiten bis zur Romantik. S. 75.

LÜGENLIED

Ein Dorf in einem Bauren saß,
der gerne Milch und Löffel aß
mit eime großen Wecke.
Vier Wägen spannt er für ein Pferd,
sein Küch stund mitten in dem Herd,
vier Häuser hat sein Ecke.
Sechs Ställ hätt er in einem Rind,
zwölf Weib hatt er mit einem Kind,
drasch auf Waiz seiner Tennen.
Vor seinem Hund hing ein bös' Haus,
viel Katzen fing sein starke Maus,
voll Mist lof sein Hennen.

Unbekannter Verfasser

Oft kommen die genannten Spieltechniken vermischt vor, wobei in Gedichten vom Typus „Verkehrte Welt" die Umkehrungen vorherrschen.

VERKEHRTE WELT

Des Abends, wenn ich früh aufsteh',
des Morgens, wenn ich zu Bette geh',
dann krähen die Hühner, dann gackelt der Hahn,
dann fängt das Korn zu dreschen an.

Die Magd, die steckt den Ofen ins Feuer,
die Frau, die schlägt drei Suppen in die Eier,
der Knecht, der kehrt mit der Stube den Besen,
da sitzen die Erbsen, die Kinder zu lesen.

Der Stall ist aus dem Pferde geloffen,
der Branntwein hat sich am Bauern versoffen,

arg haben die Linsen die Mäuse zerbissen,
die Hosen, die haben den Peter zerrissen.

O weh, wie sind mir die Stiefel geschwollen,
dass sie nicht in die Beine nein wollen!
Nimm drei Pfund Stiefel und schmiere das Fett,
dann stelle mir vor die Stiefel das Bett.

(Volksgut.)

DER HAHN

In Regensburg haben sie einen Hahn,
der hat so schrecklich viel Schaden getan:
Er zertrat eine steinerne Brücke.
Es flog eine Mücke einen Turm entzwei,
war das nicht Ungelücke.

(Volksgut.)

DIE KUH

Eine Kuh, die saß im Schwalbennest
mit sieben jungen Ziegen,
die feierten ihr Jubelfest
und fingen an zu fliegen.
Der Esel zog Pantoffel an,
ist übers Haus geflogen.
Und wenn das nicht die Wahrheit ist,
so ist es doch gelogen.

Gustav Falke

GUTEN HUT, MEINE HERREN!

Vorigen Handschuh verlor ich meinen Herbst,
da ging ich drei Tage finden,
eh' ich ihn suchte.

Da kam ich an ein Guck
und lochte hinein.
Da saßen drei Stühle auf drei Herren,
die aßen Kaffee und tranken Kuchen.
Da nahm ich meinen Tag ab
und sagte: „Guten Hut, meine Herren!"
Und da bauchten sie,
dass ihnen der Lach platzte.

(Volksgut.)

LÜGENSCHNADERHÜPFL

Han Erdäpfl droschn,
han Haslnuss g'maht,
hans Rüahrmili g'spunna:
Han's sauba vadraht.

(Volksgut.)

LÜGENMÄRCHEN

Ich will euch singen und will nicht lügen:
Ich sah drei gebratene Hühner fliegen,
sie flogen also schnelle,
sie hatten die Bäuche gen Himmel gekehrt,
die Rücken nach der Hölle.

Ein Amboss und ein Mühlenstein,
die schwammen zusammen über den Rhein,
sie schwammen also leise,
da fraß ein Frosch einen glühenden Pflug
zu Pfingsten auf dem Eise.

Es wollten drei Kerls einen Hasen fangen,
sie kamen auf Krücken und Stelzen gegangen,
der eine konnt' nicht hören,

der andere war blind, der dritte stumm,
der vierte konnt' sich nicht rühren.

Nun will ich erst singen, wie es geschah:
Der Blinde zuerst den Hasen sah
im Feld geschwind hertraben.
Der Stumme rief dem Lahmen zu,
da fasst ihn der beim Kragen.

Es segelten etliche über Land,
die Segel hatten sie in den Wind gespannt
und segelten auf den Feldern.
Sie segelten auf einen hohen Berg,
da ertranken sie all' in den Wäldern.

Es ging ein Krebs auf die Hasenjagd:
Die Wahrheit kommt heraus mit Macht
und bleibt nicht lang verschwiegen.
Es lag eine Kuhhaut auf dem Dach,
die war da hinaufgestiegen.

Hiermit will ich mein Lied beschließen,
sollt' es die Leute gleich verdrießen,
und will nicht länger lügen.
In meinem Land sind die Fliegen so groß.
als hierzulande die Ziegen.

(Volksgut, entstanden um 1800.)

In Oberbayern gehörten solche Texte zu einem Faschingsbrauch. Wenn die Buben eines Dorfes ein anderes Dorf besuchten, alle verkleidet und durch Bemalung des Gesichts mit Mehl und Ruß unkenntlich gemacht, hielt der Anführer beim Eintritt in die Wirtsstuben eine Ansprache (selbstverständlich in der lokalen Mundart). Ich zitiere aus einem Buch vom Jahre 1855:

„Meine lieben Leute, habt ihr schon gehört von der neuen großen Mordtat, welche sich erst vor etlichen Tagen ereignet hat? Zwischen Pfingsten und Krakau nämlich, ihr werdet wissen, wo dies liegt, hat ein Räuber in einem abgebrannten Bauernhofe eingebrochen und den Bauern, der eben nicht zu Hause war, erbärmlich aus dem Bette gerissen und zu guter Letzt noch mit einem Teller jämmerlich erstochen. Darauf suchte der Räuber alle Winkel des Hauses aus, und was er da fand, Heugabel und Strohgabel, packte er in seine Brieftasche zusammen und begab sich mit seinem Raube nach Venedig. Dort wurde er von einem stockblinden Hausknecht verraten und durch einen lahmen Eisenknecht verarretiert. Der führte ihn zum Assessor Haselstock, und dieser ließ gleich vom Oberschreiber Schmiermichgut ein Protokoll aufnehmen, und so werden wir in einigen Jahren schon einmal etwas Weiteres hören. Ich hoffe, wir werden nichts dafür zu zahlen haben, und jetzt lasst aber mir einstweilen eine Maß einschenken."[82]

Dieser Text steht nicht allein im weiten Feld. Beim Begraben der Fassnacht gab der „Pfarrer" folgende Weisheiten von sich:

„Nochmal an alle versoffene Fassnachtsbrüder! Euch alle zu erinnern, dass wieder auf das andere Jahr Fassnacht ist, und wir sie nun für heuer begraben haben. Sie nannte sich Dudl und Bärtl, stammte aus grobem, keuschem Blute aus der Leckerfelder Heimat: ein Großhändler und Kleingewinner. Sie wurde geboren im selben Jahr, da Pfingsten vor Ostern war, zwischen Lichtmeß und Maria Jammerling, wo der Weg über die Stauden hinumhängt und der Sack voll Wasser anbrennt. Zum Gedächtnis vermachte sie einem jeden, welcher diesem Fest beigewohnt hat, ein Paar birnbäumene Hosen mit Ziegelplatten ausgefüttert und einen ledernen Dreibätzner an barem Geld. Und nun adie von dieser Welt, Amen."[83]

---

[82]   KARL VON LEOPRECHTING: Das Bauernjahr in seinen Festen und Gebräuchen, Lostagen und Lebensweisen. In: Ders.: Bauernbrauch und Volksglaube in Oberbayern. S. 140-231, hier S. 151-152, Zitat S. 152.
[83]   Idem, S. 155.

Derselbe Bildungsprozess, der sich in den Umkehrungsversen äußert, spiegelt sich auf höherer Stufe in vielen **Rätseln** wider. Deren gemeinsames Thema sind, wie bei den Umkehrungsversen, die Merkmale der Dinge. Sie nennen alle oder nur einige Merkmale des zu ratenden Dings, manchmal auch Eigenschaften, die es auf keinen Fall haben kann.

Alle Worträtsel machen uns die Möglichkeit der Umschreibung bewusst.

Es gibt Rätsel für kleine Kinder, für große Kinder und für Erwachsene. Sie unterscheiden sich einerseits durch den Umkreis, in dem sich das zu ratende Ding befindet und der bei kleinen Kindern selbstverständlich der unmittelbaren Umgebung entspricht, andererseits durch das Verhältnis von Hinweisen und Irreführungen. Die Art und Weise, wie die Merkmale genannt werden, ist nämlich verschieden.

Bei den Rätseln für Anfänger handelt es sich praktisch um eine Aufzählung der Merkmale:

Weich und rund,
glatt und bunt.
Er springt hin,
er springt her.
Dieses Rätsel ist nicht schwer.

(Der Ball.)

Erst ist es grün, dann gelb und rot,
und fliegt es weg, dann ist es tot.

(Das Laub.)

Arabia ist mein Vaterland,
in Deutschland werd ich braun gebrannt,
in einer Mühle klein gemahlen,
dann fühl' ich heißen Wassers Qualen,
zuletzt gießt man noch Milch mir zu,
trinkt mich und raucht Tabak dazu.

(Der Kaffee.)
Johann Peter Hebel

Zweibein ging übers Feld,
er sagte: „Rund ist die Welt!"

(Der Zirkel.)

Zuweilen sind die Eigenschaften durch Vergleiche veranschaulicht:

Weiß wie Kreide,
leicht wie Flaum,
weich wie Seide,
feucht wie Schaum.

(Die Schneeflocke.)

Erst weiß wie Schnee,
dann grün wie Klee,
dann rot wie Blut,
schmeckt allen Kindern gut.

(Die Kirsche.)

Vorne wie ein Kamm,
mitten wie ein Lamm,
hinten wie eine Sichel,
rat, mein lieber Michel!

(Der Hahn.)

Die dritte Möglichkeit ist die Kürzung des Vergleichs zur Metapher. Der Sprecher denkt an die Eigenschaften a, b, c des zu ratenden Dings, spricht aber von anderen Dingen, die vergleichbare Eigenschaften besitzen:

Welcher Igel eins-zwei-drei
legt ein Mahagoni-Ei?

(Die Kastanie.)
Friedrich Wagner-Poltrock

Er mit einem weiten Mund
und mit einem engen Schlund,
sie mit einem engen Kragen
und mit einem weiten Magen.
Tut er schlucken,
tut sie glucken.
Wer kann mir die beiden sagen?

(Trichter und Fasche.)

Es ist ein hoher Baum,
in dem Baum ist ein Nest,
in dem Nest ist ein Ei,
tut alle Stund einen Schrei.

(Die Turmuhr.)

Die Rätsel dieser dritten Gruppe führen dem Kind praktisch vor, was es bei den Umkehrungen und beim Rollenspiel schon selbst praktizierte: Man kann eines denken und etwas anderes sagen. Sie stellen eine Fortsetzung der Umkehrungen und des Rollenspiels dar.

Schließlich gibt es Rätsel, bei denen Hinweise und Irreführungen einander die Waage halten:

Es ist die wunderschönste Brück,
darüber noch kein Mensch gegangen,
doch ist daran ein seltsam Stück,
dass über ihr die Wasser hangen
und unter ihr die Leute gehn
ganz trocken und sie froh ansehn,
die Schiffe segelnd durch sie ziehn,
die Vögel sie durchfliegen kühn.
Doch stehet sie im Sturme fest,
kein Zoll noch Weggeld zahlen lässt.

(Der Regenbogen.)
Aus „Des Knaben Wunderhorn"

Tatsächlich gleicht der Regenbogen durch seine Form einer Brücke, er ist aber keine. Die Vorstellung von einer Brücke führt uns von dem zu suchenden Begriff weg, in die Irre; die Nennung der Unterschiede macht uns den Irrtum bewusst und weist uns den Weg.

Ich habe Zähne und bin kein Esser,
ich kann schneiden und bin kein Messer.

(Die Säge.)

Überaus beliebt sind in unseren Tagen das **Kreuzwort-** und das **Silbenrätsel,** deshalb finden wir sie im Unterhaltungteil vieler Zeitungen und Zeitschriften. Wer regelmäßig solche Rätsel löst, bekommt seinen Wortschatz in den Griff, sodass er aus dem Gedächtnis schnell treffende Ausdrücke abrufen kann, außerdem lernt er beständig neue Vokabeln hinzu.

Es gibt mehrere Möglichkeiten, um die zu suchenden Wörter anzudeuten:

- durch Synonyme (Weltmeer – *Ozean,* Handbewegung – *Geste,* Transparentfoto – *Dia,* vielfarbig – *bunt,* regelwidrig – *abnorm*);
- durch eine mehr oder weniger genaue Definition des gedachten Begriffs (gekeimte Gerste – *Malz,* Teil des Bruches – *Nenner,* Schwermetall – *Eisen,* Kanton der Schweiz – *Uri*);
- durch Antonyme (Gegenteil von oben – *unten*).

Beim Kreuzworträtsel trägt man die Buchstaben der gefundenen Wörter entweder waagerecht oder senkrecht in die bezeichneten freien Felder ein. Wo sich die Wörter kreuzen, kommt derselbe Buchstabe in beiden vor, wodurch die Lösung erleichtert und die Kontrolle möglich wird. Das Kreuzworträtsel entwickelte sich aus dem Magischen Quadrat, bei dem die Wörter in der Waagerechten und in der Senkrechten übereinstimmen. Nach dem Ersten Weltkrieg fand es weltweit Verbreitung. Um den Spielern zu helfen, wurden längst spezielle Nachschlagewerke verfasst.

Beim Silbenrätsel wählt der Spieler unter den gegebenen „Silben" passende Wortteile aus, und die Kontrolle erfolgt zuerst durch das angebotene Material selbst, dann gewöhnlich auch durch ein Sprichwort oder ein Zitat oder einen Namen, der sich ergibt, wenn man die Anfangsbuchstaben der gut geratenen Wörter liest.

Der Reiz dieser Wortklauberei geht darauf zurück, dass wir im täglichen Leben ständig auf der Suche sind nach Wörtern, die einen Gegenstand, einen Sachverhalt, einen Vorgang, eine Empfindung oder eine Absicht so genau wie möglich bezeichnen. Um Wiederholungen zu vermeiden, suchen wir nach Synonymen. Parallel dazu ergibt sich immer wieder die Notwendigkeit, in die Rede neu eingeführte Begriffe zu definieren, ihr Verhältnis zu einem Oberbegriff zu verdeutlichen. Wenn die Menschen Kreuzworträtsel und Silbenrätsel lösen, erproben sie spielerisch eben diese Fähigkeiten.

Beim Silbenrätsel tritt die Fähigkeit in den Vordergrund, aus Teilen eines Wortes auf das Ganze zu schließen. Diese Fähigkeit spielt beim Entschlüsseln von Mitteilungen eine Rolle, insbesondere wenn Geräusche eine Mitteilung undeutlich machen, sodass wir nur Bruchstücke auffangen.

Nebenbei frischt das Kreuzworträtsel die Grammatik-Kenntnisse auf, indem bei der Kennzeichnung der zu suchenden Wörter u.a. folgende Termini vorkommen: Zwielaut, Vorsilbe, Mehrzahl, 3. Fall, 4. Fall, Genitiv, Dativ, Akkusativ, männlich, weiblich, sächlich, unbestimmter Artikel, bestimmter Artikel, Personalpronomen, Höflichkeitspronomen (bzw. Anredefürwort), Possessiv-, Demonstrativ-, Interrogativ-, Indefinitpronomen, Hilfsverb, Befehlsform (Imperativ), Numerale, Adverb, Präposition, Konjunktion, Ausruf (Interjektion). Gleichzeitig überprüfen die Spieler beim Einpassen der gesuchten Wörter ihre Rechtschreib-Kenntnisse.

Bei näherer Betrachtung lassen sich große Unterschiede in der Genauigkeit der Umschreibungen feststellen. Neben eindeutigen Angaben finden wir unbestimmte, vieldeutige Hinweise wie Farbe, Frühlingsblume, Fisch, Waldtier, Sportler, weiblicher Vorname, europäischer Staat, die an sich völlig unzureichend wären – nur bei Beachtung der Wortlänge und der schon gefundenen Buchstaben der kreuzenden Wörter führen sie zum Ziel.

Eindeutige Umschreibungen sind:
Vater und Mutter – *Eltern;*
Kindeskind – *Enkel;*
Vorsteher einer Fakultät – *Dekan;*
ägyptischer Sonnengott – *Ra;*
menschliche Lehmfigur der jüdischen Sage – *Golem;*
Hausgerät zur Fadenherstellung – *Spinnrad;*
finnisches Heißluftbad – *Sauna;*
männliches Schwein – *Eber;*
männliches Wildschwein – *Keiler;*
gestreiftes Wildpferd – *Zebra;*
Name des Wolfs in der Fabel – *Isegrim;*
Ziegenleder – *Saffian;*
positiv geladenes Elementarteilchen – *Proton;*
Zeichen für Nickel – *Ni;*
Parallelogramm mit gleich langen Seiten – *Rhombus;*
Gegenteil von oben – *unten;*
Beginn eines Rennens oder Wettkampfs – *Start;*
Abkürzung für Nummer – *Nr.*

Manche Umschreibungen sind zwar nicht eindeutig, lassen aber nur wenige Möglichkeiten offen:
Frauensingstimme – *Alt, Sopran;*
Seite eines rechtwinkligen Dreiecks – *Kathete, Hypothenuse;*
Himmelsrichtung – *Norden, Süden, Osten, Westen;*
Göttergeschlecht der nordischen Mythologie – *Asen, Wanen;*
Kunstsprache – *Esperanto, Volapük, Pidgin-Englisch.*

Es ist bemerkenswert, dass ein und dasselbe Wort mit Hilfe von Synonymen, Oberbegriffen und charakteristischen Eigenschaften des bezeichneten Dings auf zweierlei und dreierlei Art angedeutet bzw. umschrieben werden kann, je nachdem, von welchem Standpunkt aus man das bezeichnete Ding betrachtet, welche seiner Besonderheiten man hervorstreichen will:

Ei – Tierprodukt, Nahrungsmittel (Oberbegriffe);

Tee – Aufgussgetränk, aromatisches Getränk (Oberbegriffe und je eine charakteristische Eigenschaft);

Eis – Gefrorenes (Synonym);

Eis (gemeint ist Speiseeis) – Erfrischung (Oberbegriff);

Tiegel – runde Pfanne, Laborgefäß (Oberbegriffe und je eine charakteristische Eigenschaft);

Tor – großer Durchgang (Oberbegriff und charakteristische Eigenschaft);

Tor – Eingang, Pforte (Synonyme);

Laut – Ton, Klang (Synonyme);

Schall – Laut, Ton (Synonyme);

Not – Bedrängnis, Elend (Synonyme).

POSTBOTE OHNE O

„Sag mal ‚Postbote' ohne O!"

„Pstbte."

„Falsch – ‚Briefträger'."

STAUB IST MÜLL

Im Biologieunterricht fragt der Lehrer: „Welchen anderen Ausdruck kennt ihr für ‚Staubgefäße'?"

Fritzchen meldet sich: „‚Mülleimer'."

(*Staubgefäße* oder *Staubblätter* oder *Stamina* – „die männlichen Geschlechtsorgane der Blüte".)

In wunderlichem Kontrast zu den ungenauen Umschreibungen im Aufgabentext der Worträtsel belegen die folgenden Witze mit Synonymen das Bewusstsein feiner Bedeutungsunterschiede.

DER WORTGEWANDTE ARZT

„Ich bin vielleicht vergebens zu Ihnen gekommen", sagt der Arzt zum Patienten, der sich unerwartet viel besser fühlt, „aber nicht umsonst."
(*Umsonst* bedeutet in diesem Fall „unentgeltlich".)

UMSONST ZUR SCHULE

Hinz: „Was ist der Unterschied zwischen ‚kostenlos‘ und ‚umsonst‘?"
Kunz: „Na, ich bin kostenlos zur Schule gegangen und du umsonst."
(In der Antwort bedeutet *umsonst* „ohne Erfolg".)

In meiner Vaterstadt Temeswar, der Hauptstadt des Banats, wurden erstaunlich viele synonyme Ausdrücke parallel gebraucht. Einfache Synonyme für *verrückt* waren: *närrisch, damisch, rappelig, meschugge, daneben, verwickelt, gespritzt, blem-blem, brr-brr, schü-schü, netti-netti.* Um anzudeuten, dass jemand nicht recht bei Verstand sei, sagte man, er habe *schlechte/ verrückte/ wilde/ falsche/ närrische Schwammerln gegessen.* Oder man nahm an, dass er *zum Frühstück statt Kaffee Zuika getrunken* habe. (*Zuika* ist ein aus dem Rumänischen stammendes Wort für Pflaumenschnaps.) Bei dem Verrückten *saß eine Schraube locker. Seine Stunde war gekommen.* Er hatte *einen Rappel/ einen Stich* [gemeint ist ein Sonnenstich]/ *einen Sparren/ ein Rad zuviel/ ein Rad zuwenig* oder *einen Vogel.* Er hatte *seine sieben Zwetschgen* oder *seine sieben Bretteln nicht beinander.*

Auf die Frage nach dem Mittagessen – „Was kochst du?" oder „Was essen wir heute?" – gab es mehrere mögliche Antworten, die scherzhaft eine Absage seitens der voll beschäftigten Köchin verdeutlichten. Zum Beispiel: „*Pasteten mit Bleibtorten*" (ein Wortspiel aufgrund der lautlichen Ähnlichkeit von *Torte* und *dort* , also eine Abweisung im Sinne von „Lass mich in Ruhe"). Weitere Antworten: „*Leckwartatschkerln mit Kaperssoß'.*" – „*Nudelstrudel und Heiligen-Käs.*" – „*Das kleine Reindl im großen, mittelmäßig geschmalzt."* – *„Das kleine Reindl im großen, in der Mitte den Abwaschfetzen [das wird eine gute Supp']."* – *„Das kleine Reindl im großen, den Abwaschfetzen als Auflag'."* – *„Einen gebackenen Abwaschfetzen."* – *„Schmarren mit Quasteln/ mit Salat/ mit Reis/ mit Ohrringeln/ mit Eierklar."* – *„Schmierkas mit Ananas/ mit Käs."* – *„Dreck mit Speck/ mit Quasteln."* – *„Tinnef mit Lakritzen."* – *„G'füllte Nanscherln."* In Wien verstand man unter *Nanscherln* eine Suppeneinlage aus Mehl, nämlich hohle, in Fett gebackene Kügelchen. Dort versprach man dem wählerischen Esser höhnend gefüllte Nanscherln, die nicht herstellbar sind. Auf die ungeduldige Frage, was der Mittagstisch bringen werde, antwortete die Wiener Hausfrau mit den Worten „Gefüllte Nanscherln und dürre Wurzerln." In Temeswar konnte mir niemand die Bezeichnung erklären, sie wurde auf andere Gerichte übertragen, und zwar auf Leckerbissen. In diesem Sinne scherzte die Hausfrau, wenn die Kinder über das Essen maulten: *„Ich werd' euch g'füllte Nanscherln machen."* So nannte man aber auch ein Gericht, welches der Köchin misslungen war.

Die Erklärung für diese Fülle von Synonymen ist in der wirtschaftlichen Entwicklung der Stadt begründet. Ihr Bedarf an Arbeitskräften wurde aus dem Hinterland gedeckt. Während der deutsche Bevölkerungsanteil Temeswars ursprünglich bairisch-österreichische Mundarten sprach, stammte die deutsche Bevölkerung seines Hinterlandes aus Elsass-Lothringen, dem Saarland, der Pfalz, aus Luxemburg, Hessen und Baden-Württemberg. Wer in der Stadt arbeitete oder sich dort niederließ, brachte seine Kraftausdrücke und andere Redensarten mit, die in die Umgangssprache eingingen.

3. Die Wörter und ihr Bedeutungsgehalt. Einzelwort und phraseologische Fügung. Mehrdeutigkeit. Eigentliche und übertragene Bedeutung. Metapher und Metonymie

Die Wörter sind konventionelle Zeichen für objektive und subjektive Erscheinungen. Sie treten als kleinste selbstständige Einheiten aus Lautkomplex und Bedeutung hervor: frei im Wortbestand, der einem Lager mit Bausteinen vergleichbar ist, und gebunden in der Rede.

Allerdings umfasst der Wortbestand nicht nur **Einzelwörter**, sondern auch **phraseologische Fügungen** (oder *stehende Wortverbindungen*), die Einheiten in dem Sinne darstellen, dass die Bedeutung des Ganzen sich nicht unmittelbar aus der Bedeutung der Teile ergibt. Zu diesen semantischen Einheiten gehören auch viele Sprichwörter und viele geflügelte Worte, die einen ganzen Satz darstellen.

Von den phraseologischen Fügungen unterscheiden sich jene Wortgruppen innerhalb der Sätze, die man als *Sinnschritte* (oder *Syntagmen* bezeichnet. Gewöhnlich entsprechen sie einem Satzglied. Ein Sinnschritt besteht aus einem Einzelwort oder aus einer Wortgruppe oder aus einem Nebensatz. Zum Beispiel: *heute – zu Mittag – wenn die Sonne am höchsten steht* (zwei Adverbialbestimmungen der Zeit und ein Temporalsatz). Wir verdeutlichen die Sinnschritte durch Betonung und Satzmelodie.

Stehende Wortverbindungen sind:
- attributive Wortgruppen: *kleine Fische; eine treue, alte Haut;*
- verbale Fügungen: *Feuer und Flamme sein; etwas links liegen lassen;*
- adverbiale Fügungen: *in Samt und Seide; mit Mann und Maus; weit und breit; gang und gäbe.*

Wenn zwei Wörter derselben Wortart nebeneinander treten, spricht man von *Wortpaaren*. Oft weisen diese Stabreim *(Alliteration)* oder Endreim auf.

Der Volksmund hat die Erscheinung der Phraseologie in Witzen festgehalten. Er macht sich über Missverständnisse lustig, die unvermeidlich dann auftreten, wenn eine stehende Wortverbindung als eine beliebige Kombination selbstständiger Wörter aufgefasst wird.

FRITZCHENS WORTPAAR

Die Schüler sollen reihum Wortpaare sagen.
Peter: „Stumpf und Stiel."
Sabine: „Haus und Hof."
Tina: „Weg und Steg."
Fritzchen: „Spinat und Ei."

TÜRKISCHER HONIG

„Ich lasse mir fünf Bienenvölker aus Istanbul bringen", erzählt Karl seinem Freund.
„Ach", staunt der, „und wozu?"
„Weil ich Türkischen Honig produzieren will."
(*Türkischer Honig* – „Süßware aus Eiweiß, Zucker, Honig, Mandeln oder Nüssen und Backoblaten".)

URLAUB IN SICHT

„Wo machen Sie Urlaub?"
„In Sicht. Dort scheint gewöhnlich die Sonne."
„Woher wissen Sie das?"
„Aus der Tagesschau. Man berichtet immer wieder: Schönes Wetter in Sicht."
(*In Sicht* – [wörtlich] „sichtbar"; *in Sicht* – [übertragen] „zu erwarten".)

DER UNBEQUEME BERUF (Wien)

Ein Händler zu Graf Bobby: „Ich reise in Koffern."
Graf Bobby: „Ist das nicht ab und zu a bisserl unbequem?"
(*Jemand reist in Koffern* – „Jemand [ein Handlungsreisender] ist
geschäftlich unterwegs, um Koffer zu verkaufen".)

DER VORNAME

„Weißt du, welches der Vorname des Teufels ist?"
„Also ich hab' immer nur ‚Pfui' gehört ..."
(*Pfui Teufel* – Ausdruck des Abscheus.)

VERPACKTE WÖRTER

Minna soll ein Wort erraten, welches die Mitspieler in ihrer Ab-
wesenheit vereinbarten. Sie stellt reihum an jeden eine Frage, und jeder
antwortet mit einem Satz, in dem das vereinbarte Wort vorkommt.[84]

DAS VERWORRENE SPRICHWORT

An dem Spiel können acht bis zwölf Personen teilnehmen. Während Matz draußen vor der Tür wartet, einigen sich die Mitspieler auf ein
Sprichwort, das Matz erraten soll, und verteilen ringsum dessen Glieder
– jeder nimmt ein Glied. Endlich darf Matz ins Zimmer kommen.
Sobald er in die Mitte getreten ist und der Spielleiter ein Zeichen
gegeben hat, rufen ihm die anderen mehrmals laut ihr Wort zu. Matz versucht, aus dem Stimmengewirr das Sprichwort herauszuhören. Wenn er
es trifft, sagt er, welches Wort ihm das Raten erleichterte. Dann muss der
Mitspieler vor die Tür gehen, der eben dieses Wort gerufen hat.

---

[84]   Nach einem Vorschlag von ROLAND GÖÖCK (Hg.): Lustige Spiele für Haus
und Garten. S. 93.

Genauso kann man mit den Silben eines mehrsilbigen Wortes verfahren.[85]

DAS ZERSPLITTERTE SPRICHWORT

Schwieriger als ein „verpacktes" Wort zu erraten, ist es, ein Sprichwort zu finden, dessen Glieder auf die Mitspieler verteilt und in beliebigen Sätzen versteckt worden sind, sagen wir: *Glück und Glas, wie leicht bricht das.* Diesmal stellt Lisbeth an jeden Mitspieler eine Frage. In den Antworten soll je ein Glied des Sprichwortes vorkommen. Wenn Lisbeth das Sprichwort trotz wiederholten Fragens nicht finden kann, muss sie ein Pfand geben.[86]

Das Sprichwort sollte keine auffälligen Wörter enthalten wie beispielsweise *Lichtmess im Klee, Ostern im Schnee.*

Wie mit Sprichwörtern kann man mit Liederanfängen und Zitaten spielen.

DAS GERUPFTE SPRICHWORT

Jeder Spieler schreibt ein Sprichwort auf sein Blatt, aber ohne Vokale und ohne Wortzwischenräume. Der Nachbar soll das Sprichwort erraten. Zum Beispiel:

DSPPRSTGDLDG (Das Papier ist geduldig.)
RDNNGSTDSHLBLBN (Ordnung ist das halbe Leben.)

NGTRFRNDSTMRWRTLSHNDRTVRWNDT (*Ein* guter Freund ist mehr wert als hundert Verwandte.)

---

[85] Nach Vorschlägen von ROLAND GÖÖCK (Hg.): Lustige Spiele für Haus und Garten. S. 69.
[86] Nach einem Vorschlag von THEODOR MÜLLER-ALFELD: Das Hausbuch der Spiele und Hobbies. S. 271-272.

EINE DREHSCHEIBE FÜR SPRÜCHE

Anfang 1982 verschenkte die Schweizer Werbeagentur H. R. Woodtli an ihre Kunden eine Drehscheibe mit 27 Sprichwörtern, deren Teile so angeordnet waren, dass man sie nach Belieben miteinander verbinden konnte, nämlich die erste Hälfte auf dem inneren, die zweite Hälfte auf dem äußeren Blatt. Die ursprüngliche Position zeigt die Sprichwörter in der uns bekannten Form. Zum Beispiel:

Wer langsam fährt, kommt auch ans Ziel.
Wer's Glück hat, dem kalbt ein Ochs.
Wer wagt, gewinnt.
Wer sich unter die Kleie mengt, den fressen die Schweine.
Wer nicht sehen will, dem hilft auch keine Brille.
Wer's glaubt, wird selig.
Wer am Zoll sitzt, ohne reich zu werden, ist ein Pinsel.
Wer alles schlucken will, wird schlecht verdauen.
Wer zuletzt lacht, lacht am besten.
Wer die Wahl hat, hat die Qual.
Wer den Papst zum Vetter hat, kann leicht Kardinal werden.
Wer durchs Zwiebelfeld geht, riecht danach.

Doch wenn man die innere Scheibe dreht, verbinden sich die Sprichwörterhälften zu unerwarteten und komischen Aussagen. Zum Beispiel:

Wer's Glück hat, riecht danach.
Wer die Wahl hat, der lernt.
Wer zuletzt lacht, wird selig.
Wer durchs Zwiebelfeld geht, kommt auch ans Ziel.

Aus den 54 Sprichwörter-Hälften lassen sich 702 neue Verbindungen basteln, wobei sich zahlreiche werbewirksame Sprüche ergeben. Meiner Ansicht nach sagt dieser Schritt der Werbeagentur viel mehr aus über die Möglichkeiten des Spielens mit Sprichwörtern als der tiefsinnigste Satz eines Dichters oder Philosophen, und sei er von Lessing oder von Lichtenberg.

Schon in Rätselbüchern für Kinder finden wir durcheinandergeworfene Sprichwörter-Hälften, die der kleine Leser richtig koppeln soll. Anschließend eine Kostprobe von solchem Sprichwörter-Salat, zum Gedicht gepresst:

EXTEMPORE

Wo man hobelt, kräht kein Hahn,
grober Klotz ist halb gewonnen.
Was sich neckt, ist alt getan,
wie gebettet, so zerronnen.

Blindes Huhn sieht mehr als zwei,
steter Tropfen kommt von oben,
Aug' um Aug' verdirbt den Brei,
Ende gut ist aufgeschoben.

Gottes Mühlen beißen nicht,
keine Rose hat zwei Seiten,
wenn sie auch die Wahrheit spricht.
Guter Rat krümmt sich beizeiten.

Frisch gewagt, fällt selbst hinein,
unrecht Gut will Weile haben.
Morgenstunde höhlt den Stein,
wer zuletzt lacht, liegt begraben.

Hansgeorg Stengel

SPRICHWÖRTER-SALAT

Die Gesellschaft sitzt im Kreis. Ein Spieler ruft die ersten Worte eines bekannten Sprichwortes und wirft das verknotete Taschentuch einem der Mitspieler zu. Der Angesprochene antwortet mit dem zweiten Teil eines beliebigen anderen Sprichwortes. Wem keine Antwort einfällt, der muss ausscheiden oder wird mit einem Pfand bestraft.

Die Zahl der Sprichwörter ist praktisch unendlich: Der Germanist Karl Simrock hat 1846 eine Sammlung mit mehr als 12.000 Spruchweisheiten veröffentlicht.

DIE EINGEBILDETE MÜCKE

Eine Mücke hüpft durch den Porzellanladen und kichert: „Junge, Junge, wenn jetzt einer einen Elefanten aus mir machte – dann wäre hier was los!"

(Der Witz verbindet die Redensart *aus einer Mücke einen Elefanten machen* mit der Redensart *sich aufführen wie der Elefant im Porzellanladen.*)

FORTSETZUNG FOLGT

Ein Spieler sagt die ersten Worte einer volkstümlichen Redensart, eines beliebten Liedes, eines berühmten Ausspruchs. Der Mitspieler, dem er das verknotete Taschentuch zugeworfen hat, soll ergänzen. Zum Beispiel:

Wo man singt, da lass dich nieder. Böse Menschen haben keine Lieder.

Am Brunnen vor dem Tore, da steht ein Lindenbaum.

Die Philosophen haben die Welt nur verschieden interpretiert; es kömmt drauf an, sie zu verändern. (Karl Marx.)

DAS KAMEL

Wenn über eine dumme Sache
endlich Gras gewachsen ist,
kommt sicher ein Kamel gelaufen,
das alles wieder runterfrisst.

(Volksgut.)

(*Über eine dumme Sache ist Gras gewachsen* – „Ein unangeneh-
mer Vorfall ist mit der Zeit in Vergessenheit geraten"; *Kamel* – [um-
gangssprachlich] „Trottel", „Dummkopf".)

Der Schriftsteller Alfred Polgar meinte, die Presse habe u.a. die
Aufgabe, das Gras zu mähen, das über etwas zu wachsen droht.

Außerordentlich viele Wörter sind als Lautkomplex der Rahmen
für **mehrere, miteinander in Beziehung stehende Bedeutungen.** Insbesondere die Elemente des Grundwortbestandes zeichnen sich durch
diese Eigenschaft aus; das Verb *legen* z.B. weist deren acht auf. Hans
Reimann vermerkt dazu:

„Ein winziger Bruchteil unseres im Sprachspeicher lagernden
Wortschatzes hat eine einzige, scharf umgrenzte Bedeutung. Und da der
Sinn der meisten Wörter fließt, besteht die Kunst des Redens und Schrei-
bens in dem Geschick, Ausdrücke und Wendungen so zu fügen, dass sie
sich kreuzweise unmissverständlich machen. Es werden ja nicht Wörter
gesprochen und geschrieben, sondern Wortgruppen.

Oder: Da die Sprache ohne die Möglichkeit mannigfacher Verwendung der einzelnen Wortgebilde undenkbar ist, muss deren Wertbe-
griff durch den Zusammenhang geklärt werden."[87]

Nun lässt die von Reimann geforderte Geschicklichkeit oft genug
zu wünschen übrig – es wird keine Eindeutigkeit der Mitteilung erreicht.
Der Adressat zieht eine andere Bedeutung in Betracht, wodurch die Mitteilung einen vom Sprecher nicht beabsichtigten Sinn erhält. Es kommt

---

[87] HANS REIMANN: Vergnügliches Handbuch. S. 229-230.

zu einem mehr oder weniger schweren Missverständnis, das komisch wirken kann. „Die Menschheit zerfällt in zwei Teile", spottete Roda Roda, „der erste drückt sich falsch aus, und der zweite missversteht es."[88] Der Volksmund hat Missverständnisse mit bewährter komischer Wirkung in Witzen festgehalten.

MUTTER UND KIND

Die Mutter kehrt vom Einkaufen zurück und fragt Paulchen: „Ist jemand gekommen?"
„Ja!"
„Wer?"
„Du!"
„Nein, ich meine, ob jemand hier war?"
„Ja!"
„Wer?"
„Ich!"

DIE ENTTÄUSCHUNG

Als der Sohn des Schaffners zum ersten Mal das Schulgebäude betritt, ruft er aus: „Was soll das heißen! Erste Klasse, und die Sitze sind aus Holz!"
(*Erste Klasse* – „oberste Stufe einer Wertskala", der Schaffnersohn denkt an die bequemeren Abteile der Eisenbahnwagen; *erste Klasse* – „unterster Jahrgang einer Schule".)

---

[88]   RODA RODA: Einfälle. In: Ders.: Der Mann mit der roten Weste. S. 130-131, hier S. 130.

VERKÄUFERIN GESUCHT

Beim Eingang zur Kaufhalle hängt ein Schild mit der Aufschrift *Verkäuferin gesucht!* Dazu meint Antje kopfschüttend: „In dieser Kaufhalle muss aber eine Unordnung sein!"

(Klein Antje kennt eben nur eine Bedeutung des Wortes *suchen* – „Ausschau halten nach einem Ding, das verloren gegangen ist", während der bewusste Text eine Aufforderung an potenzielle Bewerber enthält, also eine andere Art Ausschauen zum Ausdruck bringt.)

DIE ANNONCE

Paul liest in der Zeitung: „Heiratsschwindler gesucht." „Wie überall", murmelt er, zu seiner Frau gewandt. „Keine Leute, keine Leute."

(Die Zeitung meldet, dass die Polizei einen Verbrecher verfolgt, um ihn unschädlich zu machen, Paul aber deutet die Überschrift der Nachricht als Stellenangebot.)

GRENZEN DER DEUTBARKEIT

Ein junger Mann erzählt seinem Freund, das geliebte Mädchen habe seinen Heiratsantrag abgelehnt.

„Kein Grund zur Verzweiflung", tröstet der Freund. „Es kommt oft vor, dass ein Mädchen ‚nein' sagt und ‚ja' meint!"

„Aber sie hat doch gar nicht ‚nein' gesagt, sondern ‚Esel'!"

IM THEATER

Kurz vor Beginn der Vorstellung erscheint Günter vor der Theaterkasse: „Fräulein, ich hätte gern eine Karte."

„Tut mir leid", sagt die Kassiererin. „Das Haus ist ausverkauft bis auf den letzten Platz."

„Das macht nichts", freut sich Günter. „Geben Sie mir den."

DER NÄCHSTE ZUG

Ein Reisender kommt zu spät, sein Zug ist bereits abgefahren.
„Wann geht der nächste Zug?" fragt er den Stationsvorsteher.
„In drei Stunden, um 19.52 Uhr."
„Und vorher geht kein anderer Zug?"
„Bei uns, mein Herr, geht nie ein Zug vor dem nächsten!"

VERKEHRSKONTROLLE

Der Verkehrspolizist hält einen Radfahrer an. „Wenn Ihre Lampe nicht brennt", tadelt er, „dann müssen Sie absteigen und das Rad schieben!"
„Das habe ich schon versucht", erwidert der Radfahrer, aber sie brennt trotzdem nicht!"
(Die Aussage des Polizisten ist rein formal betrachtet zweideutig, man kann sie verschieden auslegen: 1.) Die brennende Lampe gilt als [vom Gesetz vorgeschriebene] Bedingung für das Fahren – dann erscheint das Schieben als Folge des Defekts. 2.) Das Schieben erscheint als mögliche Voraussetzung für das Brennen.)

EIN TROST

„Der Mond ist aufgegangen", sagt der Hobbygärtner.
„Wenigstens etwas", freut sich seine Frau.
(*Aufgehen* [auf Himmelskörper bezogen] „am Horizont erscheinen"; *aufgehen* [umgangssprachlich, auf gesäte Pflanzen bezogen] „keimen".)

Man spricht von eigentlicher und von übertragener Bedeutung. Wenn ein Wort Erscheinungen der objektiven Realität direkt bezeichnet, wird es **wörtlich** gebraucht. Zum Beispiel: *treiben* – „etwas vor sich hin bewegen, stoßen"; *kommen* – „sich [auf den Sprecher zu] bewegen". Der **übertragene Sinn** weicht in zwei Richtungen von der Ausgangsbedeutung ab. Einerseits kann er sich von ihr durch eine gewisse

Verallgemeinerung und Abstraktion unterscheiden. Zum Beispiel: *Ackerbau/ Spott/ Scherz treiben* – „sich mit Ackerbau/ Spotten/ Scherzen abgeben"; *zustande kommen* – „sich entwickeln". Andererseits kann der übertragene Sinn mit einem Bild verbunden sein. Zum Beispiel: *jemanden zur Arbeit treiben* – „jemanden zum Arbeiten veranlassen".

BÜCHERFREUND GOETHE

Von Goethe wird berichtet, dass er auch zu jener unangenehmen Kategorie von Bücherfreunden gehörte, die sich bei anderen mit größtem Vergnügen schwer zugängliche Werke ausleihen, dann aber nicht an die Rückgabe denken. Als er wieder einmal vergaß, eine recht seltene Ausgabe der Dramen des Sophokles zurückzugeben, die seinem Freund Wieland gehörte, schrieb dieser ihm die folgenden Zeilen:
Lieber Goethe! In der Aneignung der griechischen Klassiker finden Ihre Freunde Sie unerreicht, aber in der Wiedergabe lassen Sie sehr zu wünschen übrig.
(*Aneignung* – [wörtlich] „Erwerb, Inbesitznahme von Gegenständen"; *Aneignung* – [übertragen] „Erwerb, Rezeption von geistigen Werken". *Wiedergabe* – [wörtlich] „Rückgabe, Zurückgeben von geliehenen Gegenständen"; *Wiedergabe* – [übertragen] „Darstellung des Inhalts", „geistige Reproduktion".)

Die folgenden Witze spielen mit Wörtern, deren übertragene Bedeutung sich durch Verallgemeinerung und Abstraktion ergeben hat. Aus einigen davon erkennen wir, dass diese Erscheinung den Kindern Schwierigkeiten bereitet.

PETER DARF SITZEN

„Nun, Peter", fragt der Onkel, „wie stehst du in der Schule?"
Peter: „Ich stehe nicht in der Schule, ich sitze."
(*Stehen* – [wörtlich] „in aufrechter Körperhaltung, bei der das gesamte Gewicht auf den Füßen ruht, an einer Stelle verharren"; *stehen* – [übertragen] „sich in einer [guten oder schlechten] Lage befinden".)

HAUTNAH

„Könnt ihr mir sagen", fragt die Lehrerin, „welches Tier dem Menschen am nächsten kommt?"

„Ja", erwidert der kleine Andreas, „der Floh."

(*Nahe kommen* – [wörtlich] „sich nähern"; *nahe kommen* [übertragen] „einer Sache fast gleichen".)

DAS NEUE GETREIDE

Lehrer: „Wer kann mir einige Getreidearten nennen?"

Karl meldet sich: „Roggen, Hafer, Gerste, Skat!"

„Wie kommst du auf Skat?"

„Mein großer Bruder war im Urlaub auf einem Bauernhof, dort hat er jeden Abend mit den Bauern Skat gedroschen."

(Vor Erfindung der Dreschmaschine wurde das Getreide gedroschen, indem man mit Dreschflegeln auf die Garben einschlug. Die Spielkarten werden mit einer ähnlichen Bewegung auf den Tisch geknallt.)

MÄRCHEN UND KRIMI

Die Großmutter erzählt Monika ein Märchen: „Die junge Königstochter hatte im Burgkeller ihren Schatz vergraben ..."

Fragt Monika: „Lebendig?"

(*Schatz* – [wörtlich] „Anhäufung von wertvollen Dingen, Kostbarkeiten"; *Schatz* – [übertragen] „Geliebter" bzw. „Geliebte".)

ABGEBLITZT

Ein Autofahrer hält neben einem hübschen Mädchen und fragt: „Darf ich Sie ein Stück mitnehmen?"

„Nein, ich fahre wohl besser, wenn ich zu Fuß gehe."

(*Fahren* – [wörtlich] „sich mit Hilfe eines Fahrzeugs fortbewegen", *fahren* – [übertragen] „gute Erfahrungen machen", „es weiter bringen".)

KANNIBALEN IM KURORT

„Ich wusste gar nicht, dass es bei uns noch Kannibalen gibt."
„Wie kommst du darauf?"
„Der Bürgermeister hat gestern gesagt, dass sich die Einwohner des Kurorts hauptsächlich von Touristen ernähren."

(*Ernähren* – [wörtlich] „jemandem Nahrung geben", *ernähren* – [übertragen] „jemandes wirtschaftliche Bedürfnisse bestreiten", „jemanden unterhalten".)

DER KOSENAME

„Ich nenne meine Frau immer ‚Zuckerstückchen'."
„Ist sie denn so süß?"
„Nein, aber so raffiniert."

(*Raffinieren* – „Naturstoffe, technische Produkte reinigen"; *raffiniert* – [übertragen] „geschickt", „ausgeklügelt", [abwertend] „durchtrieben", „gerissen".)

DAS JUWEL

„Ihre Frau ist ein Juwel!"
„Stimmt, aber mit einem Fehler."
„Wieso?"
„Sie gerät so leicht aus der Fassung."

(*Juwel* [wörtlich] „Schmuckstück"; *Juwel* [übertragen] „wertvoller Mensch". *Fassung* – [wörtlich] „Umrahmung, Umrandung, die einen Gegenstand umgibt"; *aus der Fassung geraten* – [übertragen] „seine Beherrschung, seine Ruhe verlieren".)

DER HANDGREIFLICHE PATIENT

Richter: „Warum haben Sie Ihren Zahnarzt verprügelt?"
Angeklagter: „Er ging mir auf die Nerven."
(*Jemandem auf die Nerven gehen* – [übertragen] „jemanden ärgern".)

IN DER NACHT

Patient: „Dass Sie mich mitten in der Nacht aufgesucht und mir geholfen haben, werde ich Ihnen hoch anrechnen, Herr Doktor!"
Arzt: „Ich Ihnen auch."
(*Anrechnen* – [wörtlich] „jemandem etwas in Rechnung stellen"; *anrechnen* – [übertragen] „etwas werten".)

DER GEWIEFTE PATIENT

Arzt: „Ihr Fall wird die Medizin außergewöhnlich bereichern!"
Patient: „Da muss ich Sie enttäuschen, Herr Doktor, ich bin nämlich Kassenpatient!"
(Der Patient denkt an eine hohe Summe Geld, während der Arzt einen Zuwachs von Wissen gemeint hat.)

EIN ENKELKIND UNTERWEGS

Hinz: „Nette zwei Enkelkinder hast du."
Kunz: „Nicht wahr? Und das dritte ist unterwegs."
Hinz: „Wirklich?"
Kunz: „Ja, ich hab's um Zigaretten geschickt."
(*Unterwegs* – [wörtlich] „sich auf dem Weg zu einer bestimmten Person, einem bestimmten Ort, Ziel befinden"; *unterwegs, Bei ihr ist ein Kind unterwegs* – [umgangssprachlich verhüllend] „Sie erwartet ein Kind", „Sie ist in anderen Umständen".)

DIE EINSPARUNG

„Hast du schon gehört? Unser Prokurist muss gehen."
„Warum das?"
„Der Chef hat ihm den Dienstwagen gestrichen."
(*Gehen* – [wörtlich] „sich zu Fuß fortbewegen"; *gehen* – [übertragen] „seine Stellung, sein Amt verlassen". Umgangssprachlich scherzhaft: Der Angestellte *wurde gegangen* – „er wurde entlassen".)

LOB UND TADEL

Der Betriebsleiter sagte vorwurfsvoll zu einem Angestellten: „Sie verdienen mehr, als sie verdienen!" Am nächsten Tag zollte er einem anderen mit denselben Worten „Sie verdienen mehr, als sie verdienen!" seine Anerkennung.
(*Verdienen* – [wörtlich] „Geld erwerben"; *verdienen* - [übertragen] „einen berechtigten Anspruch auf etwas, jemanden haben".)

DER TICK

Warum können Lehrer schlecht schwimmen? (Weil sie jeder Sache auf den Grund gehen.)
(*Auf Grund gehen* – „sinken"; *einer Sache auf den Grund gehen* – [übertragen] „die Ursachen ermitteln".)

Dem Prozess der Verallgemeinerung und Abstraktion entgegengesetzt ist die **bildhafte Verwendung** der Wörter.
Ausgehend von der äußeren Ähnlichkeit oder von der Ähnlichkeit der Funktion, verwenden die Sprecher die Bezeichnung eines Dings für ein anderes. Beispiele für die äußere Ähnlichkeit: *Flussbett;* ein *Blatt* Papier; ein *wiegender* Gang; die *verstopfte* Straße; das Schiff *pflügt* die Wellen. Beispiele für die Ähnlichkeit der Funktion: *Lichtquelle; Windschatten; Zelle* (für den Grundbaustein aller Lebewesen); *Ausflug; Anstandswauwau;* etwas *einfädeln.* Man nennt dieses Verfahren **Metapher.** Im besonderen Fall, wenn der menschliche Körper bzw. menschliches

Verhalten zum Vergleich dient, heißt das Verfahren **Personifizierung.** Man spricht beispielsweise vom *Gesicht* einer Landschaft. Andere Beispiele: Die Sonne *lacht* vom Himmel; das Laub *tanzt* im Wind; der Motor *stottert.*

Die dritte Möglichkeit zur bildhaften Verwendung der Wörter ist die **Metonymie.** Ausgehend vom engen Zusammenhang zwischen zwei Dingen – der räumlich, zeitlich oder ursächlich sein kann – setzt man die Bezeichnung des einen für die des anderen. Zum Beispiel: *das ganze Dorf* – „alle Bewohner des Dorfes"; *Der Morgen ist klüger als der Abend* – „Der ausgeruhte Verstand arbeitet besser als der müde"; *ein junges Blut* – „ein junger Mensch" (ein Teil steht für das Ganze); *Grünrock* – „Förster" (ebenso); *Presse* – „Gesamtheit der Zeitungen und Zeitschriften" (das Werkzeug steht für das Ergebnis). Betrachten wir folgendes Sprichwort: *Wer dem Vater nicht folgen will, der folge dem Kalbsfell.* Hier steht *Kalbsfell* für *Trommel,* und mit der Trommel ist das Marschieren von Soldaten, also der Militärdienst gemeint.

EHEMANN UND EHEFRAU

„Ich betrachte mein Heim als mein Schiff, und ich bin der Kapitän", sagte ein Manager. „Dass ich einen Admiral heiraten werde, konnt' ich ja nicht wissen."

Oft wird eine neue Erscheinung in unsere Vorstellungswelt integriert, indem man ihr einen Namen gibt, der sich auf vertraute Erscheinungen stützt. Man spart dabei viel Kraft, weil kein neues Wort erfunden und memoriert werden muss. So sind, wie Wilhelm Schmidt ausführt, „für viele technische Dinge keine neuen Ausdrücke geschaffen worden, sondern es traten bereits vorhandene Wörter dafür ein; da gibt es *Hähne, Wangen, Zähne, Gelenke, Köpfe, Fuchsschwänze, Storchschnäbel* (Geräte zum Übertragen von Zeichnungen in andere Maßstäbe), *Raupen* (Schlepper), *Schlangen, Schnecken, Eidechsen* (elektrische Förderkarren) usw."[89]

---

[89] WILHELM SCHMIDT: Deutsche Sprachkunde. S. 56.

Im Deutschen hat sich die Redensart von der bildhaften Verwendung der Wörter eingebürgert, man sagt auch, dass jemand in Bildern spricht. Das ist aber eine Vereinfachung, bei welcher der Gesichtssinn, an den die meisten Metaphern appellieren, die anderen Sinne vertritt: den Gehörsinn, den Tastsinn, den Geruchssinn und den Geschmackssinn. Wenn es heißt, dass der Eisenbahnzug über die Brücke *donnert,* dass der Regen an die Scheiben *trommelt* und dass der Wind *pfeift,* dann haben wir drei Metaphern vor uns, die an den Gehörsinn appellieren. Als Ausgleich für die Vereinfachung wurde der Begriff „Klangbild" eingeführt (dem vielleicht einmal die Begriffe „Geruchsbild" und „Geschmacksbild" folgen werden; ein „Stimmungsbild" gibt es ja schon.)

Die Metaphern sind so häufig, dass Jean Paul die Sprache ein Wörterbuch erstarrter Metaphern genannt hat.

Zum Bildgehalt der Sprache schreibt Ernst Wasserzieher:

„Natürlich ist es, dass der Mensch Bezeichnungen seines eigenen Körpers auf leblose Gegenstände überträgt, wenn sie ihm Ähnlichkeit damit zu haben scheinen. So entstanden Meeresarm und Meerbusen, Landzunge und Bergrücken, Flaschenhals und Stuhlbein, Talsohle und Nagelkopf; man spricht vom Fuß der Berge. Umgekehrt wird Lebloses auf Lebendiges übertragen, und man spricht von Brustkorb, Herzkammern und Kniescheibe.

[...]

Das Personifizieren von Naturerscheinungen entstammt derselben anthropomorphischen Betrachtungsweise des Menschen. Vom Winde sagt man, er geht, er erhebt sich; ebenso: das Meer geht; beide, Meer und Wind, werden als Riesen gedacht. Das Feuer erscheint uns als wildes Tier, das aus dem Käfig kommt, alles frisst und verzehrt, züngelt (mit der Zunge spielt), leckt, zusammensinkt und endlich stirbt."[90]

Wer den menschlichen Kopf als *Birne* oder als *Rübe* bezeichnet, geht von der Ähnlichkeit seiner Form mit der einer bekannten Frucht bzw. der einer bekannten Wurzel aus. Wer ihn als *Hirnkastl* bezeichnet, vergleicht den Schädel mit einem Behälter. Der Sprecher denkt wie

---

[90]   ERNST WASSERZIEHER: Leben und Weben der Sprache. S. 186.

vorher an einen Behälter, wenn er sagt: „Du hast nicht alle Tassen im Schrank." Er denkt an einen Stall: „Du hast nicht alle Hühner auf der Stange." An eine Lampe: „Ein heller Kopf." An eine Maschine: „Du fällst mir auf den Wecker." An eine kaputte Maschine: „Bei dir tickt's nicht richtig." Oder: „Bei dir ist eine Schraube locker."

Anschließend eine Reihe von Beispielen aus der Fachsprache der Eisenbahner. Ich entnehme sie dem Aufsatz „Zur bildlichen Darstellungsweise in der deutschen Terminologie des Eisenbahnbaus" von Lothar Hums. Es wird vermerkt, dass die Metaphorik, wenn man das Verhältnis von metaphorischen und nichtmetaphorischen Fachwörtern vergleicht, wie überall nur schwach vertreten ist.

„Die Schiene als Hauptbestandteil des Eisenbahnoberbaus bietet viele Voraussetzungen für Form- und Funktionsmetaphern. Sie hat zur Lastaufnahme einen *Kopf*, als Verbindungsstück einen *Steg* und zum Tragen einen *Fuß; * unsere heutigen Schienen sind *Breitfußschienen.* Die auf den Schwellen befestigte Unterlage, auf der die Schiene ruht, heißt *Schienenstuhl.* Aus der Schienenkopfunterseite, dem Schienensteg und einem Teil des Schienenfußes besteht die *Laschenkammer,* in die man am Schienenstoß die Laschen einpasst. Neben der *Pilzschiene* mit Kopf, Steg und Fuß gibt es die *Doppelkopfschiene,* die wie die *Fischbauchschiene* keinen Schienenfuß hat. Bei der letzteren ist der Steg zwischen den Schwellen wie ein Fischbauch geformt, deshalb diese Sichtmetapher. Einen gespreizten Schienenfuß hatte die *Sattelschiene* (Form-Funktions-Metapher), da sie nicht auf einer Unterschwellung, sondern direkt im Schotter lag. Eine *Flügelschiene* ist die abgeknickte äußere Schiene des *Herzstücks* einer Weiche oder Kreuzung; sie wird wegen ihres Knies auch *Knieschiene* genannt. Einen Hinweis auf parallel liegende Teile, zwischen denen Bewegungsvorgänge ablaufen, enthält die Bezeichnung *Backenschiene.* Die Backenschiene ist die feststehende Schiene einer Weichenzungenvorrichtung, und das Bild spielt auf die Zunge an, die sich beim Essen zwischen den Backen (Wangen) hin- und herbewegt. Bei zu hohen Biegespannungen infolge fehlerhafter Walz- und Abkühlungsprozesse kann es zu einem *Nierenbruch* kommen. Hier resultiert die Metapher aus den nierenförmigen Flächen im Schienenbruchbereich, die sich durch unterschiedliche Farbgebung in der Bruchfläche abheben. Die Schienenbruchflächen sind *körnig, kristallin* oder *fasrig*. Das Rosten wird mit dem schadenstiftenden Nagen eines Tieres verglichen; deshalb werden die Schienen vom Rost *angefressen*. Die Haltbarkeit eines Werkstoffes wird mit der Arbeitsleistung des Menschen verglichen, die am Ende des Tages nachlässt: Das Metall *ermüdet,* an den Schienen treten *Ermüdungsflecke* auf, die zu einem *Ermüdungsbruch* führen können."[91]

Es gibt Metaphern und Metonymien, die von der Sprachgemeinschaft akzeptiert und dadurch verbindlich geworden sind, z.B. *Mondsichel* als Bezeichnung des Erdtrabanten in einer bestimmten Phase. Daneben treten persönliche, oft vergängliche Einmalbildungen auf, welche entweder von Kindern geschaffen werden, die um den geläufigen Ausdruck verlegen sind, oder von Dichtern, die die Stimmung ihres Publikums beeinflussen möchten. Ein Kind kann sagen, der Mond sei *angebissen,* wenn es ihn mit einer Scheibe Brot vergleicht. Christian Morgenstern bezeichnete den Erdtrabanten in derselben Phase als *Neumondweib,* das mit gebognem Leib vor dem *Nachtwindhund* flieht ("Himmel und Erde"). Goethe hat den Himmelskörper in Gedichten personifiziert:

Der Mond von einem Wolkenhügel
sah kläglich aus dem Duft hervor;
die Winde schwangen leise Flügel,
umsausten schauerlich mein Ohr.

„Willkommen und Abschied"

Füllest wieder Busch und Tal
still mit Nebelglanz,
lösest endlich auch einmal
meine Seele ganz.

„An den Mond"

---

[91]   LOTHAR HUMS: Zur bildlichen Darstellungsweise in der deutschen Terminologie des Eisenbahnbaus. In: SPRACHPFLEGE. Heft Nr. 11/1978, S. 225-229, hier S.227.

„Nach der Violine lässt sich gut tanzen", sagte der Bauer, da kriegt' er einen Schinken. (Sagwort.)

Neben bildhaft gebrauchten Einzelwörtern kommen auch unzählige phraseologische Fügungen mit Bildgehalt vor, einschließlich Sprichwörter, d.h. phraseologische Fügungen mit Satzform. Das Sprichwort *Eine alte Geiß leckt auch gern Salz* sagt dasselbe aus wie das Sprichwort *Jung gewohnt, alt getan,* doch der Bildgehalt erhöht seine Wirkung. Hans Reimann hat zu seinem und zu unserem Vergnügen fünf Dutzend überstrapazierte phraseologische Fügungen in einem „Museum der Phrasen" ausgestellt, von dem hier aus Platzgründen nur die erste Abteilung übernommen wird.

IM MUSEUM DER PHRASEN

In der ersten Abteilung, meine Herrschaften, erblicken Sie zunächst eine prima Bärenhaut, auf welcher man stundenlang liegen kann, ohne einen Finger zu krümmen, gleich daneben eine im Sack gekaufte Katze mit scheckig gelachtem Fell, alsdann bitte ich Sie, Ihr Augenmerk auf diese Hyazinthe gefälligst hinlenken zu wollen, es ist dieselbe eine jener Blumen, durch die zuweilen gern gesprochen wird. Bitte die Herrschaften Obacht geben zu wollen, wir haben hier einen Kelch, der vorübergeht, derselbe besteht aus getriebener Goldschmiedearbeit, Ende des vierzehnten Jahrhunderts, desgleichen in der Vitrine rechter Hand einen Zaunpfahl, mit welchem gewinkt zu werden pflegte, leicht abgenutzt, doch immer noch ein Prunkstück unserer Sammlung. Die Farbe ist lichtscheu und indanthrenhaltig. Wir wenden uns nunmehr dem Wespennest zu, in welches gegen Nachzahlung von fünfundzwanzig Pfennigen Unkosten-Beitrag flüchtig gestochen werden darf, falls einer der Herrschaften Interesse haben sollte. Die grauen Haare in der Ecke unten sind dieselben grauen Haare, die sich jemand nicht wachsen lassen wollte, doch vergebens. Die für etwas ins Feuer gelegte Hand sowie eine mit kostbaren Intarsien verzierte Flinte, eine sogenannte ins Korn geworfene Flinte, wie aus der sich um dieselbe rankende Gerste hervorgeht, bilden weiterhin zwei wichtige, nicht zu unterschätzende pièces de résistance unsrer phraseologischen Galerie. Ich mache fernerhin aufmerksam auf die anscheinend unscheinbare Plastik unter dem Glas-Sturz, meine Herrschaften. Sie haben hier die in weiteste Kreise gedrungene, von allerersten Kapazitäten geküßte Hand der Madam vor sich. Wir treten nunmehr durch eine Tür, mit welcher jemand ins Haus gefallen ist, in die zweite Abteilung.[92]

Mitteilungen durch Bilder fasslicher machen, das ist ein Spiel für sich. Aber, Vorsicht! Eben des Bildgehalts wegen sind der Anwendung von phraseologischen Fügungen Grenzen gesetzt.

BEIM HAUSARZT (I)

„Wo drückt diesmal der Schuh?" wird Müller vom Hausarzt gefragt.
„Im Rücken, Herr Doktor."

BEIM HAUSARZT (II)

Meier will sein veilchenblaues Auge behandeln lassen.
„Hat Sie eine Wespe gestochen?" fragt die Schwester.
„Nein, eine Biene hat zugeschlagen."

FANTASTISCHER KÖDER

Ein Angler fragt im Fachladen: „Ist dieser Köder auch wirksam?"
„Garantiert", erwidert der Verkäufer. „Nach dem lecken sich die Fische alle zehn Finger ab!"

---

[92] HANS REIMANN: Im Museum der Phrasen. In: Ders.: OSWIN. Der ertrunkene Hering. S. 192-197, hier S. 192-193.

DAS KURIOSUM

„Na, was macht ihr kranker Goldfisch?"
„Danke, er ist schon wieder auf den Beinen."

Für Mitteilungen, die mit unvereinbaren Bildern überladen sind, hält der Volksmund folgenden ironischen Kommentar bereit: *Das schlägt dem Fass die Krone ins Gesicht.* Der Kommentar verbindet drei Redensarten mit gleicher Aussage – die mit dem ausgeschlagenen Fassboden, die mit der Krone, die allem aufgesetzt wird, und die mit dem Schlag ins Gesicht. Jede besagt für sich, dass eine Grenze überschritten wurde. Ein anderer ironischer Kommentar: *Der Zahn der Zeit, der so manche Träne getrocknet hat, wird auch über diese Wunde Gras wachsen lassen.*

Wer Bilder kombiniert, die nicht vereinbar sind, verstößt gegen den guten Stil – er begeht einen Fehler, der zu den **Stilblüten** gehört. Eine Stilblüte ist die misslungene, lächerliche Fügung eines Gedankens. Sammlungen von Stilblüten aus zeitgenössischen Dokumenten erfreuen sich offenbar großer Beliebtheit, siehe die Bände „Zeugen liegen bei" (1976), „Da trat der Staatsanwalt ins Protokoll" (1984) und „Wegen Eröffnung geschlossen" (1987) von Boris Wittich; „Die Benachteiligung erfolgt durch die Post" (1988) von Georg Friedrich Nikol; „Füße nicht auf die leichte Schulter nehmen" (1988) von Bernd Ellermann. Das Hamburger Nachrichtenmagazin „Der Spiegel" veröffentlichte vormals in einer besonderen Rubrik aus der gesamten Presse Deutschlands gepflückte Stilblüten, darunter auch Sätze mit bildhaften Ausdrücken. In der Ausgabe vom 13. 10. 2003 glänzten dort folgende unüberlegte Kombinationen:

(1) „Wer im Sparschwein sitzt, sollte nicht mit [dem] Rotstift werfen." (Eine missglückte Abwandlung des Sprichwortes *Wer im Glashaus sitzt, soll nicht mit Steinen werfen.*)

(2) „Schon melden sich jene zu Wort, die sich lieber die Zunge abbeißen würden, als daran auch nur ein gutes Haar zu lassen." (Wer sich lieber die Zunge abbeißen würde, als etwas auszusagen, meldet sich nicht zu Wort.)

(3) „Feuerwehrmänner fassen heißes Eisen an." (Das Bild vom heißen Eisen stammt aus der Schmiede; es passt nicht zur Feuerwehr. In der Schmiede brennt ein für die Arbeit notwendiges Feuer, welches früher sogar mit einem besonderen Gerät, dem Blasebalg, angefacht wurde, während die Aufgabe der Feuerwehrmänner darin besteht, Brände zu löschen.)

Auch die bildhafte Verwendung der Wörter macht Kindern zu schaffen, weil zwei Bereiche vermischt werden. Kornej Tschukowski kommentiert diese Schwierigkeit folgendermaßen: „Geistige Anarchie ist dem Kinderverstand unerträglich. Das Kind glaubt, es müsse überall Gesetze und Regeln geben; es dürstet leidenschaftlich danach, sie sich zu eigen zu machen, und ist verdrossen, wenn es in dem Angeeigneten ein unerwartetes Minus bemerkt.

Ich entsinne mich, wie betrübt meine dreijährige Tochter war, als sie von Erwachsenen hörte, am Himmel gehe eine große Wolke dahin. Unter Tränen fragte sie: ,Wie kann die Wolke denn gehen, wenn die Wolke keine Beine hat?'

Die Tränen machten mir vieles klar. Das Kind hatte sich gerade mit großer Anspannung seiner Geisteskräfte bewusst gemacht, dass der Besitz von Beinen die einzige Vorbedingung für das Gehen ist, und da zerstören Erwachsene (das heißt Unfehlbare) diese Allgemeingültigkeit durch eine ihr offenbar widersprechende Tatsache: sie bringen Unordnung in jenes Gebiet der Weltkenntnisse des Kindes, das es für gefeit gegen jedes Chaos gehalten hatte.

Täglich bricht über das Kind eine solche Menge wirrer, abrupter Erkenntnisse herein, dass es ohne jenen wohltuenden Drang zur Bewältigung des Chaos bestimmt noch vor dem fünften Lebensjahr den Verstand verlöre."[93]

Ein untrügliches Zeichen gibt an, wann die Kinder die bildhafte Verwendung der Wörter zu begreifen beginnen – nämlich das erwachende Vergnügen an Geschichten mit Till Eulenspiegel, der Aufträge

---

[93] KORNEJ TSCHKOWSKI: Sinnige Unsinnigkeiten. In: Ders.: Kinder von 2 bis 5. S. 146-176, hier S. 167.

wörtlich nimmt und infolgedessen Schaden anrichtet, das Vergnügen an Schwänken wie „Bauer und Edelmann".

Die ersten der folgenden Witze sind aufschlussreich für diesen Übergang. Es handelt sich um Witze für Kinder, und der Witzheld ist ein Kind, welches den Symbolwert des Bildes noch nicht erfasst.

DER VOGEL KOLUMBUS

Lehrer: „Otto, kannst du mir sagen, wer Kolumbus war?"
Otto: „Herr Lehrer, das war ein Vogel ... ein Vogel, der ..."
Lehrer: „Was ist das für ein Unsinn? Kolumbus ein Vogel?"
Otto: „Ja, haben Sie uns nicht vorige Stunde von dem Ei des Kolumbus erzählt?"
(*Ei des Kolumbus* – „verblüffend einfache Lösung".)

MONI UND SUSI

Moni kommt weinend aus der Schule nach Hause. „Was ist denn los?" fragt ihre Mutter.
Schluchzt das Mädchen: „Unsere Lehrerin hat gesagt, Susi soll sich von mir eine Scheibe abschneiden ..."
(*Davon kann man sich eine Scheibe abschneiden* – [salopp] „Das kann sich mancher zum Vorbild nehmen".)

FRÜH AM ABEND

Lene berichtet: „Wir gehen immer mit den Hühnern zu Bett. Ihr auch?"
Georg: „Nein, wir haben keine."
(*Mit den Hühnern zu Bett gehen* – „sich sehr zeitig schlafen legen".)

DIE DICKE TANTE

Karlchen geht sehr ungern ins Bett. Seine beleibte Tante will ihn trösten: „Sieh mal", sagt sie, „ich geh' immer mit den Hühnern schlafen." Zweifelnd betrachtet Karlchen die dicke Person. „Ich verstehe nicht", meint er zuletzt, „wie du es schaffst, auf die Stange zu klettern."

IN DER FISCHHALLE

„Jetzt kommen 15 Kisten Schollen unter den Hammer!" ruft der Leiter der Versteigerung.
Klein Otto wundert sich: „Ich dachte, die Schollen wären von Natur aus so platt!"
(*Etwas kommt unter den Hammer* – „Etwas wird verkauft".)

ARME FORELLE

Eine Forelle zur anderen: „Du bist ja noch immer ohne Mann, hat dein Freund nicht angebissen?"
Schluchzt die andere: „Doch ..."
(*Anbeißen* – [wörtlich, auf Fische bezogen] „an die Angel gehen"; *anbeißen* – [übertragen, salopp] „auf einen verlockenden Vorschlag eingehen".)

SCHRECKLICHER VERDACHT

Der Bräutigam: „Von jetzt an werde ich dich auf Händen tragen!"
Die Braut: „Um Gottes willen – hast du das Auto verkauft?"
(*Jemanden auf Händen tragen* – „jemanden mit viel Liebe und Fürsorge umgeben".)

WIE EIN BUCH

„Redet Ihre Frau immer noch wie ein Buch?"
„Ja, besonders, wenn sie einen neuen Einband braucht."
(*Wie ein Buch reden* – „sich gewählt ausdrücken"; *ein neuer Einband* – [hier] „ein neues Kleid").

WASSER IM OHR

Eine Stecknadel und eine Nähnadel schwimmen um die Wette. Die Stecknadel gewinnt.
Meint die Nähnadel: „Kein Wunder! Ich hatte ja Wasser im Ohr!"
(Man spricht vom *Nadelöhr,* weil die Nähnadeln früher dort, wo das Loch war, ohrenähnliche Ausbuchtungen hatten.)

DER TOLLE ÄTNA (Wien)

„Bobby, hast g'hört? Der Ätna ist ausgebrochen!"
Graf Bobby: „No, und haben s' ihn schon wieder eing'fangen?"
(*Ausbrechen* – „gewaltsam [hier: aus einem Gewahrsam] entweichen". *Der Vulkan ist ausgebrochen* – „Der Vulkan ist wieder in Tätigkeit".)

DER GROBE CHEF

„Unser Chef behandelt uns wie rohe Eier."
„So behutsam?"
„Ach wo. Er haut uns in die Pfanne."
(*Jemanden wie ein rohes Ei behandeln* – „mit jemandem behutsam, rücksichtsvoll umgehen"; *jemanden in die Pfanne hauen* – [übertragen, salopp] „jemanden übermäßig kritisieren', ,jemanden schlagen, vernichten".)

EIN UNAUSSTEHLICHER MANN

Erika hat ihre Verlobung mit einem Uhrmacher gelöst. „Was ist geschehen?" will Karin wissen. „Habt ihr euch gezankt? Er ist doch ein ordentlicher Mensch."

„Ach, wie man's nimmt. Er wollte mich jeden Tag aufziehen."

(*Aufziehen* – [wörtlich] „die Feder [eines Uhrwerks] spannen"; *jemanden aufziehen* – [übertragen] „jemanden zum Besten halten".)

DIE ANLAGEN

Georg zu Heinz: „Du solltest Elektrotechniker werden – die lange Leitung hast du schon!"

Heinz: „Und du solltest Baumeister werden – dir ist noch nie etwas eingefallen!"

(*Eine lange Leitung haben* – [salopp] „begriffsstutzig sein"; *einfallen* – „einstürzen"; *Etwas fällt jemandem ein* – „Jemandem kommt plötzlich ein Gedanke".)

BEIM FINANZAMT

Eine Schnecke und eine Ziege müssen zum Finanzamt. Bevor die Ziege beim Sachbearbeiter vorstellig werden kann, ist die Schnecke bereits abgefertigt.

„Alles paletti", freut sich die Schnecke.

Die Ziege kann es nicht fassen. „Du warst schon dran?"

„Tja", erwidert die Schnecke. „Kriechen muss man, nicht meckern!"

(*Kriechen* – [übertragen] „sich unterwürfig benehmen"; *meckern* – [übertragen] „protestieren".)

DIE FÜLLFEDER

„Angeklagter, warum haben Sie die Füllfeder gestohlen?"
„Ich wollte einen Strich unter meine Vergangenheit ziehen, Herr Richter."
(*Einen Strich unter etwas ziehen* – „etwas endgültig abschließen".)

VOR DEM URTEIL

Der Verteidiger zu seinem Klienten: „Wir können nur hoffen, mit einem blauen Auge davonzukommen."
„Glauben Sie denn, dass es eine Schlägerei geben wird?"
(*Mit einem blauen Auge davonkommen* – „mit einem geringen Schaden einer großen Gefahr entgehen".)

PROGNOSE AM STAMMTISCH

„Wenn ich jetzt nach Hause komme", verrät Meier seinem Stammtischbruder, „dann kocht meine Frau vor Wut."
„Da hast du aber Glück. Ich bekomme sicher nichts Warmes mehr zu essen ..."
(*Vor Wut kochen* – [übertragen] „vor Wut stark erregt sein".)

Der Erwachsene prüft den Fortschritt des Kindes beim Begreifen bildhafter Ausdrücke und Redensarten mit Hilfe von Rätseln und Scherzfragen. Zum Beispiel:

Mich haben Gebirge und Hähne,
und ohne Mund hab' ich Zähne.

(Der Kamm.)

Kein einz'ges Haar dient ihm zur Zier,
und doch hat einen Kamm dies Tier.

(Der Hahn.)

Was ein rotes Tier als Schmuck besitzt,
als Werkzeug jedem Tischler nützt.
(Der Fuchsschwanz.)

Es hat einen Rücken und kann nicht liegen,
es hat zwei Flügel und kann nicht fliegen,
es trägt 'ne Brille und kann nicht sehen,
es kann wohl laufen, aber nicht gehen.
(Die Nase.)

Wann ist es im Garten am gefährlichsten? (Wenn die Sonne *sticht*, die Bäume *ausschlagen*, der Kohl *schießt* und der Rasen *gesprengt* wird.) Welches ist der eitelste Vogel? Oder: Welches Tier ist am ordentlichsten? (Der Hahn; er hat immer einen Kamm bei sich.) Wer hat die Wurzel oben, die Flügel unten, den Rücken vorn und das Bein innen? (Die Nase.) Warum sind die Schotten die mutigsten Männer? (Weil ihnen das Herz nicht in die Hose fallen kann. [Die Schotten tragen Röcke.]) Warum ist Rätselraten so gefährlich? (Weil man sich dabei den Kopf zerbricht.)

Teils zur Unterhaltung, teils aus wissenschaftlichem Interesse haben Erwachsene immer wieder drollige Aussprüche von Kindern gesammelt. Die Renner sind Fehler bei bildhaften Ausdrücken. Eigentlich spiegeln solche Sammlungen die Einsicht wider, dass es beim Verwenden von bildhaften Ausdrücken Grenzen gibt. Ich nenne den Band „Kinder von 2 bis 5" von Kornej Tschukowski, der eine Studie über Aussprüche enthält, die der Verfasser selbst festgehalten oder aber Tagebüchern entnommen hatte (russisch: 1928), das Büchlein „Der Pfau ist ein blühendes Huhn" von H. Hoving, eine Übersetzung aus dem Niederländischen (1969), die Sammlung „Kindermund" der Erfurter Zeitung „Das Volk", die aufgrund von Lesereinsendungen entstand (1972, 1975, 1977) und das Büchlein „Blume ist Kind von Wiese" von Helga Glantschnig, in dem Aussagen von Ausländerkindern festgehalten wurden (1996).

Die Verwendung von Bildern setzt voraus, dass der Adressat diese deuten kann. Das ist der springende Punkt. Bildhafte Wörter und Wendungen, die an der Speisenzubereitung anknüpfen, so wie sie auch in der modernen Küche vor sich geht, sind für jedermann verständlich. Auch das Kind lernt sie bald verstehen. Zum Beispiel: *brodeln; hochkochen; überschäumen; etwas aufwärmen; etwas würzen; etwas versalzen; etwas versüßen; gepfeffert; jemanden in die Pfanne hauen; sich die Finger verbrennen; sich die Zunge verbrennen; Jemand hat nicht alle Tassen im Schrank; Viele Köche verderben den Brei; Nichts wird so heiß gegessen, wie es gekocht wird. Man kriegt etwas gebacken* ist synonym mit *Man kriegt etwas auf die Reihe* und mit *Man kommt mit etwas zu Rande;* es bedeutet, dass man ein Vorhaben erfolgreich beendet.

Anders verhält es sich mit Wörtern und Wendungen, die sich auf die frühere Kücheneinrichtung beziehen. Der Griff des *Wasserhahns* war früher wie ein Hahn geformt, daher der Name. Als noch mit Feuer gekocht wurde, konnte man ein Gefäß *auf kleiner Flamme* oder *auf leiser Flamme* oder *auf Sparflamme* halten. Oft war der Kessel mit dem Essen an einer gezahnten Metallleiste angebracht; um das Garen zu beschleunigen, hängte man ihn tiefer – *man legte noch einen Zahn zu.* Bei den Germanen bestand der Tisch aus einem Gestell, auf dem eine Platte ruhte. Zum Mahl wurde die Platte mit den Gerichten hereingetragen und auf das Gestell gesetzt. Nach dem Essen wurde die Platte wieder fortgetragen – auf diesem Brauch beruht die Redensart *die Tafel aufheben.* Was es bedeutet, wenn man *bei jemandem ins Fettnäpfchen tritt,* wissen viele, aber die Erklärungen dafür gehen auseinander.

Die Redensarten, die im modernen Straßenverkehr wurzeln, bereiten uns keine Schwierigkeiten: *grünes Licht, rotes Licht, Trittbrettfahrer, Einbahnstraße, Schlusslicht, auftanken, aufs Gaspedal treten, in die Gänge kommen, mit Vollgas, aufs Bremspedal treten.* Zum Unterschied davon müssen Kinder, die im kontinentalen Europa aufwachsen, eine Erklärung hören, bevor sie mit dem Wort *meilenweit* und mit der Fügung *Meilenstein der Entwicklung* etwas anfangen können, weil die Meile als Längenmaß durch den Kilometer verdrängt worden ist. Eine Erklärung fordern auch Redensarten, die sich auf den von Tieren gezogenen Wagen beziehen. *Eine Sache deichseln* bedeutet „eine schwierige

Aufgabe geschickt bewältigen", denn es war Geschicklichkeit nötig, um einen unbespannten Wagen an der Deichsel rückwärts in eine Toreinfahrt oder in eine Scheune zu lenken. Für den Fuhrmann war das Einhalten der ausgefahrenen Wagenspur eine Notwendigkeit, daher die verbalen Fügungen mit dem Wort *Gleis*: *im Gleis bleiben, sich in ausgefahrenen Gleisen bewegen, aus dem Gleis kommen, aufs falsche Gleis geraten, wieder ins Gleis kommen, etwas ins rechte Gleis bringen.*

Bei den älteren Typen von Kraftwagen musste der Motor *angekurbelt* werden, bis die Zündung funktionierte. Der Name für diese unumgängliche Tätigkeit nahm eine übertragene Bedeutung an, die der älteren Generation noch verständlich ist. (Inzwischen hat der Anlasser das Ankurbeln überflüssig gemacht.)

Es kommt vor, dass wir nicht gleich den Sinn von Metaphern begreifen, die aus dem Sonderwortschatz der Handwerker oder aus den Fachsprachen der Jäger, Bergarbeiter, Seeleute und Soldaten stammen. Auch dann, wenn es sich im Wortlaut um aufgelassene Bräuche handelt, treten Verständnisschwierigkeiten auf. Früher trugen verheiratete Frauen eine Haube – bei der Hochzeit wurde der Braut zum Zeichen ihres Eintritts in den Ehestand zeremoniell eine Haube aufgesetzt. Aus dieser Sitte ergab sich die Redensart *jemanden unter die Haube bringen* mit der Bedeutung „jemanden verheiraten". Vor der Ära des Rundfunks wurden Ereignisse durch Glockengeläut verkündet, deshalb pflegte man zu sagen, dass eine mit Aufwand verbreitete Nachricht *an die große Glocke gehängt wird.* Oft kann auch ein Erwachsener den Sinn der Aussage nur erraten. Umso weniger versteht ihn ein Kind.

Bis zur Industrialisierung, die im 19. Jahrhundert einsetzte, waren die allermeisten Menschen mit den Vorgängen in der Landwirtschaft vertraut. Die Redensarten aus der Landwirtschaft waren ihnen geläufig. Als Folge der Industrialisierung hat sich ein großer Bevölkerungsteil der Landwirtschaft entfremdet. Parallel dazu hat auch in der Landwirtschaft eine Modernisierung stattgefunden. Es darf also nicht verwundern, dass heute viele Personen stutzen, wenn sie Metaphern aus der traditionellen Landwirtschaft begegnen. *Sich verhaspeln ..., leeres Stroh dreschen ..., sich unter die Kleie mischen ...* – was ist damit gemeint? Betrachten wir das Sprichwort *Das Auge des Herrn mästet den Ochsen.* Einst muss sein

Sinn allen Menschen klar gewesen sein, denn es kommt nicht nur im Deutschen vor, sondern auch in anderen Sprachen.

Die Deutschen sagen auch noch: *Das Auge der Bäuerin lässt das Kalb gedeihen. Das Auge des Herrn macht die Kühe fett/ macht das Pferd fett/ füttert das Pferd wohl/ weidet das Pferd.*

Wer nach und nach den Sinn der bildhaften Redensarten erkundet, verschafft sich Einblick in die Vergangenheit des Volkes, die in der Sprache abgebildet ist. In der Rede eines gebildeten Menschen erstrahlen die Bilder im alten Glanz.

Im Gespräch mit Kindern darf man bildhafte Wörter und Redensarten nur vorsichtig verwenden. Vielleicht protestiert jetzt einer und sagt, die Redensart *mit jemandem Katz und Maus spielen* sei auch ganz kleinen Kindern verständlich. Es stimmt nicht. Wer hat schon in der Stadt Gelegenheit, das Spiel einer Katze mit der gefangenen Maus zu beobachten? Die Mickymaus-Filme bzw. Tom-und-Jerry-Filme geben keine Aufklärung über den Sinn der Redensart, weil die gemeinte Überlegenheit der Katze von anderen Eigenschaften verdeckt wird, und auch das Ballspiel mit dem Namen „Katz und Maus" tut es nicht, weil die Überlegenheit der „Katze" – des Spielers, der den hin und her gespielten Ball fangen soll – keine Bedingung ist: Jener Spieler hat den Ball nur einmal zu fangen; nachdem er ihn gefangen hat, schlüpft er aus der Rolle.

Der passive Wortschatz des durchschnittlich gebildeten Erwachsenen beläuft sich laut Brockhaus auf 50.000 Wörter. Wie der Wortschatz des Kindes entsteht und wächst, ist Gegenstand der Forschung. Laut Jürgen Dittmann zählte man bei Zweijährigen 200 bis 300 effektiv gebrauchte Wörter, aber mit großer individueller Bandbreite. Mit zweieinhalb Jahren beherrschen Kinder im Durchschnitt mehr als 500 Wörter. Für Sechsjährige wird ein aktiver Wortschatz von mehr als 5.000 Wörtern angegeben.[94] In den sechziger Jahren des 20. Jahrhunderts hatte Ursula Şchiopu in Rumänien folgende Werte ermittelt: bei drei Jahren 700 bis 800 Wörter, bei vier Jahren 1.000, bei fünf Jahren 1.500, bei sechs 2.000, bei sieben 2.500.[95]

---

94   JÜRGEN DITTMANN: Der Spracherwerb des Kindes. S. 46.
95   URSULA ŞCHIOPU: Psihologia copilului. S. 173.

Erstaunlicherweise versucht das Kind schon sehr früh, sich bildhaft auszudrücken, d.h. Wörter, die einen Gegenstand, Sachverhalt oder Vorgang bezeichnen, auf ähnliche Gegenstände, Sachverhalte oder Vorgänge anzuwenden. Die nachstehenden Beispiele stammen aus dem Band „Kinder von 2 bis 5" von Kornej Tschukowski[96]:

„Der Strauß ist eine Giraffe. Nur ist er ein Vogel."
„Nicht wahr, das Messer ist der Mann von der Gabel?"
„Jura hat Durchfall in der Nase!"
„Mama, zieh mir den Schuh aus. Am rechten Fuß juckt bei mir die Handfläche."
„Bring mir den Mond, meinetwegen angebissen!"

Dazu ein Beispiel aus der Sammlung „Kindermund":
„Als wir kürzlich im Freibad waren, begegnete uns plötzlich ein Mann, der auf Brust und Armen kräftig tätowiert war. Unsere Tochter bestaunte den Mann und rief laut über den Rasen hinweg: ‚Mutti, guck mal, der Mann ist überall abgestempelt!'"

Die Unbeholfenheit, die sich in solchen Formulierungen kundtut, wird gewöhnlich als drollig bezeichnet. Wir erkennen, dass sich das Kind auf diese Weise über seine Wortarmut hinwegsetzt. Da es um den sachlichen Ausdruck verlegen ist, macht es sich mit Hilfe eines anderen Ausdrucks verständlich. Diese Art Bildhaftigkeit spiegelt einerseits den unzulänglichen Wortschatz wider, andererseits die wertvolle Fähigkeit zum Erkennen von Analogien, also gleichzeitig einen Mangel und eine Stärke.

IM SCHAUMBAD

Die kleine Lisa sieht zum ersten Mal, wie ihre Mutter in einem Schaumbad sitzt. Aufgeregt saust sie ins Wohnzimmer: „Vati, Vati, komm schnell! Mutti kocht über!"

---

[96]   KORNEJ TSCHUKOWSKI: Unermüdliche Forscher. In: Ders.: Kinder von 2 bis 5. S. 15-145, hier S. 23, 23, 26, 27, 97.

DIE WÄNDE FRIEREN

Bei der Renovierung sind die Zimmerwände mit Raufaser tapeziert worden. Man führt die kleine Karin durchs Haus. Karin fragt: „Warum haben die Wände alle Gänsehaut?"

IN DER KIRCHE

Der kleine Peter war zum ersten Mal in der Kirche. Die Orgel hat ihn beeindruckt. Auf dem Heimweg schwärmt er: „Was für tolle Musik, die aus so vielen Auspuffrohren kommt!"

Was eine Metonymie ist und wodurch sie sich von der Metapher unterscheidet, können die meisten Menschen nicht sagen, weil sie dieses Wissen nicht brauchen. Das hindert sie aber nicht daran, sich an Witzen mit metonymisch gebrauchten Wörtern zu ergötzen und sie dann weiterzugeben.

DAS BAROMETER

„Mama, das Barometer ist gefallen."
„Tief?"
„Bis auf den Boden."
(Eigentlich sind mit dem Steigen und Fallen des Barometers die Veränderungen der Quecksilbersäule gemeint, mit der die Luftdruckmesser ursprünglich ausgestattet waren. Dem Witzhelden ist dieser Sachverhalt unbekannt. Er gebraucht das Verb *fallen* mit dem eigentlichen Sinn, seine Mutter aber denkt an eine übertragene Bedeutung: „die Verringerung des Luftdrucks anzeigen".)

DER UNGEZOGENE DUDEN

Ralf flucht und gebraucht einen schlimmen Ausdruck. Das hört Franziska. „Ralf", sagt sie, dieses Wort darfst du nie mehr aussprechen!"
„Aber der DUDEN gebraucht es doch auch!" verteidigt sich Ralf.
„Dann darfst du mit solch ungezogenem Jungen nicht mehr spielen!"

(Der Name des Verfassers steht für dessen Werk.)

KROKODILE

„Was wisst ihr über die Krokodile?" fragt der Lehrer.
Fritz meldet sich: „Krokodile leben in Afrika und Australien. Aus ihrer Haut werden Handtaschen gemacht, und sie fressen Seide."
„Halt, Krokodile fressen keine Seide!"
„Doch, ich habe im Schaufenster eine Handtasche gesehen, auf der stand: ‚Echt Krokodil, mit Seide gefüttert.'"

(In der Reklame wird das Tier stellvertretend für ein Produkt aus seiner Haut genannt. Der Witz ist im Dezember 2003 von einem dreizehnjährigen Schüler an die „Mittelhessische Anzeigen Zeitung" [MAZ] eingeschickt und in der Rubrik „Leserwitz" veröffentlicht worden.)

ZWEI BEDINGUNGEN

„Willst du mich heiraten, Gabi?"
„Unter einer Bedingung: Du schenkst mir einen Nerz."
„Okay. Aber du hältst den Käfig sauber!"

(Schuld an dem Missverständnis ist der Umstand, dass man im Alltag den Namen des Ganzen – des Tieres – für den Namen eines Teils – des Pelzes – verwendet.)

STIMMWECHSEL

„Erika hat Stimmwechsel!"
„Nicht möglich? Wieso denn?"
„Sie hat den Tenor laufen lassen und geht jetzt mit dem Bariton."
(Die Stimme als Produkt der Sprechwerkzeuge steht für den Menschen.)

NICHT BEI UNS

„Herr Ober, bringen Sie mir bitte das Essen, das Sie dem Herrn am Nachbartisch serviert haben!"
„Bedaure, mein Herr, aber ich glaube nicht, dass er sich das Essen wegnehmen lässt ..."
(In der Bestellung hat *Essen* die Bedeutung „Gericht", d.h. der Gattungsbegriff vertritt den Artbegriff.)

DAS DESSERT

Ein Kleingärtner sammelt vor der Reitschule Pferdeäpfel, die sonst rar sind. „Was machen Sie mit dem Mist?" fragt Sybille.
„Die kommen auf die Erdbeeren."
„Na, denn guten Appetit! Wir nehmen immer Staubzucker!"
(Der Gärtner denkt an den Erdbeerstrauch, der in der Umgangssprache genauso heißt wie seine Früchte.)

REKLAME

Meier will sich einen Rasierapparat kaufen. „Nehmen Sie diesen", rät der Verkäufer. „Über tausend Kunden haben gute Erfahrungen mit ihm gemacht."
„Nein, dann nehme ich lieber einen neuen."
(Der Verkäufer meint das Modell, Meier das einzelne Stück.)

DIE FACHZEITSCHRIFT

„Haben auch die Obstzüchter eine Fachzeitschrift?"
„Natürlich, das ist die Fruchtpresse."
(Es gibt eine Druckerpresse und eine Fruchtpresse [für Trauben, Äpfel usw.]. Nach der Druckerpresse wurde das gesamte Zeitungswesen als *Presse* bezeichnet.)

AUF DER BAUSTELLE

„Fred", sagt der Meister zum neuen Lehrling, du gehst zum Neubau hinüber und streichst die Fenster."
Nach etwa fünf Stunden kommt Fred zurück. „Meister", fragt er, „soll ich jetzt auch die Fensterrahmen streichen?"
(Ein Fenster besteht aus Fensterstock, Fensterrahmen und Fensterglas, manchmal kommt noch ein Fensterladen hinzu. Der Meister hat an Fensterstock und Fensterrahmen gedacht, aber das Ganze für diese Teile gesetzt. Der Lehrling hat den Auftrag auf einen anderen Teil bezogen.)

DAS PANORAMA

Ein Bergsteiger zum anderen: „Was für ein herrliches Panorama! Leider hab' ich mein Glas unten gelassen."
„Das ist doch halb so schlimm, wir trinken halt aus der Flasche."
(Das Wort Glas bezeichnet sowohl den bekannten durchsichtige Werkstoff als auch die gebräuchlichsten Gegenstände, die aus diesem Werkstoff hergestellt werden, nämlich Trinkgefäße, Brillen und Scheiben.)

BAUER UND EDELMANN

Ein Bauer kam angetrunken nach Hause und erzählte seiner Frau, er hätte auch den Gutsherrn angetroffen.

„Was sagte er denn?"

„Er fragte, wo ich herkäme, und wie ich sagte, vom Markt, fragte er, ob er auch groß gewesen wär'. Da sagte ich, ich hätt' ihn nicht gemessen. ‚Ich meine', sagte er, ‚ob viele Käufer und Verkäufer da gewesen sind.' ‚Ich habe sie nicht gezählt', versetzte ich. ‚Wo geht denn nun der Weg hin?' fragte er. ‚Der Weg geht nicht', sagte ich, ‚er liegt.'"

„Das wird uns eingetränkt werden!", rief die Frau besorgt. „Sagte der Herr denn weiter nichts?"

„Ja, er fragte noch, was ich denn auf dem Markt getan hätte, worauf ich sagte, was er alle Tage täte: mich betrinken."

„Das ist ja noch kreuzschlimmer", wehklagte die Frau. „Ich armes Weib! Du kommst in den untersten Turm. Wie soll ich dann meine Kinderchen ernähren? Dein böses Maul bringt uns an den Bettelstab. Wenn morgen nichts darauf kommt, will ich's loben."

Darum ließ sich aber der Bauer kein graues Haar wachsen, sondern ging zu Bette und schlief den Rausch aus. Nach einiger Zeit legte sich auch die Frau, aber sie fand die Ruhe nicht, während der Mann lag und schnarchte.

Am Morgen in aller Frühe klopfte es an der Türe. Die gute Frau fiel vor Schrecken fast aus dem Bette. Der Bauer aber wollte sich nicht aufrichten, um nachzusehen, wer draußen wäre. So musste die Frau selber aufmachen, und sieh, es war der Büttel, der den Bauern Schlag elf Uhr aufs Schloss beschied.

„Hab' ich mir's nicht eingebildet", jammerte die Frau, „dass wir verspielt und verloren sind!"

„Hat gute Wege!" brummte der Mann, legte sich aufs andere Ohr und schlief ruhig weiter.

Gegen elf Uhr musste sie ihn mit Gewalt aus dem Bette treiben, dass er die angesagte Stunde nicht versäume. Inzwischen war sie auf ein Mittel bedacht gewesen, wie sie den Zorn des Gutsherrn beschwichtigen möchte. „Ich hab' ein junges Häschen aufgezogen", sagte sie zu dem

Mann, „das ist fromm und zahm. Nimm es unter den Rock und bring es dem Herrn zum Geschenk! Vielleicht erbarmt er sich und lässt Gnade für Recht ergehen."

Der Bauer ließ es sich unter den Kittel stecken und ging, den Schlaf aus den Augen reibend, nach dem Schlosse. Der Herr, dem er schon zu lange geblieben war, lag im Fenster und sah ihn kommen.

„He! Bist du endlich da", rief er ihm zu, „du loser Spötter!"

„Zu dienen, Euer Gnaden", versetzte der Bauer.

Als er aber in den Schlosshof getreten war, ließ der Gutsherr alle Hunde auf das Bäuerlein hetzen. Indem sie eben auf ihn einsprangen, ließ er wie vor Schrecken den Hasen fallen, der gleich vor den Hunden Reißaus nahm. Als die Hunde den Hasen laufen sahen, jagten sie hinter ihm drein und krümmten dem Bauern nicht ein Haar. Der Kerl kann mehr als Brot essen, dachte der Edelmann.

Der Bauer trat nun in die Stube, wo der Tisch gedeckt stand und der Gutsherr sich eben niedergelassen hatte. Der Bauer bedachte sich nicht lange und setzte sich neben ihn.

Als nun die Suppe gebracht ward, gab man ihm keinen Löffel.

„Ein Schelm, der seine Suppe nicht isst", sagte der Edelmann. Da nahm der Bauer eine Brotkruste, steckte sie an die Gabel und löffelte damit die Suppe aus.

„Ein Schelm, der seinen Löffel nicht isst", sagte er dann, indem er seine Brotkruste verspeiste.

Darauf ward ein großes Stück Wildbret aufgetragen, das an einem Ende schon in Scheiben zerlegt war; dieser Teil stand aber dem Herrn zugekehrt.

„Da habt Ihr eine schöne Schüssel", sagte der Bauer und kehrte die Schnitten nach seiner Seite.

„Ja", sagte der Edelmann, „sie kostet aber auch viel Geld" und kehrte die Scheiben wieder zu sich.

„Wenn sie viel Geld kostet, so ist sie's auch ehrlich wert", sagte der Bauer, indem er die Schüssel noch einmal drehte. Da gab der Herr nach, und der Bauer ließ es sich wohl schmecken.

Zum Schluss kam ein Gericht Fische, ein großer und ein kleiner. Der große ward dem Gutsherrn, der kleine dem Bauern vorgesetzt. Da nahm der Bauer seinen Fisch an die Gabel und hielt ihn ans Ohr. „Was machst du da, Bauer?" fragte der Edelmann.

„Ich habe den Fisch etwas gefragt, und er hat mir geantwortet."

„Was hast du ihn gefragt?"

„Mein Vater ist im Rhein ertrunken", sagte der Bauer, da hab' ich den Fisch gefragt, ob er mir nichts von ihm zu melden wüsste."

„Und was sagte der Fisch?"

„Er sagte, er wär' noch viel zu jung, jener große dort würde besser Bescheid wissen."

Da vergönnte ihm der Herr, den großen Fisch zu fragen. Der Bauer spießte ihn an die Gabel und hielt ihn ans Ohr; alsbald aber führte er ihn zum Munde und biss ihm den Kopf herunter.

„Bauer, wer hat dir das erlaubt?" fragte der Herr.

„Gnädiger Herr", war die Antwort, der Fisch gestand mir, er habe meinen Vater gegessen, dafür muss ich ihn wieder essen."

Hiermit ließ er sich den großen Fisch wohl schmecken, der Herr hatte das Nachsehen. Dafür sollte der Bauer nun seine Strafe bekommen.

Nach Tische fragte der Herr: „Bauer, kennst du auch Wein?"

„Nein, Herr."

„Nun, so musst du ihn kennen lernen."

Er rief zwei Knechte beiseite, flüsterte ihnen etwas ins Ohr und schickte sie mit dem Bauern in den Keller. Da lagen die Fässer nebeneinander. Sie fingen bei dem geringsten an, den Wein zu kosten. Der Bauer musste den Kranen aufdrehen, der eine Knecht hielt das Glas, der andere öffnete den Spund. Der Bauer sprach dem Wein beherzt zu, doch entging ihm nicht, als sie sich dem letzten und besten Fasse näherten, dass hinter demselben zwei Peitschen lehnten, die er offenbar auch kosten sollte. Solcher Trank behagte ihm nicht. Kaum hatte er also an diesem Fasse den Kranen in der Hand, als er ihn auch gleich mit allen Kräften herauszog, indem er sich betrunken stellte. Der Wein schoss heraus; die bestürzten Knechte sprangen hinzu und hielten die Daumen gegen das Kranenloch, konnten aber doch dem Verlust nicht ganz wehren. Inzwischen griff der Bauer mit beiden Fäusten nach den Peitschen und schlug nach

Kräften auf die jammernden Knechte ein. Gleichzeitig stampfte und trampelte der Herr oben auf den Boden, die Knechte zu ermuntern, dass sie den Bauern, den er für den Gepeitschten hielt, nur nicht schonen sollten. Der Bauer bezog die Ermunterung auf sich und schlug zu, bis die beiden am Boden lagen und der edle Wein über den Boden floss. Dann sah er sich im Vorkeller um, schob ein Paar Schinken und eine Seite Speck unter den Kittel, half sich die Treppe hinauf und schlich schwer gekrümmt über den Schlosshof.

„Nun hast du es doch einmal gekriegt!" rief ihm der Herr vom Fenster zu.

„Ja, Herr", versetzte der überladene Bauer, „ich hab' es so schwer gekriegt – wenn ich und meine Frau das Brot dazu hätten, könnten wir ein halb Jahr davon zehren!"

Also schritt er zum Schlosstor hinaus.

(Volksgut.)

III. DIE WORTARTEN

Die deutsche Schulgrammatik kennt zehn Wortarten (oder *Wortklassen*):

- Substantive (oder *Dingwörter, Hauptwörter, Namenwörter, Nennwörter, Nomen*);
- Artikel (oder *Geschlechtswörter*);
- Adjektive (oder *Artwörter, Beiwörter, Eigenschaftswörter, Qualitative, Wiewörter*);
- Numeralien (oder *Zahlwörter*);
- Pronomen (oder *Fürwörter*);
- Verben (oder *Tätigkeitswörter, Tuwörter, Zeitwörter*);
- Adverbien (oder *Umstandswörter*);
- Präpositionen (oder *Verhältniswörter, Vorwörter*);
- Konjunktionen (oder *Bindewörter*);
- Interjektionen (oder *Ausrufewörter, Empfindungswörter*).

Im Wortbestand der deutschen Sprache machen die Substantive mehr als die Hälfte der Wörter aus, etwa ein Viertel sind Verben, etwa ein Sechstel Adjektive und Adverbien zusammengenommen. Präpositionen und Konjunktionen gibt es insgesamt nur etwa 200.[97]

Die Wortarten unterscheiden sich durch die Funktionen der Wörter in der Rede, einige davon, und zwar die beugbaren (oder *flektierbaren*), auch noch durch die Beugungsmuster, nach denen sich die Wörter in der Rede je nach Funktion verändern.

Zwischen den Wortarten findet ein Austausch von Elementen statt. Die Sprachgemeinschaft kann ein Element einer Wortart so umfunktionieren, dass ein neues Wort entsteht, welches wie die Elemente einer anderen Wortart eingesetzt wird. Das ist unzählige Male geschehen. Jeder Sprecher nutzt die von der Sprachgemeinschaft geschaffenen Möglichkeiten, doch das Wesen des Vorgangs ist ihm nur bewusst, wenn er

---

[97] WALTER JUNG: Grammatik der deutschen Sprache. S. 390.

grammatische Kenntnisse besitzt. Der Laie kann das Adverb *flugs* nicht als den erstarrten Genitiv von *Flug* identifizieren.

Der zum Substantiv gewordene Infinitiv eines Verbs (z.b. *atmen* – das *Atmen, schweigen* – das *Schweigen*) kann als Subjekt, als Prädikatsnomen, als Objekt, als Adverbialbestimmung oder als Attribut dienen und folgt dann der Fallbeugung:

Im Schlaf geschieht das *Atmen* ohne die Kontrolle des Bewusstseins. (Subjekt.) Reden ist Silber, *Schweigen* ist Gold. (Subjekt.)

Der Rest ist *Schweigen*. (Prädikatsnomen oder Gleichsetzungsnominativ.)

Die dünne Höhenluft erschwert das *Atmen*. (Akkusativobjekt.)

Beim *Atmen* verschieben sich die Lungenlappen gegeneinander. (Temporalbestimmung.)

Zum *Atmen* müssen die Wale zur Wasseroberfläche steigen. (Finalbestimmung.)

Zuerst erläuterte der Turnlehrer die Technik des *Atmens*. (Attribut.)

Das Partizip Präsens und das Partizip Perfekt können wie die Adjektive neben ein Substantiv treten und übernehmen dann die Rolle eines Attributs: *fliegen* – der *fliegende* Holländer; *schützen* – die *geschützte* Art.

Zuweilen hat das neue Wort dieselbe Lautgestalt wie das alte. Das ist bei den Substantivierungen so. Jede Wortart kann zum Substantiv werden: das Adjektiv (*Gutes* und *Schlechtes*, der *Mutige*, etwas *Wahres*), das Pronomen (das liebe *Ich*, ein *Er*, so ein *Niemand*, die *Unsrigen*), das Numerale (die *Drei*, das *Tausend*, ein *Viertel*, der *Einundzwanzigste* des Monats, hoch in den *Achtzigern*), das Verb (das *Schwimmen*, mit *Jammern* und *Wehklagen*), das Adverb (das *Hin* und *Her*, das *Abseits*), die Konjunktion (das *Wenn* und das *Aber*), die Interjektion (mit *Weh* und *Ach*). Sogar einzelne Buchstaben und einzelne Laute können als Substantiv auftreten (das *A* und *O*, das hohe *C*).

Das Bessere ist ein Feind des Guten. (Sprichwort.)

Das Ich und Mich, das Mir und Mein regiert in dieser Welt allein. (Sprichwort.)

Auch in einigen anderen Fällen erfolgte der Wortartwechsel ohne Änderung der Lautgestalt. Zum Beispiel:

Aus manchen Substantiven wurden Adjektive: *Angst* – mir ist *angst; Schade* – das ist *schade; Schuld* – wer ist *schuld?*

Aus manchen Substantiven wurden Präpositionen: *dank, kraft, mittels.*

Aus manchen Adverbien wurden Konjunktionen: *wo* man singt; *weshalb* er gekommen ist.

Aus manchen Präpositionen wurden Konjunktionen: *bis* zum Abend – *bis* der Abend beginnt; *während* der Feier – *während* sich die Gäste unterhielten.

Beim Vorgang der **Ableitung** erhält das neue Wort eine andere Lautgestalt. Man unterscheidet zwischen der inneren Ableitung, die nur bei starken Verben vorkommt *(schlafen – Schlaf, trinken – Trank, springen – Sprung),* und der äußeren Ableitung, die mit Hilfe von bestimmten Lauten oder bestimmten Silben erfolgt ist. Diese Laute und Silben waren ehemals selbstständige Wörter. Sie heißen je nach ihrer Stellung im abgeleiteten Wort *Präfix* oder *Suffix,* was im Deutschen nicht ganz richtig mit *Vorsilbe* bzw. *Nachsilbe* wiedergegeben wird. Indem die Sprachgemeinschaft Präfixe und Suffixe mit vorhandenen Wörtern kombinierte, sind aus Substantiven andere Substantive entstanden, aus Substantiven Adjektive und Verben, aus Verben andere Verben, aus Verben Substantive, aus Adjektiven Substantive und Verben usw. usf. Es gibt das Doppelsuffix –lings, zusammengesetzt aus dem Substantivsuffix –ling und aus dem Adverbsuffix –s; mit diesem Gebilde wurden aus Substantiven und Adjektiven Adverbien gebildet *(Ritt – rittlings; blind – blindlings).* Die Lehre von der Wortbildung durch Ableitung ist eine Wissenschaft für sich. Wenn sich ein Laie in diesen Zauberwald wagt, bleibt er bald an einer Fußangel hängen.

1. Die beugbaren Wortarten

Die **Substantive** bezeichnen Dinge oder stellen etwas so dar, als ob es ein Ding wäre, wobei zu vermerken ist, dass für die Sprache auch die lebenden Wesen und die Begriffe Dinge sind. An diese Eigenschaft mahnt der deutsche Name *Dingwörter*. Weil die Zahl der Substantive größer ist als die Zahl aller anderen Wörter zusammengenommen, heißen sie außerdem *Hauptwörter*. Die vier häufigsten Substantive der deutschen Sprache sind *Tag, Mensch, Mann, Geld.*

Während die traditionelle Schulgrammatik dem Wortartwechsel wenig Beachtung schenkt, legt sie bei der grammatischen Analyse großen Wert auf die Kennzeichnung eines Substantivs als konkret – das Ding ist sichtbar, greifbar, hörbar – oder abstrakt – das Ding ist ein gedachter Begriff. Eine brotlose Kunst! Der Volksmund rächt sich durch Witze.

DIE HOSE

Die Lehrerin erklärt: „Dinge, die man sehen kann, sind konkret, zum Beispiel Karlchens Hose. Wer von euch sagt mir ein Ding, das man nicht sehen kann? Erich!"

„Deine Hose."

TIGER SIND ABSTRAKT

„Heute", teilt der Lehrer mit, „sprechen wir von den abstrakten Begriffen. Das sind Dinge, die man nicht anfassen kann, zum Beispiel Freude, Fleiß, Geduld, Wahrheit und Pünktlichkeit. Weiß vielleicht einer von euch ...?"

Paul meldet sich. „Ein Tiger", sagt er.

„Aber den kann man doch anfassen!"

„Haben Sie das einmal probiert?"

BEIM OFEN AUFPASSEN (Bayern)

Lucki steht mit der Rechtschreibung auf dem Kriegsfuß, und so fragt er den Kare: „Woaßt du, wann a Wort groß oder kloa g'schriebn wird?"

„Des is ganz einfach: Ois, was'd olanga kannst, des schreibst groß, was'd aba net olanga kannst, des schreibst kloa. Nehma mir zum Beispiel den Satz her: ‚Die Katz sitzt hinterm Ofen.' ‚Di' kannst net o-langa, oiso schreibst as kloa. ‚Katz' kannst olanga, oiso schreibst as groß. ‚Sitzt' kannst net olanga, oiso schreibst as kloa. ‚Hintern' kannst olanga, oiso schreibst as groß. Nur bei ‚Ofen' musst aufmerkn: Is er eing'heizt, nacha kannst'n net olanga, oiso schrcibst'n kloa, is er aba net eing'heizt, kannst'n olanga, nacha schreibst'n groß!"

Bei den Lebewesen stimmt das grammatische Geschlecht meist mit dem natürlichen überein *(der Mann – die Frau, der Vater – die Mutter, der Lehrer – die Lehrerin, der Hahn – die Henne)*, doch es gibt Ausnahmen *(das Weib, das Mädchen, das Fräulein, der Welpe, das Küken)*. Solange das natürliche Geschlecht für die Aussage unwichtig ist, werden unbekümmert Bezeichnungen mit abweichendem grammatischem Geschlecht gebraucht *(der Mensch, das Pferd, das Schwein, der Biber, die Wachtel, die Fliege)*. Sobald jedoch das natürliche Geschlecht in der Aussage eine Rolle spielt, wählt der Sprecher andere, geschlechtsspezifische Wörter *(der Hengst – die Stute, der Erpel – die Ente)*. Die Verkleinerungsformen auf –chen und –lein sind Neutra; zu ihnen gehören die Wörter *Männchen* und *Weibchen*, die zur Unterscheidung der Geschlechter bei erwachsenen Tieren dienen, von den Säugern bis zu den Insekten.

Solche Unterschiede verwundern und belustigen die Kinder, desgleichen das bunte Bild der Bezeichnungen für die erwachsenen Tiere verschiedener Arten und für ihre Jungen. Dazu hat Mira Lobe ein lustiges Gedicht verfasst („Deutsch ist schwer"). Ich zitiere: „Warum heißt Frau Hahn Henne, aber Frau Schwan nicht Schwenne?"[98] Eine gute Frage.

---

[98]   MIRA LOBE: Deutsch ist schwer. In: Das Sprachbastelbuch, S. 104.

KETZER WIE KATER

Lehrer: Was ist ein Ketzer?"
Klein Frieda: „Ein Ketzer ist der Mann von einer Katze."

Es gibt, da schau her, Substantive mit schwankendem grammatischem Geschlecht (*der* oder *das Knäuel, der* oder *das Meter*), dann
gleichlautende verwandte Substantive mit verschiedenem Geschlecht bei
verschiedener Bedeutung *(der Flur, die Flur; die Steuer, das Steuer)*,
schließlich gleichlautende nichtverwandte Substantive mit verschiedenem Geschlecht bei verschiedener Bedeutung *(der Kiefer, die Kiefer; der
Tau, das Tau)*.

SIEH MAL AN!

Der ist überall willkommen,
darf zu sprödsten Schönen kommen.
Die kann durch ein leises Drücken
zarte Liebe hoch beglücken.
Das zu finden, ist oft schwer,
mancher trifft's von ungefähr.
(Der Rechte, die Rechte, das Rechte.)
Friedrich Schleiermacher

Zuweilen hat ein Substantiv in der Mundart ein anderes Geschlecht als in der Standardsprache. Die Bayern sagen nicht *die Butter,*
sondern *der Butter,* nicht *die Ecke,* sondern *das Eck,* nicht *die Zehe,* sondern *der Zehen,* nicht *die Socke,* sondern *der Socken,* nicht *die Petersilie,*
sondern *der Petersel,* nicht *die Zwiebel,* sondern *der Zwiebel,* nicht *der
Teller,* sondern *das Teller,* nicht *die Spitze,* sondern *der Spitz,* etwa *der
Kirchturmspitz* und *der Christbaumspitz,* und das gilt auch für die Zug-
spitze – bairisch *der Zugspitz.*[99] Laut DUDEN ist das Substantiv *Kompott*

---

[99]   WOLFGANG JOHANNES BEKH: Die Bildung des Geschlechts. In: Ders.:
Richtiges Bayerisch. S. 52-54.

sächlich *(das Kompott)*, Wilhelm Busch aber, der ein Niedersachse war, hat es im „Hans Huckebein" als weiblich verwendet:

Nichts Schönres gab's für Tante Lotte
als schwarze Heidelbeerkompotte.

DER WEPS (Niederbayern)

Die Buben streiten, denn einer, ein ganz g'scheiter, hat behauptet, dass es nicht *der Weps* heiße, sondern *die Wespe*.
„,Der Weps' hoaßt's, alllerweil scho!"
„Naa, ,die Wespe'!"
„,Der Weps'"!
Da schreit auf einmal der G'scheite auf: „Au! A Weps hat mi g'stocha!"
„Na also, ietz woaßt halt as", sagt einer der Buben, „wia er hoaßt, weil er selber kemma ist!"

Auch die Mehrzahlbildung hat es in sich. Nach der Mehrzahlendung teilt man die Substantive in fünf Gruppen, bei drei davon kann zusätzlich ein Umlaut auftreten. Ziehen wir das Geschlecht der Wörter in Betracht, die zu diesen Gruppen gehören, kommen wir auf zwanzig Kategorien. Es gibt auch Ausnahmen. Demjenigen, der von Kindesbeinen an Deutsch spricht, bereitet die Mehrzahlbildung keine Schwierigkeiten, er gerät bloß in Verlegenheit, sobald er diverse Möglichkeiten aufzählen und mit Beispielen belegen soll. Wer aber Deutsch als Fremdsprache erlernt, der hat seine liebe Not.

DAS KURIOSUM

„Ist ,Hose' Einzahl oder Mehrzahl?"
„Oben Einzahl, unten Mehrzahl!"

Die vier Fälle, die es im Deutschen gibt, sind im Bewusstsein der Menschen mit Schulbildung lebendig, auch wenn diese nicht über sie sprechen. Das beweist indirekt eine Redensart mit dem Vokativ, dem Anredefall der lateinischen Deklination. Sie kommt in zahlreichen Mundarten vor. Jemand, dem nicht zu trauen ist, jemand, der es faustdick hinter den Ohren hat, wird *ein rechter Vokativus* genannt. Da man den Anredefall „oft in missbilligendem oder strafendem Sinn anwendet, hat der aus dem Lateinunterricht geläufige Ausdruck seinen sprichwörtlichen Sinn angenommen."[100]

In welchem Fall stehen die Räuber? (Im *Überfall.*)

LOGIK (Hamburg)

Klein Erna ischa probeweise auf Oberschule, und da fragt der Lehrer inne Lateinstunde nach den verschiedenen Fällen, wie die auf Deutsch heißen.

„Wie heißt der Nominativ auf Deutsch, na – Frieda?"
„Der Wer-Fall!"
„Richtig, und der Dativ?"
„Der Wem-Fall!"
„Gut, und der Ablativ? Wer weiß das? Na, Klein Erna?"
„Der Durch-Fall!"

Die **Artikel** melden Substantive an und kennzeichnen deren Geschlecht, deshalb heißen sie auch *Geschlechtswörter.* Sie sind keine selbstständige Wortart – ein Artikel gehört immer zu einem Substantiv. Darauf bezieht sich die folgende bairische Scherzfrage:

Was ist grün, schwimmt auf der Isar und [sein Name] fängt mit A an? (A Pladl – „ein Blättlein".)

Der Artikel steht vor dem Substantiv oder bildet mit dem zugehörigen Substantiv den attributiven Rahmen. Zu einem Substativ gehört

---

[100] LUTZ RÖHRICH: Lexikon der sprichwörtlichen Redensarten. Bd. 4, S. 1115.

immer nur ein Artikel. Spaßhalber wird versucht, mit Hilfe der Mundart mehr als einen Artikel vorzutäuschen: *„Dass di der* Kuckuck hol'!"

Es gibt *bestimmte* Artikel (*der, die das,* in der Mehrzahl *die*) und *unbestimmte* Artikel (*ein, eine, ein,* ohne eigene Pluralform). Ein bestimmter Artikel steht neben der Bezeichnung für Dinge, die in ihrer Art einzig sind *(der Eiffelturm),* desgleichen neben der Bezeichnung für Dinge, die bereits genannt wurden, folglich dem Gesprächspartner bzw. Leser bekannt sind. Der nachstehende Witz fußt auf der falschen Verwendung des bestimmten Artikels.

AUF HELGOLAND

„Hier stürzen wohl die Touristen oft ins Meer?" fragt der Feriengast einen Einheimischen an der helgoländischen Steilküste.

„Nein, die meisten haben mit einem Mal genug."

(Die korrekte Formulierung wäre: Stürzen oft Touristen von diesem Felsen? Stürzen hier oft Touristen ins Meer?)

Die **Adjektive** bezeichnen Eigenschaften, daher auch der deutsche Name *Eigenschaftswort.* Man kann durch Veränderung ihrer Form den Grad der Eigenschaft – verschieden hoch oder verschieden niedrig – zum Ausdruck bringen *(stark – stärker – am stärksten; schwach – schwächer – am schwächsten),* eine Leistung, zu der allein diese Wortart fähig ist. Wenn nämlich der Inhalt eines Substantivs oder Verbs gesteigert werden soll, bedarf es dazu anderer Wörter *(Weiler – Dorf – Stadt – Metropole; gehen – laufen – rennen).* Es gibt drei Steigerungsstufen: die *Grundstufe* (oder den *Positiv*), die *Mehrstufe* (oder den *Komparativ*) und die *Meiststufe* (oder den *Superlativ*).

DER GESCHICKTE HAUSWIRT

Erich: „Kann man ein Hauptwort steigern?"
Karl: „Ja, ‚Miete'."
Erich: „Wie?"
Karl: „Also ich kann's nicht, aber unser Hauswirt kann's."

Welches Wort wird kürzer, wenn man es verlängert? (Das Wort *kurz.*)

Im Zusammenhang mit dem Komparativ ist zu bemerken, dass Form und Bedeutung nicht immer übereinstimmen. Bei Antonymen-Paaren wie *jung-alt* oder *eng-weit* werden durch den Komparativ zuweilen Bedeutungsschattierungen ausgedrückt. Ein *jüngerer* Mann ist älter als ein *junger* Mann, ein *älterer* Mann ist jünger als ein *alter* Mann. Die Sprecher sind sich dieser Möglichkeit bewusst, das belegt der folgende Witz.

IN DER KASERNE

Feldwebel: „Ihre Haare hätten schon vor längerer Zeit geschnitten werden müssen!"

Rekrut: „Sie sind vor längerer Zeit geschnitten worden, Herr Feldwebel!"

(Der Feldwebel verwendet *länger* als Steigerung von *lang*, er meint also „vor ziemlich langer Zeit". Der Rekrut nützt die Zweideutigkeit der Komparativ-Form aus und interpretiert die Bemerkung absichtlich falsch. Er unterstellt den Sinn „vor nicht langer Zeit", wobei *länger* als Abstufung zwischen *kurz* und *lang* erscheint. Solchermaßen kann er die Äußerung des Feldwebels scheinheilig bekräftigen.)

Manche Adjektive bezeichnen nicht einen relativen, sondern einen absoluten Zustand, deshalb ist es logisch falsch, sie zu steigern. Zu dieser Gruppe gehören: *ganz, halb, voll, leer, einzig, minimal, maximal, parallel, gerade, oval, rund, wach, nüchtern, satt, sicher, logisch, deutsch* u.a.m. Wer eines davon steigert, muss sich die scherzhafte Bemerkung „In keinster Weise" oder „Am dransten sein" gefallen lassen, die auffällige Fehlbildungen enthalten.

Die Fallbeugung der Adjektive ist eine Stolperzone der deutschen Sprache, mit zahlreichen Schwankungen und Abweichungen, die unser Sprachgefühl auf die Probe stellen (dreißig Seiten Ausführungen in meiner DUDEN-Grammatik). Die zulässigen Doppelformen verunsichern es. Hier befinden wir uns am Gegenpol jener Sicherheit, die Lust zum Spielen erzeugt.

Die sonderbarste Wortart, weil dem Chamäleon vergleichbar, sind meiner Ansicht nach die **Pronomen.** Manche stehen für Substantive und vertreten diese im Satz, andere können sich wie Adjektive der Rede einordnen. Walter Jung gibt uns in seiner „Grammatik der deutschen Sprache" folgende Beispiele:

„Herr Schulze wird zu *ich,* wenn *er* von sich selbst spricht, zu *du* oder *Sie,* wenn man ihn anredet, zu *er,* wenn man von ihm spricht und ihn schon erwähnt hat, er wird zu *dieser* oder *der da,* wenn man auf ihn zeigt, und zu *wer?,* wenn man nach ihm fragt. – Das Buch des Herrn Schulze nennt er selbst *mein* Buch. Wir sehen, wie er in *seinem* Buch liest. *Es* gefällt ihm nicht. Er nimmt ein *anderes.* Wir sprechen von dem Buch, *das* Herrn Schulze gehört."[101]

Wie ein Rätsel andeutet, gehören Kenntnisse über die Pronomen zur Allgemeinbildung.

Gern tritt es für den andern ein –
welch Wörtlein könnte das wohl sein?
(Das Fürwort.)

Es gibt annähernd 80 Pronomen, die sieben oder acht Gruppen bilden. Von den Schulabgängern werden die Namen gewöhnlich bald vergessen. Die Folklore spiegelt Beobachtungen über den praktischen Gebrauch wider.

Zum Zeichen der Höflichkeit wird der Gesprächspartner, ob Einzelperson oder Gruppe, mit *Sie* angesprochen und dann beim Verb die dritte Person Mehrzahl gewählt. Diese Abweichung ist auffällig genug, um in Witzen festgehalten zu werden.

---

[101] WALTER JUNG: Grammatik der deutschen Sprache. S. 331.

DAS FÜNFTE GEBOT

„Sie sollen nicht stehlen", antwortete der wohlerzogene Schüler dem Schulrat auf die Frage, wie das fünfte Gebot lautet.

EIN SCHAFFNER SCHWANKT

Im Eisenbahnabteil sitzt ein schmächtiges Mädchen. „Na", fragt der Schaffner, „bist du noch Schülerin oder sind Sie schon erwachsen?"
Das Mädchen antwortet mit liebenswürdiger Miene: „Das können Sie halten, wie du willst!"

DIE AUFWERTUNG

„Jetzt ist deine Lehrzeit zu Ende", sagt der Meister zu Jürgen. „Ab heute sage ich nicht mehr ‚du' zu dir, sondern ‚Sie'. Und ab heute brauchst du auch die Brotzeit nicht mehr zu holen – ab heute holen Sie die Brotzeit. Verstanden?"
(*Brotzeit* – landschaftlich für „Zwischenmahlzeit [am Vormittag]".)

Um Vertrauen zu erwecken und um das Einverständnis des Partners zu gewinnen, wird die Pluralform *wir* der zweiten Person (*du* bzw. *Sie*) vorgezogen.

DER VERDÄCHTIGE ARZT

Ein Arzt hatte die Gewohnheit, bei der Untersuchung eines Patienten immer in der Mehrzahl zu sprechen: „Uns tut der Bauch weh, wir fühlen uns sehr schlecht, obendrein niesen wir auch, was werden wir jetzt tun?"
„Herr Doktor", meinte daraufhin ein Kranker, „ich denke, am besten ist, wir wenden uns beide an einen anderen Arzt."

FALSCH FRANKIERT

Der Direktor zur Sekretärin: „Fräulein Müller, die ganze vergangene Woche haben wir die Briefe falsch frankiert."
Sie lächelt. „Wir sind aber auch Dösköppe, Herr Direktor, was?"

BEIM JUGENDRICHTER

Weil der Angeklagte einen schon recht erwachsenen Eindruck macht, schwankt der Jugendrichter zwischen *Sie* und *du*. Schließlich beginnt er: „Wir haben also gestohlen ..."
„Pardon", unterbricht ihn der Angeklagte. „Ob Sie gestohlen haben, ist Ihre Sache, „ich jedenfalls habe nicht."

Zuweilen wählt man die Pluralform *wir* aus Bescheidenheit (lateinisch: *pluralis modestiae*), doch gibt es für diese Wahl, wie nachstehend gezeigt, noch andere mögliche Ursachen.

REZENSENTEN-WIR

Das stolze Wir gebraucht Herr Lilliput,
wenn er zum Rezensieren schreitet:
Der schlaue Mann! Er weiß zu gut,
wie wenig er allein bedeutet.
Johann Christoph Schwab

UNSER JAHRESPLAN

Der Abteilungsleiter zur Sekretärin: „Ändern Sie in meinem Referat alle ‚ich' auf ‚wir' ab. Es scheint, dass wir den Jahresplan nicht erfüllen werden."

Besonderes Aufsehen hat eine Kasusverwechslung erregt, die vor allem in West- und Norddeutschland vorkommt und auch für die Metropole Berlin typisch ist – die Verwendung des Dativs anstelle des

Akkusativs. Der Berliner, heißt es ironisch, sagt immer *mir*, auch wenn es richtig ist. Man legt ihm folgende Sätze in den Mund:

„‚Mir' und ‚mich' verwechs'l ich nich, das kommt bei mich nich vor."

„‚Mir' und ‚mich' verwechs'l ich nich – bei mich, da lernst du Deutsch!"

„Kauf dich 'n Tütchen Grammatik – hat mich auch geholfen!"

Nach W. Franke, „So red't der Berliner", sind Dativ und Akkusativ in eine Form zusammengeflossen, die *Akkudativ* genannt wird.[102] Im selben Werk sind Spottverse zitiert, die sich auf die unbekümmerte Kasusverwechslung in Alltagsgesprächen beziehen:

Ick liebe dir, ick liebe dich,
wie't richtig is, det weeß ick nich.
Und is mich ooch Pomade,
ick lieb' dir nich im dritten Fall,
ick lieb' dir nich im vierten Fall,
ick liebe dir uf jeden Fall.

In der berühmten Sammlung „Geflügelte Worte" von Georg Büchmann finden wir dieses Gedicht in fonetisch gemilderter Form[103]:

Ich liebe dir, ich liebe dich,
wie's richtig is, das weeß ich nich,
und's is mich ooch Pomade –
ich lieb nich uf den dritten Fall,
ich lieb nich uf den vierten Fall,
ich lieb uf alle Fälle.

In den „Geflügelten Worten" wird der Verfasser genannt, es ist der Schauspieler Johann Ferdinand Rüchling (1793-1849). Von ihm stammen auch Verse, die das so genannte *Micheln* festhalten – den

---

[102] ELISE RIESEL: Der Stil der deutschen Alltagsrede. S. 176.
[103] GEORG BÜCHMANN: Geflügelte Worte. S. 145.

Gebrauch von *mich* anstelle von *mir,* wo der Dativ richtig ist (ein Beispiel für Hyperhochdeutsch):

> Was ist mich das, mein Kind, mit dich?
> Du isst mich nich, du trinkst mich nich,
> du stippst mich in den Kaffee nich,
> du bist mich doch nich krank?
> So nimm dich doch und stipp dich ein,
> dann wird es dich bald besser sein –

Anschließend Witze zum selben Thema.

DIE BEDINGUNG (Berlin)

„Mutta, lasste mir mal Karussell fahren?"
„Du sollst nicht ,mir' sagen, es heißt ,mich'."
„Ach Mutta, lass mir doch mal Karussell fahren!"
„Du sollst ,mich' sagen!"
„Mutta, wenn ich nu ,mich' sage – lässte mir denn fahren?"

SEILSPRINGEN (Hamburg)

Finchen hat 'n Springtau zum Geboatztach gekriegt und springt nun gewaltig damit rum auf'm Schulhof. Klein Erna, ganz neidisch, sagt: „Lass mir auch mal!"

Die Lehrerin hat das mitgekriegt und verbessert: „Lass   m i c h   mal!"

Meint Klein Erna großzügig. „Na schön, lass ihr mal!"

KATZ WIE MIEZ

Kasimir hat sich in eine Berlinerin verknallt. „Küsse mir, Kasimir!", flüstert sie.

Er verbessert: „Das heißt ,mich'!"

„Auch gut", flüstert sie. „Küsse mir, Kasimich!"

EINE HAND WÄSCHT DIE ANDERE

Professor Theodor Mommsen kommt zum Flickschuster im Nebenhaus, um eine Kleinigkeit an einem Schuh reparieren zu lassen. Der Schuster sagt: „Ja, Herr Professor, und ich mache es Ihnen auch umsonst, wenn Sie mir eine Frage beantworten, die ich schon lange auf dem Herzen habe."

„Was wäre das?"

„Wie heißt es richtig, Herr Professor – ‚mir' oder ‚mich'?"

„Die Frage kann ich Ihnen so nicht beantworten. Sie müssen mir einen zusammenhängenden Satz sagen."

„ Ach, Herr Professor, ich sehe schon – Sie wissen es auch nicht! Na, da zahlen Sie man Ihre fünfzig Pfennige!"

Zuletzt ein Rätsel mit einem Indefinitpronomen:

Fehlt es dir, bist du zufrieden; hast du es, bist du unzufrieden. *(Nichts.)*

Die **Verben** bezeichnen Tätigkeiten, Vorgänge und Zustände. Kraft ihrer Leistung im Satz – als Satzkern, um den sich die anderen Satzglieder gruppieren – gelten sie für manche Grammatiker als die wichtigste Wortart. Sie richten sich in Person und Zahl nach dem Subjekt, dadurch *gründen* sie die Sätze, wie der Fachausdruck lautet. Durch die Eigenschaft, in mehreren Teilen aufzutreten, schaffen sie den für die deutsche Sprache spezifischen *Satzrahmen*. Ferner kennzeichnen sie die eingeleiteten Nebensätze durch ihre typische Endstellung. In der DUDEN-Grammatik und in der Grammatik von Walter Jung steht das Verb im Abschnitt über die Wortarten an erster Stelle – vor dem Substantiv.

Das auffälligste Merkmal der Verben ist ihre Fähigkeit, die Zeit der Handlung anzugeben: Vergangenheit, Gegenwart oder Zukunft. Sie können sogar verdeutlichen, ob die Handlung schon vor einer anderen vergangenen Handlung stattgefunden hat *(war gekommen, hatte gesehen)* bzw. ob sie in der Vergangenheit abgeschlossen worden ist *(bin gekommen, habe gesehen),* ferner, ob sie in der Zukunft schon vor einer anderen, ebenfalls künftigen Handlung stattfinden wird *(werde gekommen sein, werde gesehen haben).* Deshalb heißen die Verben auf Deutsch u.a. *Zeitwörter.* Gleichzeitig geben sie einen Hinweis, wer die Handlung ausführt – die sprechende Person, die angesprochene Person oder eine dritte Person. Durch die Modi (oder *Aussageweisen*) wird zwischen Realität, Irrealität, Möglichkeit, Wunsch und Notwendigkeit unterschieden. Und aus der Wiedergabe des Geschehens im Aktiv oder im Passiv schließen wir auf die Rolle des Subjekts – wir erkennen, ob das Geschehen eine von ihm ausgehende Handlung oder ein von ihm erduldeter Vorgang ist.

Diese Eigenschaften machen das Verb – potenziell – zu einem interessanten Gesprächsthema. Der Grammatik-Unterricht kann spannend sein. Die folgenden Witze belegen eher das Gegenteil.

ZEIT DES BADENS

Die Lehrerin fragt: „Was ist das für eine Zeit, wenn ich sage: ich bade?"

Brigitte: „Samstagabend."

(Korrekt formuliert, würde die Frage lauten: Welche Zeitform des Verbs ist das ...)

ZEIT DES HUSTENS

Die Lehrerin fragt: „Welche Zeit ist das: ich huste, du hustest er hustet, wir husten, ihr hustet, sie husten?"

Simon aus der letzten Bank antwortet: „Winter!"

DAS KENNT MAN

Lehrer: „Wie lautet die Gegenwart von ‚trinken'?"

„‚Ich trinke.'"

„Und die Zukunft?"

„‚Ich bin betrunken.'"

EINE KNIFFLIGE FRAGE

In einer Mädchenklasse sagt die Lehrerin: „Wir haben den Satz ‚Ich bin ein Kind'. Kann man den in die Zukunft bringen?"
Inge: „‚Ich habe ein Kind.'"

SORGEN MIT ANNA

„Was bedeutet ‚analog'?"
Fritzchen: „Die Vergangenheit von ‚Anna lügt', Herr Lehrer."

DIE BEFEHLSFORM (I)

Lehrerin: „Jeder Schüler sagt einen Satz, und dann bringen wir diesen in die Befehlsform."
Erich meldet sich: „Der Ochse zieht den Wagen."
Lehrerin: „Und die Befehlsform?"
Erich: „‚Hü!'"

DIE BEFEHLSFORM (II)

Lehrer: „Wie heißt die Befehlsform von ‚schweigen'?"
Ludwig: „‚Pst!'"

Für das Verb wurde früher die Bezeichnung *Tuwort* verwendet, wenn z.B. der Lehrer den Grundschülern das Wesen der Wortart erklärte. Nun wird in manchen Mundarten *tun* gern gebraucht und mit anderen Verben gekoppelt. In der Schule versucht man, diese Angewohnheit zu unterdrücken. Elise Riesel schreibt: „Den Schulkindern (insbesondere im Süden des deutschen Sprachgebiets, in der Schweiz und in Österreich) wird immer wieder die Umschreibung des Verbs mit ‚tun' als Fehler angekreidet (z.B. der Lehrer ‚tut' an die Tafel ‚schreiben', anstatt: ‚schreibt' an die Tafel). Deshalb kann man von übervorsichtigen Kleinen nicht selten die Fügung zu hören bekommen: Der Zahn weht (anstatt: tut weh)."[104] Diese Übertreibung fällt unter den Begriff „Hyperhochdeutsch". Der Volksmund hat sie zu einem Witz umgeschmiedet.

MARGOT IST GELEHRIG

Die Lehrerin tadelt die Ausdrucksweise der Kinder: „Ihr sagt: ‚Es tut regnen, es tut schneien' – das ist falsch. Richtig sagt man: Es regnet, es schneit."

Aufmerksam haben die Schüler zugehört. Nach einer Weile meldet sich Margot: „Darf ich bitte mal rausgehen, mein Kopf weht so!" (*Weh tun* ist eine stehende Wortverbindung.)

Man unterscheidet zwischen starken und schwachen Verben.

Bei der Beugung der starken Verben, die älter sind, tritt in auffälliger Weise der Ablaut in Erscheinung, das ist ein gesetzmäßiger Wechsel des Stammvokals in den drei Stammformen Infinitiv, Präteritum und Perfektpartizip. Es gibt drei Gruppen. In der ersten Gruppe haben Infinitiv, Präteritum und Perfektpartizip jeweils verschiedenen Stammvokal (*gebären – gebar – geboren; schwimmen – schwamm – geschwommen*). In der zweiten Gruppe haben Infinitiv und Perfektpartizip denselben Stammvokal, während das Präteritum abweicht (*fahren – fuhr – gefahren; laufen – lief – gelaufen*). In der dritten Gruppe haben Präteritum und Perfektpartizip denselben, aber vom Infinitiv abweichenden Stammvokal (*fliegen – flog – geflogen; reiten – ritt – geritten*). Jedes Kind lernt den Ablaut meistern, die Beschreibung des Phänomens aber ist eine andere Sache.

Die Sicherheit der Sprecher in Bezug auf den Ablaut in den Stammformen äußert sich in spielerisch falschen Partizipialbildungen:

blamieren – blamoren (anstatt *blamiert*);
kriechen – gekracht (anstatt *gekrochen*);
läuten – gelitten (anstatt *geläutet*);
merken – gemorken (anstatt *gemerkt*);

---

104   ELISE RIESEL: Der Stil der deutschen Alltagsrede. S. 165.

schenken – geschunken (anstatt *geschenkt*);
schimpfen – geschumpft (anstatt geschimpft);
spazieren gehen – spazoren gegangen (anstatt *spazieren gegangen*);

speisen – gespiesen (anstatt *gespeist*);
umbringen – umgebrungen (anstatt *umgebracht*).

Laut Elise Riesel schweben den Sprechern bei solchen morphologischen Witzbildungen Analogien mit anderen Verben vor. Die Forscherin hält auch für möglich, dass gelegentliche Sprechfehler ein Anstoß waren.[105]

Mit Bezug auf eine auffällige Abweichung – süddeutsch *fragte,* norddeutsch *frug* – spielt das folgende Gedicht (ein Sonett!) mit morphologischen Witzbildungen.

DER UNVERBESSERLICHE

Man fragte mich: „Heißt's ‚fragte' oder ‚frug'?"
Ich sagte drauf: „Ich wähle immer ‚fragte',
da man ja auch statt ‚sagte' nicht spräch ‚sug',
was schlecht dem Ohr und Sprachgebrauch behagte."

Der andre sprach: „Ich werde draus nicht klug,
man sagt doch auch nicht ‚schlagte' oder ‚tragte'?"
Ich sprach: „Ausnahmen sind nur ‚schlug' und ‚trug';
doch ‚tug', ‚rug', ‚zug' und ‚wug' noch keiner wagte.

Nun wird der Zweifel, der Sie bisher nagte
und plagte – und nicht etwa gar nug und plug –
behoben sein, ob richtig ‚frug', ob ‚fragte'?"

---

[105]   ELISE RIESEL: Der Stil der deutschen Alltagsrede. S. 338.

Der andre sprach: „Sie haben Recht", und schlug
sich an die Stirn, als ob ihm Licht nun tagte,
„verzeihen Sie, dass ich so töricht frug."

Unbekannter Verfasser, um 1900

Schwach nennt man ein Verb, dessen Stamm bei gleichbleiben-
dem Vokal im Präteritum die Endung –te und im Perfektpartizip die Endung –[e]t hat *(zeigen – zeigte – gezeigt; enden – endete – geendet).*
Weil die Sprachgemeinschaft zwischen den starken und den
schwachen Formen keinen Leistungsunterschied mehr zu erkennen vermag, kommen Schwankungen vor. Auch das starke Verb *pfeifen* weist
literarisch nicht anerkannte schwache Formen auf, die vermutlich terri-
torial gebunden sind; der Volksmund hat sie in Witzen festgenagelt. Das
Nachrichtenmagazin „Der Spiegel" hat in der Ausgabe Nr. 18/2004 folgende Bildunterschrift aus dem „Münchner Merkur" aufgespießt: „Re-
kord: Merk pfeifte 241 Bundesliga-Partien."

DER FRECHDACHS

A: „Wer hat hier gepfeift?"
X: „Ich pfoff." (Variante: „Ich habe gepfuffen.")

Schlagfertig wird eine Falschbildung durch eine andere lächerlich
gemacht.

Auf die Häufigkeit der so genannten *modalen Hilfsverben* im
Vergleich zu den Vollverben ist ein gern zitierter Zweizeiler gemünzt:

Sechs Wörtchen nehmen mich in Anspruch jeden Tag:
Ich *soll,* ich *muss,* ich *kann,* ich *will,* ich *darf,* ich *mag.*

Haben ist besser als gehabt haben. (Sprichwort.)
Besser ein dürrer Habich als ein fetter Hättich. (Sprichwort.)
Bauen kann nur Habich, nicht Hättich. (Sprichwort.)

Über die Beugung ist in diesem Abschnitt nicht mehr zu sagen. Weil die Veränderungen der Wortform die Rolle der Wörter im Satz und ihre Beziehungen zu anderen Satzgliedern kennzeichnen, werden Aspekte der Deklination und der Konjugation auch im Kapitel über den Satzbau angesprochen.

Wir dürfen uns lachend von den beugbaren Wortarten trennen – mit einem Gedicht von Wilhelm Busch, bei dem insbesondere Kasusverwechslung und falsche Verbformen Heiterkeit erzeugen.

ROMANZE VOM NÜTZLICHEN SOLDATEN

Rieke näht auf die Maschine;
Nischke ist bei's Militär,
dennoch aber ließ sie ihne
niemals nahe bei sich her.

„Wozu", fragte sie verächtlich,
„wozu hilft mich der Soldat,
wenn man bloß durch ihn hauptsächlich
so viel hohe Steuern hat?"

Einstmals ging sie in das Holze,
Nischke wollte gerne mit;
aber nein, partu nicht wollt' se,
dass er ihr dahin beglitt.

Plötzlich springt aus dem Gebüsche
auf ihr zu ein alter Strolch;
stiere Augen wie die Fische,
kalte Hände wie der Molch.

„Runter", schreit er, „mit die Kleider,
denn sie lebt im Überfluss,
da ich ein Fabrikarbeiter,
der sich was verdienen muss!"

Weinend fallen Kleid und Röckchen,
zitternd löst sich der Turnür,
nur ein kurzes Unterglöckchen
schützt vor Scham und Kälte ihr.

Bauz! Da fällt ein Schuss mit Schroten.
Fluchend läuft der Vagabund
mit verletztem Hosenboden
in des Waldes Hintergrund.

Das tat Nischke, der trotz allen
Rieken heimlich nachgeschleicht,
die sich unter Dankeslallen
jetzt um seinen Hals verzweigt.

Oh, ihr Mädchen, lasst euch raten,
ehrt und liebet den Soldat,
weil er sonst for seine Taten
nicht viel zu verzehren hat.

Dieser Text ist wohl die modernisierte Form einer älteren Fassung, in der Nischke noch einen Säbel trägt. Dort heißt es nicht minder lustig:

Aber jetzt, da tönt es: „Halte!",
und ein scharfer Säbel blunk.
Aufgeschlitzt mit einer Spalte
floh sich brüllend der Halunk.

2. Die unbeugbaren Wortarten

Jede Definition der **Adverbien** (oder *Umstandswörter*) ist angesichts der vielfältigen Aufgaben dieser Wortart unzulänglich. Sie präzisieren Ort, Richtung, Zeit, Dauer, Frequenz, Grund, Zweck sowie Art und Weise der Handlung, außerdem deren Maß *(beinahe, kaum, völlig, ziemlich)*, ihre Gültigkeit *(allerdings, fürwahr, sogar)*, schließlich Schattierungen von *ja* und *nein (bestimmt, freilich, gewiss, vielleicht; gewiss nicht, keinesfalls, mitnichten, niemals)*. Die Behauptungen im nachstehenden Rätsel sind also nicht übertrieben.

EIN NEUNMALKLUGES WORT

Auf „Wo?" und „Wie?" und „Wann?"
und andres Drum und Dran,
auf tausend kluge Fragen
kann ich dir Antwort sagen.

(Das Umstandswort.)

Adverbien sind auch die Fragewörter *wo, woher, wohin, wann, seit wann, wie lange, wie oft, warum, weshalb, womit, wozu, wodurch, wofür* usw. Ihre Anwendung ist beileibe keine Kunst; über den, der danebenhaut, macht sich der Volksmund mit Recht lustig.

Wozu ist die Kavallerie? (Zu Ross.) Ein Kabinettstück der Satire in sechs Worten! Gewöhnlich sind Fragen mit *wozu* auf einen Zweck gerichtet, man versteht sie final, deshalb denken wir bei der obigen Frage an die Rolle der Kavallerie. Doch mit der verblüffenden Antwort soll ein ausgefallener Gebrauch des Fragewortes verulkt werden, der möglicherweise aus dem Kasernenjargon stammt. Dann hat die Frage folgenden Sinn: Wodurch unterscheidet sich die Kavallerie von anderen Waffengattungen? Die vervollständigte Antwort lautet: Bei der Kavallerie sind die Soldaten beritten (mit anderen Worten: sie sitzen auf Pferden, sie bewegen sich zu Ross fort).

Die **Präpositionen** (oder *Verhältniswörter*) zeichnen sich durch die Fähigkeit der Rektion aus, d.h. sie bestimmen (oder *regieren*) den Fall des folgenden Substantivs. Das ist in etlichen Sprachen so, und es kommt ebenfalls in etlichen Sprachen vor, dass eine Präposition je nach dem Sachverhalt mal diesen, mal jenen Fall fordert. Nach dem Muster des Lateinunterrichts haben die Schulkinder früher die zu Gedichten kombinierten Präpositionen auswendig gelernt. In der Folge sind diese Texte zum Volksgut geworden.

Unweit, mittels, kraft und *während,*
laut, vermöge, ungeachtet,
oberhalb und *unterhalb,*
innerhalb und *außerhalb,*
diesseits, jenseits, halber, wegen,
statt, ob, längs, zufolge, trotz
stehen mit dem Genitiv
oder auf die Frage „Wessen?"
Doch ist hier nicht zu vergessen,
dass auf diese letzten drei
auch der Dativ möglich sei.

Nach *bei, von, nach, mit, samt* und *seit,*
zuwider, nebst, entgegen, nächst,
aus, gegenüber, außer, zu
setz nur den Drittfall du!

Durch, für, ohne, um und *wider,*
sondern, gegen – setze alle
immer mit dem vierten Falle!

Durch, für, ohne, um,
sonder, gegen, wider
stehen auf die Frage „Wen?"
An, auf, hinter, neben, in,
über, unter, vor und *zwischen*

stehen mit dem vierten Fall,
wenn man fragen kann: „Wohin?"
Mit dem dritten stehn sie so,
dass man nur kann fragen: „Wo?"

Solche Verse sind als Eselsbrücken nützlich, wenn der abweichende Gebrauch der Kasusformen in der Mundart die Umgangssprache beeinflusst.

Ein verbreiteter, zäher Fehler ist die Verwendung von *am (an + dem)* statt *auf dem*. Er ist Gegenstand einer Scherzfrage zum Thema „Gutes Deutsch".

DIE GAMSFEDER

Was klingt besser: „Der Tiroler trägt die Gamsfeder am Hute" oder „Der Tiroler trägt die Gamsfeder auf dem Hut"? (Eine Gams oder Gämse hat keine Federn! Es kann sich nur um einen Gamsbart handeln.)

Noch ein Witz mit Präpositionen:

DAS ALTE ROM

In der Geschichtsstunde behauptet Willi, dass Rom bei Nacht erbaut worden sei. „Wo hast du das her?" fragt der Lehrer kopfschüttelnd.

„Von Ihnen, Herr Lehrer! Sie haben neulich gesagt, Rom wurde nicht an einem Tag erbaut."

(*An einem Tag* – mit der Betonung auf *einem* – bedeutet „in kurzer Zeit", „in Eile". Als Satzglied antwortet diese Wortgruppe auf die Frage „Wie?" und ist eine Modalbestimmung. Um auszudrücken, dass irgendwelche Arbeiten tagsüber durchgeführt wurden, müsste man sagen *am Tage* oder noch besser *bei Tage* und die Betonung müsste auf *Tag* fallen.)

Die bekannteste, weil gebräuchlichste **Konjunktion** ist *und*. Sie gehört zu den vier am häufigsten benützten deutschen Wörtern: *der, die,* *und, in.* Oft kann man sie weder ersetzen noch umgehen. Deshalb ist auch sie Gegenstand von Rätseln und Scherzfragen.

Kind und Kegel, Wasser und Wein,
Berg und Tal, Stein und Bein,
Hund und Katze, Maus und Speck,
Ritze und Ratze, Haus und Schneck',
alles dieses Kunterbunt
paart im Nu das Wörtlein -?

(und.)

Niemand und keiner
gingen in ein leer Haus.
Niemand ging heraus,
keiner ging heraus.
Was blieb nun noch drin?

(Und.)

Was steht zwischen Berg und Tal? *(Und.)*

So wie neben einem Substantiv nur ein Artikel sinnvoll ist, kann zwischen zwei Substantiven nur eine Konjunktion stehen. Umso größer ist das Vergnügen, wenn es mal durch einen Kunstgriff gelingt, sich um dieses einfache Gesetz zu drücken. In der folgenden Anekdote kommt das Wort *und* gleich fünfmal hintereinander vor.

DAS SCHILD

Ein Gastwirt ließ ein Ladenschild malen, war dann aber mit der Verteilung der Schrift höchst unzufrieden und sagte zu dem Maler: „Der Zwischenraum zwischen ‚Bier' und ‚und' und ‚und' und ‚Wein' ist nicht gleichmäßig!"

Auch die Konjunktion *wenn* ist in die Folklore eingegangen. Bekanntlich enden viele Märchen mit dieser scherzhaften Formel: „Und wenn sie nicht gestorben sind, dann leben sie noch heute." Eine Stelle aus dem Gedicht „Der Kaiser und der Abt" von Gottfried August Bürger ist zum Sprichwort geworden: „Der Mann, der das Wenn und das Aber erdacht,/ hat sicher aus Häckerling Gold schon gemacht."

DIE VORSORGLICHE BRAUT

Ilse: „Wenn ich deine Frau sein werde, will ich all deine Sorgen und Lasten mit dir teilen!"

Heiner: „Danke, Liebste, aber ich kenne keine Sorgen und Lasten!"

Ilse: „Ich habe gesagt: wenn ich deine Frau sein werde."

GUTES WETTER

Wenn's Sauerkraut regnet
und Bratwürste schneit,
dann bitt' ich den lieben Herrgott,
dass das Wetter so bleibt.

(Volksgut.)

ESEL BLEIBT ESEL

Richard Wagner hatte sich nicht nur zahlreicher Musikkritiker zu erwehren. Einmal schrieb ihm ein Sprachwissenschaftler einen sehr kritischen Brief. Darin hieß es unter anderem: „In Ihrem ‚Lohengrin' müssen die Verse ‚Nie sollst du mich befragen, noch Wissens Sorge tragen' geändert werden. Nach den Gesetzen der deutschen Sprache kann es nicht heißen: ‚nie – noch', sondern nur: ‚weder – noch'."

Offenbar hatte der Besserwisser vergessen, dass sich bei Goethe eine vergleichbare Formulierung findet. Margarete weist Fausts Annäherungsversuch zurück mit den Worten:

„Bin weder Fräulein, weder schön,
kann ungeleitet nach Hause gehen."

Wagner sandte dem Germanisten einen Klavierauszug des „Lohengrin" mit folgender Widmung:
Nie sollst du mich befragen,
noch Wissens Sorge tragen,
ob weder oder noch –
ein Esel bleibst du doch!

Als letzte und etwas chaotische Gruppe ziehen die **Interjektionen** an der Tribüne vorbei. Zu ihnen gehören die lustigsten Wörter der
deutschen Sprache – die lautnachahmenden Wörter. Deren Zahl ist Le-
gion. Im folgenden Kinderreim wird das Klopfen der Pferdehufe wiedergegeben. (*Jüfferchen* ist ein rheinländisches Mundartwort für die nicht
verheiratete Frau. Das Wort *Tuffe*, hier dem Reim zuliebe *Tüfferchen*, hat
mit der Mode zu tun. Es kommt vom französischen Wort *touffe*, welches
ursprünglich „Busch" bzw. „Büschel" bedeutete. *Tüfferchen* bezeichnet
entweder das hoch aufgesteckte Frauenhaar oder die Aufbauschung an
den Oberärmeln und Schultern des Frauenkleides um 1900).

DIE REITER

So reiten die Herren
auf ihren stolzen Pferden:
zuck zuck, zuck zuck, zuck zuck!
So reiten die Jüfferchen
mit ihren spitzen Tüfferchen:
tripp trapp, tripp trapp, tripp trapp!
So reiten die Bauern,
die Humpels, die Pumpels:
truf truf, truf truf, truf truf!
So reiten die Husaren:
klabaster, klabaster, klabaster!
(Volksgut.)

IV. DER SATZBAU
Der Satz. Elliptische Sätze.
Die Satzglieder.
Satzrahmen und Verschachtelung.
Die Betonung. Die Wortfolge

Die Menschen verständigen sich in Sätzen. Wenn sie einander Mitteilungen machen über ihre Gefühle, ihre Bedürfnisse, ihre Absichten, über Verhältnisse, Vorgänge und Handlungen, dann treten die Wörter in eine Beziehung zueinander. Diese Beziehung ist aus der Wortbedeutung oft nicht klar zu erkennen, deshalb wird sie sowohl durch die Stellung als auch durch die Form der Wörter verdeutlicht. So müssen beispielsweise Subjekt und Prädikat in der Zahl (im Singular oder im Plural) übereinstimmen. Wer dieses einfache Gesetz nicht begreift, wird ausgelacht.

Der Satzbau erfolgt nach Gesetzen, die sich das Kind beim Erlernen der Sprache unbewusst aneignet. Das folgende Rätsel hält diese Wahrheit fest.

GESAGT, GETAN

Eh' du nur wusstest, was ich bin,
hast du mich längst gemacht.
Bald sprichst du mich, bald schreibst du mich,
manchmal mit viel Bedacht.
Ob groß, ob klein, der Menschengeist
spricht immerdar aus mir.
Und doch macht leichter mich als du
und schneller manches Tier.

(Gemeint ist der Satz als grammatischer Begriff. Die Lösung wird erschwert, indem das Rätsel seinen Namen irreführend auch als die Bezeichnung für die sprunghafte Bewegung mancher Tiere ausgibt.)

AUF DER WEIDE

Die Lehrerin schreibt an die Tafel: *Der Ochse und die Kuh ist auf der Weide.* Dann fragt sie: „Was ist falsch an diesem Satz?" Viele Hände fahren in die Höhe. Die Lehrerein bestellt Heinz aus der hintersten Reihe, weil der sich selten meldet. Heinz sagt. „Ich glaube, man muss die Dame immer zuerst nennen."

Laut Günter Starke gab es für den Satz im Jahre 1986 schon mehr als 400 Definitionen.[106] *Grammatici certant,* lautet ein lateinisches Sprichwort, das bedeutet: „Die Sprachgelehrten streiten." Der Laie aber, wenn er so etwas hört, greift sich an den Kopf. Ein vollständiger Satz enthält der Schulgrammatik zufolge mindestens ein Subjekt und ein Prädikat, demnach wären normale Sätze mindestens zweigliedrig. Doch in der Sprachpraxis „findet man Äußerungen und Äußerungsfolgen ohne Subjekt und ohne Prädikat, ja ohne finite Verbform auf Schritt und Tritt, nicht nur im mündlichen Sprachgebrauch, sondern auch in geschriebenen und gedruckten Texten, in Tageszeitungen, in Zeitschriften, in Büchern verschiedener Art."[107] Beispiele für eingliedrige Mitteilungen ohne finite Verbform sind Aufforderungs- und Aussagesätze bestehend aus Substantiven bzw. substantivischen Wortgruppen *(Achtung! Start! Hilfe! Hoffnungslose Stille. So ein Pech.),* aus Infinitiven *(Warten! Einsteigen! Setzen!),* aus Partizipien *(Hergehört! Angetreten! Stillgestanden!)* oder aus Adverbien *(Fertig! Los! Links! Still! Ja. Nein. Vielleicht.).* Also ist das folgende Rätsel vom Subjekt (oder *Satzgegenstand*) nicht stichhaltig, weil es dem von der traditionellen Schulgrammatik vorgetäuschten Perfektionismus entspricht.

In jedem Satz, groß oder klein,
muss von mir stets die Rede sein.
(Der Satzgegenstand.)

106   GÜNTER STARKE: Der deutsche Satz im Kreuzfeuer der Kritik. In: SPRACHPFLEGE. Heft Nr. 7/1986, S. 93-96, hier S. 93.
107   Idem, S. 93.

Im Dialog wird das einmal Gesagte gewöhnlich nicht wiederholt, weil die Repliken sich auf vorherige Aussagen stützen, man denkt sich bereits genannte Einzelheiten hinzu. Deshalb haben Fragen und Antworten in eindeutigen Sprechsituationen oft die Form von unvollständigen Sätzen, es regnet **Ellipsen,** was die traditionelle Schulgrammatik weitgehend ignoriert. Zum Beispiel: „Wann fährst du ab?" – „Freitag." – „Mit Gepäck?" – „Nein, ohne."

DIE KLEIDERHAKEN

Im Hörsaal sind neue Kleiderhaken angebracht worden. Daneben ein Schildchen: *Für Dozenten!*

Am nächsten Tag klebt ein Zettel unter dem Schildchen: *Man kann aber auch seinen Mantel daran aufhängen!*

Das Vermeiden von überflüssigen Wiederholungen heißt *Sprachökonomie*. Die Kinder folgen diesem Prinzip unbewusst und selbstverständlich.

Betrachten wir ein Fragment aus einem bekannten Grimmschen Märchen („Kinder- und Hausmärchen" Nr. 26):

„[...] Wie nun Rotkäppchen in den Wald kam, begegnete ihm der Wolf. Rotkäppchen aber wusste nicht, was das für ein böses Tier war, und fürchtete sich nicht vor ihm. ‚Guten Tag, Rotkäppchen‘, sprach er. ‚Schönen Dank, Wolf.‘ – ‚Wo hinaus so früh, Rotkäppchen?‘ – ‚Zur Großmutter.‘ – ‚Was trägst du unter der Schürze?‘ – ‚Kuchen und Wein: Gestern haben wir gebacken, da soll sich die kranke und schwache Großmutter etwas zugut tun und sich damit stärken.‘ – ‚Rotkäppchen, wo wohnt deine Großmutter?‘ – ‚Noch eine gute Viertelstunde weiter im Wald, unter den drei großen Eichbäumen, da steht ihr Haus, unten sind die Nusshecken, das wirst du ja wissen‘, sagte Rotkäppchen."

Warum antwortet Rotläppchen dem Wolf in grammatisch unvollständigen Sätzen? Weil der Gedankenaustausch nicht mehr Wörter notwendig macht. Trotz der Ellipsen wird der Text von Kindern im Vorschulalter ohne weiteres verstanden, andernfalls wäre das Märchen längst aus der Folklore verschwunden.

Betrachten wir eine Stelle aus einem anderen erfolgreichen Werk – es ist der Roman „Emil und die Detektive" von Erich Kästner (1929). Eben spricht Tante Martha (16. Kapitel).

„[...] ‚So, und nun wollen wir zu Mittag essen. Der Onkel kommt erst zum Abend heim. Pony, deck den Tisch!'
‚Jawohl', sagte das kleine Mädchen. ‚Emil, was gibt's?'
‚Keine Ahnung.'
‚Was isst du am liebsten?'
‚Makkaroni mit Schinken.'
‚Na also. Da weißt du ja, was es gibt!'"

Auch hier grammatisch unvollständige Sätze, die für das Leserpublikum keine Schwierigkeit darstellen. Während in der Schule immer wieder mal – ich weiß nicht warum – der Verdacht auftaucht, grammatisch unvollständige Sätze als Antworten auf Lehrer-Fragen seien ein Zeichen mangelhafter Sprachbildung oder aber ein Zeichen von Respektlosigkeit, würden wir einen Menschen, der immer grammatisch vollständige Sätze bildete, für übergeschnappt halten. Stellen wir uns vor, der Dialog zwischen Wolf und Rotkäppchen verliefe wie folgt:

„Ich wünsche dir einen guten Tag, Rotkäppchen!"
„Ich sage dir dafür schönen Dank, Wolf."
„Wo hinaus gehst du so früh, Rotkäppchen?"
„So früh gehe ich zur Großmutter."
„Was trägst du unter der Schürze?"
„Unter der Schürze trage ich Kuchen und Wein."

Wären die obigen Antworten real, würden wir sie als schnippisch empfinden; damit Rotkäppchen derartig schnippische Antworten gibt, müsste es eine gehörige Portion Ironie besitzen. Aber im deutschen Märchen ist die Heldin ein kleines Mädchen und entsprechend naiv.

Noch komischer wirkt die „schulmäßig" ergänzte Fassung des zweiten Dialogs:

„So, und nun wollen wir zu Mittag essen. Der Onkel kommt erst zum Abend heim. Pony, deck den Tisch!"
„Jawohl, ich decke den Tisch. Emil, was gibt es zu essen?"
„Ich habe keine Ahnung, was es zu essen gibt."
„Was isst du am liebsten?"

„Am liebsten esse ich Makkaroni mit Schinken."

„Wenn du am liebsten Makkaroni mit Schinken isst, musst du ja wissen, was es gibt."

Ein Fachmann für Methodik des Unterrichts, Karl Stöcker, äußert sich sehr klar zu der Frage, ob Schüler in ganzen Sätzen antworten sollen. „Mit der sturen Anwendung dieser Forderung wurde in unseren Schulen viel Unfug angestiftet. Auf Kosten der natürlichen Situation wurde die sprachliche Form übertrieben [...] und dadurch die Lust zur natürlichen Antwort durch den Schüler eingeschränkt." Als Ausnahmen lässt Stöcker nur sprachpflegerische Übungen gelten. Er fügt ein gereiztes Zitat aus Kutzleb an:

„Niemals und nirgends auf der ganzen Welt antwortet ein nicht geisteskranker Mensch auf eine Frage mehr, als notwendig ist, und niemand erwartet mehr von ihm. Bloß auf der deutschen Schule verlangt man die Antwort im vollständigen Satz, und zwar deshalb, weil man noch nicht begriffen hat, was ein Satz ist und was keiner."[108]

Diese Übertreibung nehmen die Witze aufs Korn.

ERBSEN AN DIE WAND

„Ihr müsst mir immer mit einem ganzen Satz antworten!" fordert der Lehrer. „Wenn ich zum Beispiel frage: ‚Was habe ich in der Hand?', dürft ihr nicht sagen: ‚Kreide', sondern müsst sagen: ‚Sie haben Kreide in der Hand.' Und jetzt machen wir eine Probe. Also: Was habe ich an den Füßen?"

„Schuhe!" ertönt es im Chor.

„Falsch!"

„Socken!" rufen einige Schüler.

„Wieder falsch! Ihr habt nicht aufgepasst."

Zuletzt ist nur noch ein Finger da. „Na, Gretel, sag du ihnen: Was habe ich an den Füßen?"

Gretel: „Hühneraugen!"

---

[108] KARL STÖCKER: Neuzeitliche Unterrichtsgestaltung. S. 222-223, Zitate S. 223.

DIE MACHT DER GEWOHNHEIT

Eine Grundschullehrerin spaziert mit ihrem Freund im Garten auf und ab. „Hans", flüstert sie, „liebst du mich?"

„Ja, Grete."

„Antworte mit einem vollständigen Satz!"

Eigentlich beweisen Dialoge mit elliptischen Sätzen, wenn die Wörter grammatisch richtig gebildet sind, die Fähigkeit der Partner, logische und grammatische Beziehungen zwischen den Teilen eines Redeganzen herzustellen. Deshalb sind sie ein Hinweis auf Sprachkönnen.

Außerhalb des Dialogs finden wir Ellipsen in Aufschriften, Titeln, Schlagzeilen und Gebrauchsanweisungen, im Wetterbericht, in Inseraten und Telegrammen, in Geboten und Verboten, in Sprichwörtern und Rätselauflösungen, in Tagebüchern und Drehbüchern.

Im Gespräch entstehen Missverständnisse weniger durch Antworten, welche nur dann wie unvollständige Aussagen anmuten, wenn man sie aus dem Kontext reißt, als durch schlecht formulierte Fragen. Der Volksmund hat Witze mit solchen Fragen auf Lager.

AB ZWÖLF

Am späten Vormittag hält der Verkehrspolizist eine Autofahrerin an und fragt streng: „Wissen Sie denn nicht, dass ein Kind erst ab zwölf vorne sitzen darf?"

„Nun seien Sie doch nicht so pingelig!" erwidert die Frau. „Wegen der paar Minuten!"

PING-PONG

Beim Eintreten ruft Herr Weber seiner Frau zu: „Was gibt es zu essen, und was machen die Kinder?"

Frau Weber: „Schnitzel und Masern."

DER NEUE BRIEFTRÄGER

Familie Frank ist umgezogen. „War jemand da?" fragt Susi, als sie von ihrem Lehrgang zurückkommt.
Mutter: „Nur der Briefträger."
Susi: „Etwas für mich?"
Mutter: „Kaum. Er hat einen Bauch, eine Glatze und ist längst verheiratet."
(Die unvollständige Frage „Etwas für mich?" hat zu einem Missverständnis geführt. Wir können uns drei vollständige Fragesätze mit der Wortgruppe *etwas für mich* vorstellen, und zwar: Hat er etwas für mich gebracht? War etwas für mich dabei? Wäre er ein Ehemann für mich?)

DER HUT (München)

Ein Münchner fährt mit einem Mordsrausch den Nockherberg hinunter. Die Funkstreife stoppt ihn. „Sie sind wohl verrückt, mit siebzig den Berg hinunterzurasen!"
Der Verkehrssünder lupft seine Kopfbedeckung. „Des is bloß der Huat, der mi so alt macht!"

EIN IDIOT

Der Richter zum Kläger: „Der Beschuldigte hat öffentlich verkündet, Sie seien ein Idiot. Stimmt das?"
„Ja, das stimmt."
„Na, dann können Sie doch die Klage zurückziehen."

Früher galten in der Schulgrammatik **Subjekt** und **Prädikat** (zu Deutsch: *Satzgegenstand* und *Satzaussage*) als der Satzkern, dazu kamen dreierlei Nebenglieder: **Objekte** (oder *Ergänzungen*), **Adverbialbestimmungen** (oder *Umstandsbestimmungen*) und **Attribute** (oder *Beifügungen*). In der zweiten Hälfte des 20. Jahrhunderts hat sich die Optik verschoben, weil die Verb-Dependenz-Grammatik an Boden gewann, derzufolge das Verb allein der Satzkern ist, um den sich die übrigen

Satzglieder gruppieren. Das Rätsel *Ich bin des Satzes Kern, red' über andere gern* erhielt damit eine unerwartete Bestätigung. Bei der Verb-Dependenz-Grammatik handelt es sich immer um ein verbales Prädikat. Das Attribut aber bleibt auch aus Sicht der Verb-Dependenz-Grammatik nur ein Satzglied-Teil.

DER DIENER

Ich bin's, der rechten Glanz verleiht,
doch dien' ich auch der Deutlichkeit.
Beim Dingwort nur kannst du mich finden,
gewöhnlich vorn, manchmal auch hinten.

(Die Beifügung.)

Die neue Sprachlehre gründet sich auf die **Valenz** der Verben – auf deren Eigenschaft, Ergänzungen zu fordern und an sich zu binden. Nach der Valenz (auch *Ergänzungsbedürftigkeit, Wertigkeit* oder *Fügungspotenz* genannt) unterscheidet man bedeutungsgesättigte (oder *absolute*) Verben, die allein mit dem Subjekt einen kompletten Satz bilden können (wie *atmen, schlafen, singen*), und relative Verben, zu denen unbedingt Objekte oder Adverbialbestimmungen treten müssen (wie *schicken, erinnern, färben*). Zwei Beispiele für Sätze mit relativen Verben und Ergänzungen: Die Mutter *schickte einen Brief.* Karl *erinnerte die Lehrerin an das Versprechen.* Allerdings können im selben Satz weitere, nicht zwingend geforderte Objekte und Adverbialbestimmungen auftreten, die man zum Unterschied von den Ergänzungen *Angaben* nennt. Zum Beispiel: Die Mutter schickte *uns vergangene Woche* einen Brief. *In der Rechenstunde* erinnerte Karl die Lehrerin *abermals* an das Versprechen. Das Prädikatsnomen tritt unter anderem Namen auf, denn ein nominales Prädikat gibt es in der Verb-Dependenz-Grammatik nicht. Das Verb *sein* erscheint gleichberechtigt mit den anderen Verben.

Aus der neuen Sicht ist ein Satz nur dann grammatisch korrekt, wenn alle vom Verb geforderten Ergänzungen vorhanden sind – wenn alle *Leerstellen* besetzt sind. Es gibt schon Wörterbücher, die für jedes

Verb und alle seine Bedeutungsvarianten Zahl und Art der notwendigen Ergänzungen codiert andeuten.

An dieser Stelle sind einige Worte über eine syntaktische Funktion fällig, die in der traditionellen Schulgrammatik nicht vorkommt und in der Verb-Dependenz-Grammatik anscheinend keine Rolle spielt – ich meine das prädikative Attribut. Dieses Satzglied kennzeichnet den Zustand des Subjekts oder des Akkusativobjekts während der Handlung. Zum Beispiel: Karl wollte *im Matrosenanzug* zur Schulfeier. *Ganz glücklich* kommt er heim. Der Onkel trinkt den Tee *ungesüßt*. Das prädikative Attribut unterscheidet sich deutlich von den Adverbialbestimmungen, weil jene sich auf den Ablauf der Handlung beziehen. Wenn der Onkel den Tee *hastig* oder *in Schlückchen* oder *durch ein Röhrchen* trinken würde, hätten wir es mit einer Modalbestimmung bzw. mit einer Instrumentalbestimmung zu tun. Die Sprecher erkennen einen Unterschied, ohne die Namen der Satzglieder zu wissen; der Beweis dafür sind folgende Witze.

MILCH HOLEN

Die Tante zu Fritzchen: „Willst du in dieser schmutzigen Hose Milch holen?"
„Nein, in der Milchkanne."

BEI DEN NACHBARN

„Mama, darf ich drüben bei Lehmanns spielen?"
„Mit zerrissenen Hosen?"
„Nein, mit Hanni und Wolfgang!"

GUTER RAT

Ernst und Lotte wollen ins Theater. „Was meinst du", fragt Lotte, „wie soll ich mich anziehen?"
„Rasch", erwidert Ernst.
(Lotte denkt an ihr Image beim Ausgehen, Ernst jedoch an die Geschwindigkeit, mit der jener Zustand erreicht werden soll. In der Frage dient das Fragewort *wie* als prädikatives Attribut, Ernst hat es als Modalbestimmung aufgefasst.)

IN UNTERWÄSCHE

„Was machen Sie beruflich?"
„Ich bin Handelsvertreter und reise für den Großhandel in Unterwäsche."
„Ach, sind Sie da noch nicht zum öffentlichen Ärgernis geworden?"
(Für den Handelsvertreter ist *Großhandel in Unterwäsche* eine Sinneinheit, wobei *Unterwäsche* als Attribut fungiert, sein Gesprächspartner aber hat die Wortgruppe *in Unterwäsche* als prädikatives Attribut missverstanden.)

In der Umgangssprache meiner Geburtsstadt Temeswar, die sich aus bairisch-österreichischen Mundarten entwickelt hat, gab es für diese syntaktische Funktion sogar eine besondere Form des Adjektivs, die mit dem Suffix –er gebildet wird: Die Omama ist *grantiger* fort'gangen. Man hat ihr den Topf *gebrochener* zurückgebracht g'habt.

Das Kind erfasst die Rolle der Wörter im Satz, wenn es sprechen lernt, und es verbindet sie richtig, lange bevor es in der Schule hört, wie die Satzglieder heißen. Seine Sicherheit kommt in einem Gesellschaftsspiel zum Ausdruck, das man „Verdrehte Sätze" nennen könnte. Das Interesse für dieses Spiel erwacht im vierten Schuljahr. Warum erst so spät? Bei dem Spiel sind Papier und Schreibzeug erforderlich, die Teilnehmer sollen bei jeder Runde möglichst schnell ein paar Wörter schreiben. Und bis zum vierten Schuljahr macht das Schreiben den meisten Kindern viel Mühe.

Doch bevor wir uns dem Spiel „Verdrehte Sätze" zuwenden, wollen wir die **Form der Satzglieder** betrachten.

Die Satzglieder haben viele Gesichter, für den Laien verwirrend viele. Sie können aus einem einzigen Wort bestehen, aus einer Wortgruppe oder aus einem Nebensatz. Die Wortgruppe kann eine Wortreihe oder eine Infinitivgruppe sein. Jeder von uns macht täglich von diesen Möglichkeiten Gebrauch, je nach Bedarf – aber sie zu beschreiben, ist Sache der Spezialisten.

Subjekt. Einzelwort: *Ehrlich* währt am längsten. Wortgruppe: *Der Spiegel* sagt immer die Wahrheit. *Ein Haar auf den Zähnen* wiegt tausend auf dem Kopf auf. *Gleich und gleich* gesellt sich gern. *Lehrers Kinder, Müllers Vieh* geraten selten oder nie. Nebensatz: *Wer zuletzt lacht,* lacht am besten.

Prädikat. Einzelwort: Der Schein *trügt. Rast'* ich, so *rost'* ich. Wortgruppe: Wasser *hat keine Balken.* Der Baum *steht in Blüte.* Besiegt ist, wer *sich geschlagen gibt.* Das Prädikatsnomen der traditionellen Grammatik kann auch ein Nebensatz sein: Humor ist, *wenn man trotzdem lacht.*

Dativobjekt. Einzelwort: Sage *mir,* mit wem du umgehst, und ich sage *dir,* wer du bist. Wortgruppe: *Dem Glücklichen* schlägt keine Stunde. Nebensatz: *Wer sich zum Esel macht,* dem will jeder seine Säcke aufladen.

Modalbestimmung. Einzelwort: Wer *schnell* gibt, gibt *doppelt.* Wortgruppe: *Durch Schaden* wird man klug. Nebensatz: Es wird nichts so heiß gegessen, *wie es gekocht wird.*

Attribut. Einzelwort: *Unrecht* Gut gedeiht nicht. Wortgruppe: Der Sperling *in der Hand* ist besser als die Taube *auf dem Dach.* Es war einmal *ein schwarzer, kurzer, runder, bunter* Mann, der hatte *schwarze, kurze, runde, bunte* Hosen an. Nebensatz: Eine Torheit, *die mich weckt,* ist besser als eine Tugend, *an der ich einschlafe.*

Genauso, wenn auch nicht immer mit Sprichwörtern, lassen sich Beispiele für die anderen syntaktischen Funktionen geben: für das

Akkusativobjekt, das Genitivobjekt, das Präpositionalobjekt, das prädikative Attribut, die Adverbialbestimmungen des Ortes, der Zeit, des Grundes usw.

IN FÜRTH

In Fürth oder wo
Hat der Wirt oder wer
Sein Weib oder wen
Derschlagen oder was.

„Fliegende Blätter"

VERDREHTE SÄTZE

Im vierten Schuljahr haben die Kinder schon die Begriffe Subjekt *(Satzgegenstand)* und Prädikat *(Satzaussage)* kennengelernt, d.h. sie haben einen Namen für die zwei wichtigsten Satzglieder (oder syntaktischen Funktionen) erfahren und mit der Lehrerin eine Definition besprochen. Die Theorie zu den anderen Satzgliedern ist ihnen noch unbekannt. Doch ihre praktischen Fertigkeiten im Gebrauch der Muttersprache sind weit umfassender, als Lehrplan und Lehrbuch in Rechnung stellen; sie äußern sich nicht in Regelwissen, sondern in Sprachkönnen.

Das Gesellschaftsspiel „Verdrehte Sätze", mit dem sich Schüler der sechsten, der fünften, der vierten, ja auch schon der dritten Klasse amüsieren, ist für unsere Betrachtung höchst aufschlussreich. Die Spieler schreiben je ein Satzfragment auf ein Stück Papier, falten den oberen Rand so weit, dass die Schrift verdeckt wird, und reichen das Blatt dem Nachbarn zur Rechten weiter. Jedes Satzfragment beantwortet eine Frage des Spielleiters, etwa: „Wer?" – „Und wer noch?" – „Was tun sie?" – „Wo?" – „Wie?" – „Wie lange?" – „Weshalb?" Und so weiter. Zuletzt faltet man die Blätter auseinander und liest die kombinierten Antworten vor. Drei Blüten für viele:

Das Hündchen Toto und Tante Luise kaufen Rettiche im Ferienlager, bis ihm das Billardspielen zum Hals heraushängt, um Anna zu lehren, wie man Strümpfe stopft.

Mein Direktor und Goldhamster Max bewundern das Bild der Mona Lisa im Glühbirnchen der Taschenlampe eines Riesen, gähnend wie sieben Marienkäfer nach dem Winterschlaf, solange es Brezeln regnet, weil die Füllfeder ausgelaufen ist.

Opa und meine Lehrerin fahren Roller in der Goldhamsterkiste, wenn die Leute im Hof Rosen pflanzen, bis Kurt den Kompasszeiger nach Norden gedreht hat, weinend, weil sie noch ihre Hausaufgaben schreiben müssen.

Die Spieler schütteln sich vor Lachen. Auf den vier, fünf, sechs Blättern stehen Fragmente aus vier, fünf, sechs durcheinandergeworfenen Sätzen; vier, fünf, sechs Gedankengänge wurden vermengt, und die Zusammenhanglosigkeit des Inhalts, die zufallsbedingten Kombinationen wirken komisch. Die Komik erhöht sich durch Ungereimtheiten der Form – wir würden den Spielern Unrecht tun, wenn wir das nicht vermerkten. Oft werden die Regeln der Satzgliedfolge verletzt, die man auch als *Satzbaupläne* bezeichnet, das ist bei diesem Spiel unvermeidlich, und immer wieder wird gegen das Gesetz der Übereinstimmung in der Zahl verstoßen.

Wir stellen fest, dass die Fragen des Spielleiters im Prinzip die Fragen nach den wichtigsten Satzgliedern, dass die Antworten Satzglieder darstellen und nebenbei alle im Deutschen möglichen Formen der Satzglieder aufweisen: Einzelwort, Wortgruppe (einschließlich Wortreihe und Infinitivgruppe), Nebensatz. Wir stellen weiterhin fest, dass der Spielleiter dem Prädikat den zweiten Platz einräumt, wie es im unabhängigen Aussagesatz natürlich ist. Manchmal lassen die Spieler dem Prädikat unmittelbar Objekte folgen, die nicht ausdrücklich erfragt wurden, aber in „ihrem" Satz notwendig sind.

Die erste Forderung des modernen Grammatikunterrichts zielt darauf ab, dass die Kinder mit der Sprache experimentieren. Wie plagen sich die Kinder mit der formalen Satzanalyse, bei der die Sätze bloß zerpflückt, in kleine und kleinste Teile zerlegt werden, ohne dass nachher eine Synthese oder Umstellung erfolgte! Und siehe da, sie lösen die Aufgabe, zu der die Satzanalyse beitragen soll, mit dem größten Vergnügen bei geselliger Unterhaltung.

An dieser Stelle sei an die Regel der sechs „W" erinnert, die für Pressenachrichten und Presseberichte gilt (und praktisch für alle Mitteilungen). Jede Nachricht, jeder Bericht soll auf diese sechs Fragen antworten:

Wer hat etwas getan, erlitten, erlebt?
Was hat er getan?
Wo hat er es getan?
Wann hat er es getan?
Wie hat er es getan?
Warum hat er es getan?

„TAUSENDZÜNGLER"

Wie Elfjährige mit den „verdrehten Sätzen" vergnügen sich Sechzehnjährige mit einem Kartenspiel, das ebenfalls Fertigkeiten im Sätzebauen voraussetzt.

Das Spiel wurde von Wilhelm Deinert erfunden. Zu ihm gehören 140 verschieden gefärbte Karten, auf denen Wörter und Wortgruppen stehen – potenzielle Satzglieder; auch gibt es da etliche unentbehrliche Konjunktionen: *und, wie sehr auch, während, bis, damit nicht.* Die Spielregeln erinnern an Rommee mit Auslegen. Jeder Spieler bekommt sechs bis acht Karten. Wer mit einigen der ihm zugefallenen Wörter und Wortgruppen einen logischen, kompletten Satz bilden kann, kommt mit den betreffenden Karten heraus. Bei den folgenden Runden darf er passende Karten anlegen – bei sich selbst oder bei Mitspielern, die ebenfalls mit einer Kombination herausgekommen sind, die als Satz gelten kann. Wer weder zum Auslegen noch zum Anlegen imstande ist, muss vom Kartenrest ziehen. Es gewinnt, wer zuerst ohne Karten bleibt.

Der „Tausendzüngler" setzt einerseits die Beherrschung der syntaktischen Funktionen voraus, andererseits eine gewisse Allgemeinbildung, die man durch Lektüre erwirbt. Beim Sätzebauen variieren die Spieler laufend soziale Beziehungen, sie stellen sie sogar auf den Kopf.

Je ein Fünftel der Beschriftungen kann als Subjekt und als Prädikat dienen, außerdem sind auch folgende syntaktische Funktionen vertreten: Akkusativobjekt, Dativobjekt, Lokalbestimmung, Temporalbestimmung, Modalbestimmung, Konzessivbestimmung, Attribut. Ein Teil der roten Karten (Prädikate) ist mit absoluten Verben beschriftet, die allein mit dem Subjekt einen vollständigen Satz bilden können *(errötet, grübelt, lächelt, tanzt, singt, stöhnt, stirbt)*, und der Rest mit relativen Verben, die verschiedene Ergänzungen fordern *(betrügt, blendet, hascht, hetzt, liebt, lockt, mordet, regiert, schäkert, schwärmt, vergisst)*.

Die Beschriftungen sind so gewählt, dass gut ein Drittel der Texte zwei oder sogar drei syntaktische Funktionen zu bekleiden vermag. Wer diese Möglichkeiten erkennt, hat natürlich größere Chancen.

Die weiblichen und sächlichen Gattungsnamen mit Artikel davor kommen als Subjekt und als Akkusativobjekt in Betracht, weil ihre Formen im Nominativ und im Akkusativ identisch sind *(die Jugend von heute, die Millionärin, die Frau der Zukunft, eine Amazone, die große Diva, ein Mauerblümchen, ein Mädchen für alles)*. Zum Beispiel:

Ein Mädchen für alles/ hetzt/ nach dem Schiffbruch/ mangels eines Besseren/ einer Seifenblase nach.

Der kleine Prinz/ lockt/ unter falschem Namen/ ein Mädchen für alles/ die Milchstraße entlang.

(Eine dritte Möglichkeit, die Verwendung als Prädikatsnomen, ist durch das Fehlen entsprechender Verben abgeschnitten.)

Die Eigennamen – ob männlich oder weiblich – eignen sich als Subjekt, als Akkusativobjekt und als Dativobjekt *(Casanova, Hans Dampf von der Presse, Mutter Courage)*.

Manche substantivische Wortgruppen können wahlweise als Modalbestimmung und als Attribut dienen *(im weißen Kittel, in Samt und Seide, in Sturzhelm und Lederjacke, mit einer Gänsehaut, mit erhobenem Zeigefinger, mit Hintergedanken, mit leeren Händen, mit schlechtem Gewissen, mit zugehaltenen Ohren)*, andere können wahlweise als Instrumentalbestimmung und als Attribut dienen *(mit einem Kofferradio, mit einem Revolver, mit einer Rosabrille, mit einer roten Rose)*. Zum Beispiel:

Der Künstler der Neuzeit/ regiert/ mit einem Kofferradio/ auf dem Himalaya.

Eine Amazone/ mit einem Kofferradio/ tanzt/ am Straßenrand/ um in die Zeitung zu kommen.

Manche adjektivische Wortgruppen lassen sich als Kausalbestimmung, aber auch als nachgestelltes Attribut verwenden *(in allen Künsten bewandert, kunstvoll verjüngt, plötzlich erwacht, vor der Zeit ergraut).* Zum Beispiel:

Plötzlich erwacht/ errötet/ die große Diva/ im Altersheim/ auf Kosten des Staates.

Mutter Courage/ plötzlich erwacht/ singt/ trotz der Spötter/ auf dem Lehrstuhl.

Über die bizarren Kombinationen mit den Karten kann sich nur amüsieren, wer über die realen Beziehungen in der Gesellschaft Bescheid weiß – insoweit ähnelt das Spiel den Umkehrungsversen, dem Sprichwörter-Salat und den „verdrehten Sätzen", die ebenfalls die sichere Kenntnis des normalen Zustands voraussetzen.

Auch zahlreiche Scherzfragen und Witze haben mehr oder minder verkappt die Beziehungen zwischen den Satzgliedern zum Gegenstand. Ich sage verkappt, weil augenscheinlich von anderen Dingen die Rede ist. Erst bei der Reduktion merkt man, welche Rolle das Erkennen der Satzglieder und das richtige Zuordnen eines der Satzglieder spielt. Würde das Witzpublikum den Umgang mit ihnen nicht beherrschen, dann könnte es die Pointe nicht erfassen und die Witze hätten für es keinen Reiz. Die Missdeutungen werden als so grobe Fehler empfunden, dass man sie Kindern oder bekannten Tölpelwitz-Figuren in den Mund legt.

DIE FAULSTEN LEUTE

Warum sind die größten Laute am faulsten? (Weil sie am längsten im Bett liegen.)

(Die obige Antwort ist nur möglich, wenn wir *am längsten* gleichzeitig als prädikatives Attribut – als ein hier die Beschaffenheit des Subjekts kennzeichnendes Adjektiv – und als Temporalbestimmung betrachten.)

Genauso: Warum sind große Menschen immer ausgeschlafener als kleine? (Weil sie länger im Bett sind.)

SPERLING UND PFERD

Warum frisst ein Sperling eher ein Pfund Hafer als ein Pferd?
(Weil ein Sperling kein Pferd frisst.)

(Bei dieser Scherzfrage denkt man zunächst an einen Wettstreit
zwischen Sperling und Pferd, und in diesem Fall wäre *als ein Pferd* Modalbestimmung zu *eher* – aber so kann es logischerweise nicht sein. Um
auf die richtige Antwort zu kommen, müssen wir *ein Pferd* als Akkusativobjekt betrachten. Bei der Irreführung spielt die Betonung eine Rolle;
fällt sie auf *eher,* wird die falsche Deutung suggeriert.)

DAS MISSGESCHICK

Klein Ria zeigt ihrer Oma den rechten Arm. „Guck mal, Mutti hat
mich verbrannt."

„Na", sagt die Oma begütigend, „das hat sie aber nicht mit Absicht getan."

„Nein, mit Kaffee."

(Hier stehen zwei verschiedene Adverbialbestimmungen nebeneinander – eine Kausalbestimmung und eine Instrumentalbestimmung,
beide mit der Präposition *mit.*)

DIE KÜHE

Hinz: „Weißt du vielleicht, wie lange Kühe gemolken werden?"
Kunz: „Na, auch nicht anders als kurze."

(Hinz fragt – etwas ungeschickt – nach der Melkdauer, er fasst
wie lange als Sinneinheit auf, so ist es eine Temporalbestimmung. Hinz
hat *wie lange* in eine Modalbestimmung und ein Attribut gespalten.)
Desgleichen:

KROKODILE

Lehrer: „Wer kann mir sagen, wie lange Krokodile leben?"
Ricky: „Genauso wie kurze."

GOTTFRIED VON BOUILLON

Im Geschichtsunterricht fällt die Frage: „Wann lebte Gottfried von Bouillon?"
Grete antwortet: „Wenn er welche hatte." (Variante: „Wenn er nichts anderes zu essen hatte.")
(Herzog Gottfried von Bouillon war der Führer des ersten Kreuzzugs. Unter seinem Kommando wurde 1099 Jerusalem erstürmt, nachher wählte man ihn zum ersten König von Jerusalem. In unserem Witz betrachtet Grete einen Teil seines Namens als Instrumentalbestimmung.)

DER HUND

Karl zu Hans: „Gestern hab' ich einen entzückenden Drahtfox für meine Schwester bekommen."
„Du Glücklicher, was für ein Tausch ..."
(Natürlich spricht Karl von einem Geschenk. Die Wortgruppe *für meine Schwester* – für wen? – ist in diesem Fall Präpositionalobjekt. Hans dagegen hat die Wortgruppe böswillig zu einer Instrumentalbestimmung – mit welchem Mittel? – umgedeutet.)

UNTERHOSEN (Wien)

Graf Bobby betritt ein Herrenmodegeschäft. „Ich brauche Unterhosen."
Verkäufer: „Lange?"
Graf Bobby: „Was heißt hier lange? Ich will sie kaufen, nicht mieten!"
(Der Verkäufer verwendet das Wort *lange* als Attribut, Graf Bobby begreift es irrtümlich als Temporalbestimmung.)

IN DER AUSLAGE

Ein Fräulein erkundigt sich im Kaufhaus: „Darf ich dieses blaue Kostüm in der Auslage probieren?"

„Aber natürlich, Fräulein", ruft der Geschäftsleiter, „das wird eine großartige Reklame für uns sein!"

(Die junge Frau meint ein Kostüm, das im Schaufenster ausgestellt ist – in ihrer Frage dient *in der Auslage* als Attribut, während der Geschäftsleiter dieselbe Wortgruppe als Lokalbestimmung auffasst. Der Witz enthält eine Spitze gegen übertriebene Kürzungen. An den Wörtern *Fräulein* und *Auslage* erkennen wir, dass er aus Österreich stammt.)

AM FLUSS

„Hallo, Sie! In diesem Fluss darf man nur mit einem Erlaubnisschein angeln!"

„Oh, vielen Dank für den Tipp. Ich hab' es die ganze Zeit über mit Regenwürmern versucht!"

(Hier stehen zwei verschiedene Adverbialbestimmungen nebeneinander. Die eine nennt eine Bedingung, denn oft ist ein Erlaubnisschein vorgeschrieben, wenn jemand angeln möchte. Die andere nennt ein Mittel.)

IM GASTHAUS

„Was darf ich Ihnen bringen, mein Herr?"

„Ein Paar Würstchen."

„Mit Vergnügen."

„Blödsinn! Mit Senf!"

(In einer Variante bestellt der Gast Schnitzel mit Pommes. Die Wortgruppe *Mit Vergnügen* ist Modalbestimmung, die Wortgruppe *mit Senf* bzw. *mit Pommes* ist Attribut.)

ÜBER OSTERN

In einem Frankfurter Reisebüro erkundigt sich ein Mann nach den Flügen nach Barcelona.

„Wollen Sie über München oder über Zürich fliegen?" will die Dame am Schalter wissen.

„Weder noch. Eigentlich will ich über Ostern fliegen."

(Die Wortgruppen *über München* und *über Zürich* sind Umstandsbestimmungen des Ortes, *über Ostern* ist eine Umstandsbestimmung der Zeit.)

ZWEIDEUTIGES LOB

An der Autobahn findet sich eine nachdenklich stimmende Aufschrift: *Sie fahren mit Abstand am besten.* Man kann sie als Lob verstehen, aber das ist offenbar falsch, denn wie käme die Polizei dazu, jeden Autofahrer zu loben? Wenn wir die Wortfolge geringfügig ändern – und zwar so: *Sie fahren am besten mit Abstand* – ergibt sich ein anderer Sinn.

Die erste Auslegung: Es besteht ein erheblicher Unterschied zwischen Ihnen und den anderen Verkehrsteilnehmern, die auch gut fahren.

Die zweite Auslegung: Sie fahren dann am besten, wenn Sie einen Abstand einhalten.

Wir merken, dass die Wortgruppe *mit Abstand* eigentlich eine Bedingung ausdrückt. Die Polizei will die Autofahrer, die den gebotenen Sicherheitsabstand einhalten, in ihrem Verhalten bestärken und hat dazu diesen witzigen Text ersonnen.

In der Aufschrift ist die Wortgruppe *mit Abstand* eine Modalbestimmung zur Wortgruppe *am besten,* die ebenfalls eine Modalbestimmung ist. Im Satz mit veränderter Wortstellung ist sie eine Konditionalbestimmung.

Ebenso wie über die Missdeutung von Satzgliedern macht sich der Volksmund über falsch konstruierte, unvollständige und unzulässig verkürzte Satzgebilde lustig.

WENN DIE MILCH KOCHT

„Aber Klaus", schimpft die Mutter, „ich hab' dir doch gesagt, du sollst aufpassen, wenn die Milch kocht!"
„Und ich hab' aufgepasst, es war genau vier Minuten nach halb!"
(Die Mutter hatte natürlich gemeint, Klaus möge rechtzeitig die Milch vom Feuer nehmen, und Klaus steht als Tölpel da, weil er diesen einfachen Auftrag nicht verstanden hat. Doch um sich klar auszudrücken, hätte die Mutter sagen müssen: „Pass auf und nimmt die Milch vom Feuer, bevor sie überläuft!")

UTES FEHLER

„Du hast eine furchtbare Gewohnheit, Ute", tadelt der Lehrer, „du sprichst keinen Satz richtig zu Ende."
„Aber Herr Lehrer, wieso meinen, das hat mir noch keiner, und überhaupt, wo meine Mutter so auf mich, dann hätte mein Vater auch schon. Da bemüht man sich, und dann ist man dauernd."

Kennzeichnend für den deutschen Satz ist der so genannte **Satzrahmen** (auch *Satzklammer* genannt). Sowohl im Hauptsatz, ganz gleich ob Aussage, Frage, Aufforderung oder Ausruf, als auch im eingeleiteten Nebensatz kommt Rahmenbildung vor.

Im Hauptsatz entsteht der Rahmen durch die „Entzweiung" des Prädikats. Laut Walter Jung tritt diese Entzweiung unter folgenden Umständen ein[109]:

A) In zusammengesetzten Zeiten. Der Rahmen wird vom Hilfsverb und vom Perfektpartizip oder vom Hilfsverb und vom Infinitiv gebildet. Zum Beispiel: Er *hat* das Buch *gelesen*. Er *hat* das Buch gestern *gelesen*. Er *hat* das Buch gestern in einem Atem *gelesen*. Gestern *hat* er das Buch in einem Atem *gelesen*. Demnächst *wird* er sich nach der Fortsetzung *umsehen*.

---

[109]   WALTER JUNG: Grammatik. S. 103-104.

B) In Fügungen mit Modalverben. Zum Beispiel: Man *kann* nicht gleichzeitig auf zwei Hochzeiten *tanzen*. *Willst* du nicht vor Sonnenuntergang *umkehren*? Die Königstochter *soll* sich in ihrem fünfzehnten Lebensjahr an einer Spindel *stechen* und tot *hinfallen*. Am Abend *müsst* ihr *heimkommen*. Am Abend *müsst* ihr unbedingt *heimkommen*.

C) In einfachen Zeiten bei den unfest zusammengesetzten Verben. Zum Beispiel: Der Büroleiter *schlug* zuletzt einen Kompromiss *vor*. Auf dem Heimweg *brach* Günter für seine Frau etliche Weidenzweige mit Kätzchen *ab*. *Geht* Mutter auf diesen Vorschlag *ein*?

D) In phraseologischen Verbindungen von Verben inhaltlich allgemeiner Bedeutung wie *machen, tun, bekommen, haben, legen, setzen, stellen*, die im Satz einer Ergänzung bedürfen. Zum Beispiel: *Machst* du mir am Ende *ein Kompliment*? Es *tut* uns *gut*. Nach wenigen Zügen *setzte* Karl den Herausforderer *matt*.

Im eingeleiteten Nebensatz wird der Rahmen auf der einen Seite von einer Konjunktion, einem Frageadverb oder einem Relativpronomen gebildet, auf der anderen Seite von der finiten Verbform. Zum Beispiel: Du weißt, *dass* man im Dunkeln leicht die Richtung *verliert*. *Woher* die Kinder das Geld für den Blumenstrauß *hatten*, blieb ungeklärt. Der Vogel, *den* wir an jedem Morgen *hören*, ist eine Amsel.

Neben der verbalen Rahmenkonstruktion im Hauptsatz und im Nebensatz gibt es eine nominale; sie besteht aus dem Substantiv, welches näher bestimmt werden soll, und einem Artikel oder einem entsprechenden Pronomen. Zum Beispiel: *der* weite *Weg*; *der* weite, äußerst beschwerliche *Weg; jenes* leichtfertige *Versprechen; jenes* leichtfertige, vor der Abreise gegebene *Versprechen*.

Die Beherrschung der deutschen Sprache schließt den mühelosen Gebrauch des Satzrahmens ein. Der Rahmen lässt sich nach Bedarf verlängern, und er lässt sich auch verkürzen. Oft wird der Verständlichkeit halber ein Satzglied herausgenommen (oder *ausgeklammert*) und als Nachtrag angefügt. Zuweilen geschieht es in der Absicht, das Ausgeklammerte hervorzuheben. Zum Beispiel: Du sollst dich täglich im Schönschreiben üben. Du sollst dich im Schönschreiben üben, *und zwar täglich*. Laut Walter Jung ist der ausgeklammerte Nachtrag besonders dann natürlich, wenn sich ihm ein Gliedsatz anschließt.[110] Zum Beispiel: Er gab ihr das Messer nicht, *aus Sorge*, dass sie sich verletzen könnte.

Werden in eine Mitteilung zu viele Nebensätze eingeschoben, dann entsteht ein **Schachtelsatz** mit untragbar weit gespanntem Satzrahmen – die aufgesparten Verben klappen nach. Dafür gibt Franz Leppmann ein abschreckendes Beispiel. Ein hessischer Bürgermeister soll einmal folgenden Erlass von sich gegeben haben: „Derjenige, der denjenigen, der den Pfahl, der an der Brücke, die auf dem Wege, der nach Worms führt, liegt, steht, umgeworfen, anzeigt, erhält eine Belohnung."[111] Ein anderes abschreckendes Beispiel lautet: „Denken Sie, wie schön der Krieger, der die Nachricht, die den Sieg, den die Athener bei Marathon, nach Athen, das in großer Sorge, ob es die Perser zerstören, schwebte, erfochten, verkündete, brachte, starb."[112]

Mark Twain spottete: „Die deutsche Grammatik ist übersät von trennbaren Verben wie von den Blasen eines Ausschlags; und je weiter die zwei Teile auseinandergezogen sind, desto zufriedener ist der Urheber des Verbrechens mit seinem Werk."[113]

Kurt Tucholsky hat die Verschachtelung in den „Ratschlägen für einen schlechten Redner" karikiert:

„Sprich, wie du schreibst. Und ich weiß, wie du schreibst. Sprich mit langen, langen Sätzen – solchen, bei denen du, der du dich zu Hause, wo du ja der Ruhe, deren du so sehr benötigst, deiner Kinder ungeachtet, hast, vorbereitest, genau weißt, wie das Ende ist, die Nebensätze schön ineinandergeschachtelt, so dass der Hörer, ungeduldig auf seinem Sitz hin und her träumend, sich in einem Kolleg wähnend, in dem er früher so gern geschlummert, auf das Ende solcher Periode wartet ... nun, ich habe dir eben ein Beispiel gegeben. So musst du sprechen."

---

[110]   WALTER JUNG: Grammatik. S. 105.
[111]   FRANZ LEPPMANN: 1.000 Worte Deutsch. S. 266.
[112]   HEINZ SEYDEL (Hg.). Alles Unsinn. S. 260.
[113]   MARK TWAIN: Die schreckliche deutsche Sprache. In: Mark Twain bummelt durch Europa. Anhang. S. 236-255, hier S. 239.

Das Rezept gegen diesen Fehler hat Tucholsky in die anschließenden „Ratschläge für einen guten Redner" eingebaut; es lautet: „Hauptsätze. Hauptsätze. Hauptsätze."[114]
Christian Morgenstern karikiert im nachstehenden Gedicht den fehlerhaften Satzbau im Zeitungsdeutsch.

DIE MITTAGSZEITUNG

Korf erfindet eine Mittagszeitung,
welche, wenn man sie gelesen hat,
ist man satt.
Ganz ohne Zubereitung
irgendeiner andern Speise.
Jeder auch nur etwas Weise
hält das Blatt.

(*Ist satt* bedeutet hier „hat genug". Korrekt formuliert, könnte die Aussage so lauten: Korf erfindet eine neue Art Mittagszeitung – wer die liest, der ist satt. Doch auf diese Weise verliert der Text seine Wirkung.)

Die Wortfolge kann den Sinn der Aussage ändern.

DER KUGELSCHREIBER

Ein Handelsvertreter brüstet sich im Schreibwarenladen: „Acht von zehn Deutschen benutzen diesen Kugelschreiber zum Schreiben." – „Und wozu", fragte ihn ein Kunde, benützen ihn die übrigen zwei?"
(Korrekt formuliert lautete die Reklame wie folgt: „Acht von zehn Deutschen benützen zum Schreiben diesen Kugelschreiber.")

Die **Betonung** hebt wichtige Wörter hervor und wirkt diesbezüglich oft mit der Wortstellung zusammen. Im Zweifelsfall macht sie allein

---

[114] KURT TUCHOLSKY: Ratschläge für einen schlechten Redner. In: KURT TUCHOLSKY: Gesammelte Werke. Bd. 3, S. 600-602, hier S. 601 bzw. 602.

deutlich, ob es sich um eine Aussage, eine Frage oder einen Befehl handelt. Zum Beispiel:

D u gehst nach Hause? D u gehst nach Hause!

Du gehst n a c h H a u s e ? Du gehst n a c h H a u s e!

KONSEQUENT

„Vater, was bedeutet ‚konsequent' und ‚inkonsequent'?"

„‚Konsequent' bedeutet, erst so und dann wieder so handeln; ‚inkonsequent' bedeutet, erst so und dann wieder so handeln."

(Warum ist des Vaters Erklärung richtig? Es kommt auf die Betonung an. *Konsequent* bedeutet, e r s t so und dann w i e d e r so handeln; *inkonsequent* bedeutet, erst s o und dann wieder s o handeln.)

Wie ein Satz zu betonen ist, wird durch die **Satzzeichen** angedeutet, doch haben Punkt, Komma, Semikolon, Doppelpunkt, Gedankenstrich usw. gleichzeitig die Aufgabe, den Text für stille Leser überschaubar zu machen.

Wie sehr wir uns daran gewöhnt haben, die Sprache durch die Brille der Schrift zu betrachten, zeigt uns eine Scherzaufgabe, die im Hinblick auf die richtige Interpunktion gestellt wird. Der scheinbar unsinnige Text soll durch Satzzeichen, die zur richtigen Betonung anleiten, verständlich gemacht werden. Bei hastigem Lesen verführt das Reimwort *Hand* zu falscher Betonung – die zweite und die dritte Zeile sind nämlich nicht mit einem Satz identisch. Nachstehend der Text, erst ohne und dann mit den geforderten Satzzeichen.

Es schrieb ein Mann an eine Wand:
Zehn Finger hab' ich an jeder Hand
fünf und zwanzig an Händen und Füßen.
Wer's richtig lesen will, wird Zeichen setzen müssen.

Es schrieb ein Mann an eine Wand:
Zehn Finger hab' ich. An jeder Hand
fünf. Und zwanzig an Händen und Füßen.
Wer's richtig lesen will, wird Zeichen setzen müssen.

Auch für das Verständnis der folgenden Sätze gibt die Betonung den Ausschlag:
Der brave Mann denkt an sich selbst zuletzt. Oder: Der brave Mann denkt an sich, selbst zuletzt.
Was man in der Jugend wünscht, hat man im Alter die Fülle.[115]
Oder: Was man in der Jugend wünscht, hat man im Alter: die Fülle.

KURT UND SUSANNE

„Stimmt die Geschichte mit Kurt und Susanne?"
„Die stimmt. Er will sie nicht mehr."
„Das habe ich anders gehört: Er will – sie nicht mehr."

DAS LIED

Die Sängerin betrat das Podium und verkündete: „Ich singe jetzt ‚Am Brunnen vor dem Tore'." Da kam ein Wanderer des Wegs und sagte: „So was Dämliches! Wo hier im Saal eine viel bessere Akustik ist!"

Wie falsch gesetzte Kommata den Sinn entstellen, zeigt der nachstehende Text von einem unbekannten Verfasser

VOM WINDE VERWEHT

Plötzlich stand ein Mensch vor mir auf dem Kopfe, einen steifen Hut an den Füßen, zerrissene Schuhe in der Hand, einen dicken Stock im Munde, eine erloschene Zigarre in finsteres Schweigen gehüllt.

---

[115]   Der Satz ist das Motto zu Goethes Lebensbericht „Dichtung und Wahrheit".

Schließlich sind in Verbindung mit dem Satzbau Betrachtungen zur **gebundenen Rede** fällig, weil diese Ausdrucksweise die Wortfolge bestimmt, was sich auf die Anordnung der Satzglieder auswirkt. Beim Sprechen folgen betonte und unbetonte Silben gewöhnlich regellos aufeinander. Manche Dichter führen eine Ordnung ein, die sich durch das Versmaß kennzeichnet, d.h. durch einen bestimmten Rhythmus von betonten Silben (oder Hebungen) und unbetonten Silben (oder Senkungen). Das Versmaß setzt sich aus *Versfüßen* zusammen. Der Trochäus z.B. ist eine Einheit aus Hebung und Senkung *(leben, ewig)*. Im Gedicht „Der Postillon" von Nikolaus Lenau finden wir trochäische Verse:

Lieblich war die Maiennacht,
Silberwölklein flogen,
ob der holden Frühlingspracht
freudig hingezogen.

Jeder darf es versuchen, denn Dichten ist steuerfrei. Zum Spaß hat Joseph von Eichendorff in seinem „Mandelkerngedicht" eine der Schwierigkeiten demonstriert, indem er bei allen vier Strophen an derselben Stelle gegen das trochäische Versmaß verstieß – dort stimmen Trochäus und Wortakzent nicht überein. Hier die letzte Strophe:

Ein Gedicht soll ich euch senden?
Nun, so geht mit dem Leidenden
nicht zu strenge ins Gericht!
Nehmt den Willen für Gewährung,
kühnen Reim für Begeisterung,
diesen Unsinn als Gedicht!

Das Versmaß ist ein freiwillig angenommenes Korsett. Um Versmaß und Reim einzuhalten, wählt der Dichter Wörter, die ihm durch Sinngehalt, Länge, Klangfarbe und Wortakzent passend scheinen, und nützt gleichzeitig die Freiheiten beim Anordnen der Satzglieder aus. Denn im Deutschen wird die Reihenfolge der Satzglieder von Gesetzen vorgeschrieben, die Varianten zulassen. So können wir im Aussagesatz die erste Stelle wahlweise mit folgenden Satzgliedern besetzen: Subjekt, Akkusativobjekt, Dativobjekt, Lokalbestimmung, Temporalbestimmung, Modalbestimmung, Kausalbestimmung, Finalbestimmung, Konzessivbestimmung und Konditionalbestimmung. Zum Beispiel:

Subjekt: *Karl* will morgen dir zuliebe drei Blumenbeete jäten.

Akkusativobjekt: *Drei Blumenbeete* will Karl dir zuliebe morgen jäten.

Temporalbestimmung: *Morgen* will Karl dir zuliebe drei Blumenbeete jäten.

Kausalbestimmung: *Dir zuliebe* will Karl morgen drei Blumenbeete jäten.

Mit einem besonderen Recht ausgestattet, welches *poetische Lizenz* heißt, gehen die Dichter noch über diesen Spielraum hinaus. In dem Gedicht „Willkommen und Abschied" von Goethe finden wir folgenden Satz: „Der Mond von einem Wolkenhügel/ sah kläglich aus dem Duft hervor." Ein Kind würde diese Formulierung als Fehler ankreiden, weil der Verfasser das Gesetz der Zweitstellung des verbalen Prädikats missachtet hat.

Oft sind Nebensätze durch ein Relativpronomen oder ein Frageadverb oder eine Konjunktion eingeleitet, sie können aber auch uneingeleitet sein. Das Gedicht „Wünschelrute" von Joseph von Eichendorff enthält je einen Satz von dieser und von jener Art – einen Attributsatz mit einleitendem Relativpronomen und einen uneingeleiteten Konditionalsatz. (Kraft der poetischen Lizenz hat der Dichter in der ersten Zeile auf das grammatische Subjekt *es* verzichtet.)

WÜNSCHELRUTE

Schläft ein Lied in allen Dingen,
die da träumen fort und fort,
und die Welt hebt an zu singen,
triffst du nur das Zauberwort.

V. DIE RECHTSCHREIBUNG

Zu Goethes Zeiten war die deutsche Rechtschreibung noch nicht durchgreifend geregelt, wie es heute der Fall ist. Außerdem galten die Regeln nicht als verbindlich. Der Dichterfürst gestand auf der Höhe seines Ruhms in geselliger Runde (angeblich anno 1822), dass er, wenn man streng sein will, in jedem Brief Schreibfehler mache. Und keine Komma. „Dabei beruhige ich mein Gewissen mit der Meinung des verehrten Wieland, der behauptet hat: Religion und Interpunktion sind Privatsachen."[116] 180 Jahre später zählt die Kenntnis der Rechtschreib-Regeln zum unerlässlichen Teil der Allgemeinbildung. Das spezielle Nachschlagewerk, der Rechtschreib-DUDEN, gilt als selbstverständlicher Begriff. Es ist sogar ein Motiv der Witzliteratur. Noch mehr: Der Volksmund stellt Menschen, die es nicht kennen, an den Pranger.

WIE DIE ALTEN SUNGEN ...

Der Sohn eines Juristen musste in der Schule nachsitzen. Verärgert fragt der Mann nach dem Grund. Die fachmännische Antwort des Jungen: „In Sachen Rechtschreibung gegen Duden."
(*Sache* – hier „Gegenstand eines Rechtsstreits".)

IN DER KLEMME

Der Chef ist wütend. „So was Blödes wie meine Sekretärin", schimpft er, „ist mir noch nicht begegnet. Die weiß rein gar nichts. Dauernd fragt sie: ,Wie schreibt man dies?' ,Und wie schreibt man das?' Und ich muss ständig im DUDEN nachschlagen."

---

[116]   DIETER LATTMANN und SIEGRID RADSZUWEIT (Hg.): Das Anekdotenbuch. S. 310.

PKW DUDEN

„Ich hab mir endlich einen neuen DUDEN gekauft."
„Was, ist der besser als ein Lada?"
(*Lada* – eine Pkw-Marke.)

Warum ist die deutsche Rechtschreibung so schwierig? Weil die Regeln fünf einander widersprechende Prinzipien beachten, nämlich das fonetische, das etymologische, das logische, das grammatische und das historische Prinzip.

1.) Dem fonetischen Prinzip entspricht die lauttreue Schreibung. Nun gibt es im Deutschen keine eindeutige Zuordnung zwischen Lauten und Schriftzeichen, deshalb weist nur ein ganz geringer Prozentsatz der Wörter lauttreue Schreibung auf. Nur J, L, M, R, W, sind lautlich eindeutig. Wie Johann Wolf darlegt, könnte das Wort *Fuchs* mit folgenden Buchstaben geschrieben werden: F, f, V, v, Ph, ph, ch, k, ck, g, s, ss, ß, x. „Miteinander kombiniert, ergäben sie 78 verschiedene Schreibweisen des Wortes. Die Schulpraxis zeigt, dass die Schüler von solchen Kombinationsmöglichkeiten Gebrauch machen."[117]

2.) Beim etymologischen Prinzip bestimmt nicht die Lautgestalt, sondern die Herkunft der Wörter ihre Schreibweise: *März* kommt von lateinisch *Mars*, *Mähre* von althochdeutsch *mar(i)ha*. Auch in der Beugung und bei Ableitungen wird die ursprüngliche Schreibweise beibehalten: *Kraft* – *Kräfte*, *wachsen* – *Gewächs;* neuerdings, der Konsequenz zuliebe, auch *Gams* – *Gämse* und *Quant* – *Quäntchen*. Weil das Wort *ausmerzen* vom Monatsnamen *März* abgeleitet ist, müsste man es mit Umlaut schreiben, doch wurde es bei der Rechtschreib-Reform übersehen.

3.) Nach dem logischen Prinzip sollen sich gleichlautende, aber sinnverschiedene Wörter durch die Schreibweise unterscheiden, z.B.: *Waise* – *Weise, mahlen* – *malen, das* – *dass*.

---

[117] JOHANN WOLF: Methodik. S. 235.

4.) Dem grammatischen Prinzip entspricht die Großschreibung der Substantive; sie wurde ursprünglich durch das Streben der Drucker nach Auflockerung des Satzbildes gefördert.

5.) Das historische Prinzip schließlich fordert, dass alte Lautverhältnisse und Schriftformen berücksichtigt werden. So geht beispielsweise ie in *Brief, lieb, Vieh* auf den mittelhochdeutschen Zwielaut ie zurück; nebenbei hat sich das e zum Dehnungszeichen entwickelt.

Die Beachtung jedes dieser fünf Prinzipien erfolgt auf Kosten der anderen, deshalb ist die Zahl der Regeln auch so beeindruckend. An diesem Sachverhalt hat die Rechtschreib-Reform nichts geändert, weil sich die verschiedenen Schreibweisen „nachträglich nicht mehr in ein einfaches System einordnen lassen".[118] Die neuen Rechtschreib-Regeln sind seit August 2006 in ihrer überarbeiteten Form endgültig in Kraft. Ihre Verfasser strebten an, das Schreiben zu erleichtern, ohne das vertraute Schriftbild wesentlich zu verändern.

Im neuen Regelwerk sind knapp 3.000 *Schreibvarianten* vorgesehen, wobei jeweils eine Schreibung mit einer gelben Hintergrundfarbe als Vorzugsschreibung ausgezeichnet ist.

Dass man die Substantive „groß" schreibt, d.h. mit großem Anfangsbuchstaben, ist eine Eigentümlichkeit der deutschen Orthografie. Jacob Grimm, der die Substantive mit kleinem Anfangsbuchstaben schrieb, hielt die Großschreibung für ein Laster; ihm zufolge haben sich die Dänen und die Litauer „von diesem Laster anstecken lassen".[119] Bei der Groß- und Kleinschreibung sind nach wie vor zahlreiche Regeln zu beachten. Von diesen sind 31 in einem eigenen Kapitel zusammengefasst, dann gibt es noch welche zur Schreibung der Fremdwörter und der Namen.

Jacob Grimm behauptete (in einem Vortrag vor der Akademie der Wissenschaften im Jahre 1847), dass die Häufung unnützer Dehnlaute und Konsonantenverdoppelungen sowie der unfolgerichtige Gebrauch derselben der deutschen Sprache zur Schande gereichen. Ganz gleiche

---

[118]   Siehe das Vorwort der DUDEN-Ausgabe Mannheim 1996.
[119]   JACOB GRIMM: Über das Pedantische in der deutschen Sprache. In: Ders.: Selbstbiographie. S. 125-153, hier S. 143.

Wörter werden ungleich behandelt. Er nennt als Beispiele *wir* und *ihr*, *grün* und *kühn*, *schnüren* und *führen*. Man schreibt *Heer, Meer, Beere,* aber *wehre, nähre, schwöre;* ferner *Haar,* aber *wahr* und *Jahr*. „Von *schaffen* bilden wir die dritte Person *schafft*, in dem Substantiv *Geschäft* lassen wir einfachen Laut."[120]

In den sechziger Jahren des 20. Jahrhunderts hat Hans Reimann im „Vergnüglichen Handbuch der deutschen Sprache" eine Auswahl von widersprüchlichen Schreibweisen präsentiert.[121] Durch die Reform sind einige der beanstandeten Widersprüche beseitigt worden, nicht alle.

Laut Reimann könnte man auf Dehnungs-h, Dehnungs-e und den zweiten Vokal zum Zeichen der Länge eines Selbstlautes verzichten, weil die Menschen die langen Selbstlaute sowieso lang sprechen:

bohren – geboren, Poren
Bühne – Dünung, Hüne
Draht – Rat und *Tat*
Fahrt – Bart, zart
Hahn – Schwan, Tran
mahlen – malen, Schale
Möhre – betören, Gehör
Rahm – Gram, Kram
Schuh – Gnu, zu
Uhr – Kur, Urwald

Lied – Appetit, Augenlid
Zwiebel – Bibel, Fibel
Schiene – Maschine

Aal – einmal, Qual
Moos – Los, Rose

---

120   Idem, S. 141.
121   HANS REIMANN: Rechtschreibung. In: Ders.: Vergnügliches Handbuch. S. 196-205, hier S. 197-198.

Reede – jede Rede
Waage – Lage, Plage

„Nach oberflächlicher Schätzung", schreibt Reimann, „haben wir dreihundert Grundwörter mit den Dehnungszeichen h und e. Rechnen wir Ableitungen und Wortverschmelzungen hinzu, so erhöht sich die Zahl auf rund eintausend. Außerdem treiben etwa fünfzehnhundert Wörter auf –ieren (nebst Spielarten) ihr Unwesen. Es würde demnach in zweieinhalbtausend Wörtern das törichte Dehnungszeichen ausgemerzt werden."

Weil kein Abc-Schütze dreißig Regeln der Groß- und Kleinschreibung verkraftet, haben die Lehrer in ihrer Not eine Vereinfachung vorgenommen: Groß geschrieben werden die Namen von Dingen, die man anfassen kann. Freilich lachen die Schüler bald über diese idiotische Eselsbrücke. Man kann einen Ofen nicht anfassen, wenn er heiß ist, einen Löwen nicht, weil es gefährlich wäre, eine Maus nicht, weil sie sich nicht fangen lässt, eine Fabel nicht, weil sie ein gedachter Begriff ist. Und so weiter. Ich habe die Aufführung einer Posse erlebt – Schüler der fünften Klasse spielten für Schüler –, die solche Inkonsequenzen verhöhnte.

Auf die Tücken der deutschen Rechtschreibung bezieht sich eine Reihe von Scherzfragen und Witzen.

Welches Wort schreibt man immer groß? (Das Wort *groß.*)
Welches Wort schreibt man immer falsch? (Das Wort *falsch.*)

DIE VORBILDER

„Hör einmal", sagt der Lehrer nach der Heftkontrolle zu Fritz, „du hast das Wort ‚Kartoffel' immer mit einem F geschrieben, dabei schreibt man es mit zwei F."

„Das glaub' ich nicht. Meine Mutter schreibt das Wort mit nur einem F und mein Vater auch."

DIE NOTLÖSUNG (I)

„Mädchen, Mädchen!" tadelt der Chef seine neue Sekretärin. „Du willst auf der Realschule gewesen sein und schreibst ‚Physik' mit F!" „Ja, weil auf dieser blöden Schreibmaschine das V kaputt ist!"

DIE NOTLÖSUNG (II)

Der Cheflektor fragt seine neue Schreibkraft: „Warum eigentlich schreiben Sie ‚Philosophie' mit F?"
„Verzeihen Sie, Herr Doktor, aber auf meiner Maschine ist das V kaputt!"

GARDIENE, GARDIHNE

„Fräulein Heidi", rügt der Chef seine Sekretärin, „Sie haben ‚Gardine' mit IE geschrieben".
„Ach wie dumm von mir! Da habe ich in der Eile doch glatt das H vergessen!"

DAS KOMMA

„Sagen Sie, Herr Rothenbaum", fragt die neue Sekretärin den Frühstücksdirektor während des Diktats, „schreibt man ‚Komma' mit einem oder mit zwei m?"

DAS SEMIKOLON

Die neue Stenotypistin ist beim Diktat noch etwas unsicher. „Eine Frage, Herr Direktor: Kommt nach Semikolon eigentlich ein Punkt?"
(Das Semikolon steht zwischen zwei gleichrangigen Teilsätzen oder Wortgruppen. Mit ihm drückt man einen höheren Grad der Abgrenzung aus als mit dem Komma und einen geringeren Grad der Abgrenzung als mit dem Punkt.)

DAS WILDBRET

„Schreibt man ‚Wildbret'? mit einem oder mit zwei T?"
„Wenn es jung und zart ist, mit einem, wenn es aber alt und hart ist, mit zwei!"

IM GARTEN (I)

Es ist April; alles grünt und blüht. Der kleine Gerd soll einen Aufsatz über den Blumengarten verfassen. „Sind das Hyazinthen?" fragt er seinen Vater.
„Ja."
„Wie schreibt man ‚Hyazinthen'?"
„Zeig noch einmal! Das? Das sind Glockenblumen."

IM GARTEN (II)

„Papi, sind das hier Chrysanthemen oder Nelken?"
„Chrysanthemen, mein Kind."
„Und wie schreibt man ‚Chrysanthemen'?"
„Moment mal! Ich glaube, es sind doch Nelken."

DER FINDIGE POLIZIST

Abschlussprüfung bei der Polizei. „Was machen Sie, wenn Sie einen Dieb im Rhabarberfeld erwischen?"
„Ich bugsiere ihn zu einem Salatbeet."
„Warum das?"
„Weil ich nicht weiß, wie man ‚Rhabarber' schreibt."

DIE ZUMUTUNG

Pinsel verfasst einen Brief an den Lexikon-Verlag. „Es ist eine Zumutung", schreibt er, dass man in Ihrem sündhaft teuren Buch noch nicht mal das Wort ‚Hübnose' findet!"

AUF DEM WOCHENMARKT

Vor dem Gemüsestand hat sich eine lange Schlange gebildet. Endlich kommt Professor Schnitzler an die Reihe. „Was darf's denn sein?" fragt die Verkäuferin.

„Ich wollte nur sagen, dass man ‚Sellerie' mit zwei L schreibt."

IM RESTAURANT (I)

Der Koch zum Kellner: „Warum hat der Pikkolo ‚Speinat' auf die Speisekarte geschrieben?"

„Keine Ahnung. Ich hab's mit eigenen Ohren gehört, wie du ihm sagtest, er soll ‚Spinat mit Ei' draufschreiben ..."

IM RESTAURANT (II)

Sehr von oben herab zeigt ein Gast mit dem Finger auf die Speisekarte und kommentiert: „Omelett mit zwei T!"

Der Kellner geht und bestellt deutlich vernehmbar: „Ein Omelett, zwei Tee!"

IM RESTAURANT (III)

Der Lehrer überfliegt die Rechnung und sagt dazu: „Sie müssen ‚Omelett' mit zwei T schreiben!"

„Entschuldigen Sie", erwidert der Kellner, zieht sich zurück und reicht dem Lehrer nach einiger Zeit eine geänderte Rechnung. Auf der steht jetzt: *Ein Omelet mit zwei Tee DM 8,10.*

IM RESTAURANT (IV)

Lehrer Kleinheistermann hält dem Kellner die Rechnung vor: „Sie haben geschrieben: ‚Kotelet fünf Mark'. Da fehlt doch ein T!"

Der Kellner entschuldigt sich und bringt eine neue Rechnung. Auf der steht: *Ein Kotelet 5 Mark, ein Tee 2,50.*

278

DER ZETTEL FÜR DEN ARZT (Schlesien)

Kopfschüttelnd sagt der Arzt zur Frau seines Patienten: „Sie ham mir da einen Zettel geschickt, Frau Menzel, Ihren Mann hätt' der Schlag getroffen. Der hat ja bloß Rheumatismus."
„Schreiben S i e das amoal, Herr Dukter!"

RECHTSCHREIB-REFORM

Auf einer Parkbank saßen zwei Männer und unterhielten sich. Sagte der eine: „Stell dir vor, jetzt wollen sie auch noch die Rechtschreibung ändern!"
„Wie denn?" fragte der andere.
Daraufhin nahm der erste Bleistift und Papier aus der Tasche und schrieb: *Der bifel hate das hoi gewitert.*
Da kam ein Wanderer des Wegs und fragte: „Und wie soll es in Zukunft geschrieben werden?"

Die jüngste Rechtschreib-Reform hat bei Sprachwissenschaftlern, Schriftstellern und Journalisten große Erregung ausgelöst und bleibt umstritten. Ein alter und vernünftiger Vorschlag, betreffend die gemäßigte Großschreibung, wurde nicht durchgeführt. Wie die Praxis zeigt, eignen sich zigtausend Menschen, die eine Fremdsprache erlernen, problemlos die gemäßigte Großschreibung an.
Die folgende Glosse, lange vor der Reform verfasst, wirft sinnige und unsinnige, z.T. närrische Vorschläge in einen Topf. Zu den unsinnigen gehört die radikale Kleinschreibung.

SPRACHREVOLUTION

Erster Schritt: Wegfall der Großschreibung
einer sofortigen einführung steht nichts im weg, zumal schon viele grafiker und werbeleute zur kleinschreibung übergegangen sind.
zweiter schritt: wegfall der dehnungen und schärfungen

dise masname eliminirt schon di gröste felerursache in der grund-
schule, den sin oder unsin unserer konsonantenverdoplung hat onehin ni-
mand kapirt.

driter schrit: v und ph ersezt durch f, z ersezt durch s, sch ersezt
durch s

das alfabet wird um swei buchstaben redusirt, sreibmasinen und
sesmasinen fereinfachen sich, wertfole arbeitskräfte könen der wirtsaft
sugefürt werden.

firter srit: q, c und ch ersest durch k, j und y ersest durch i, pf
ersest durch f

iest sind son seks bukstaben ausgesaltet, die sulseit kann sofort
von neun auf swei iare ferkürst werden, anstat aktsig prosent rektsreib-
unterikt könen nüslikere fäker wi fisik, kemi, reknen mer geflegt werden.

fünfter srit: wegfal fon ä, ö und ü seiken

ales uberflusige ist iest ausgemerst, di ortografi wider slikt und
einfak, naturlik benotigt es einige seit, bis diese fereinfakung uberal riktik
ferdaut ist, fileikt sasungsweise ein bis swei iare. Anslisend durfte als
nakstes sil di fereinfakung der noh swirigeren und unsinigeren gramatik
anfisirt werden.

g.k.

DRECKFÜHLER

Berichtigung: „In der gestrigen Nummer sollte es natürlich nicht
heißen: *der Knorprinz,* sondern: *der Kornprinz.*"

Berichtigung: „Auch in der letzten Nummer ist noch ein Versehen
unterlaufen: Natürlich musste es heißen: *der Kronprinz;* wir bitten unsere
geschätzten Leser, diesen Dreckfehler zu entschuldigen."

Der Setzer wurde mit Gefängnis bestraft.

MÜLLER UND MALER

Eine Scherzaufgabe für Personen, die sich in der Rechtschreibung sicher fühlen, fordert das Aufschreiben von drei kurzen Sätzen mit nur je drei Wörtern: Der Müller *mahlt*. Der Maler *malt*. Sie *ma(h)len* beide. Wer den letzten Satz korrekt schreiben will, braucht den Klammerntrick.

Man kann den Scherz auch in einem Satz zusammenfassen: Der Maler *ma(h)lte* erst ein Bild und dann seinen Kaffee.

DIE SICHERUNG

„Wozu braucht man noch Ärzte", fragt eine Frau im Krankenhaus, „wo es doch so viel medizinische Literatur gibt?"

Antwort: „Damit die Kranken nicht an eventuellen Druckfehlern sterben."

FRAGE UND ANTWORT

Die nachstehenden Texte sollen so gelesen werden, dass die Zeilen sich reimen. Das ist nur möglich, wenn man zwei Satzzeichen benennt. Diese Aufgabe findet sich in der Sammlung von Böhme, die erstmals 1897 veröffentlicht wurde.

Lieber Adolf, von mir weichen
willst du wirklich?
Guter Freund –
nimmermehr verlass' ich dich.

Willst du ewig von mir weichen,
Karoline?
Ach, was bin ich ohne dich,
lieber Freund –

Zu guter Letzt noch etliche kuriose Feststellungen zur Schreibweise eines Gassennamens im alten Hermannstadt:

DIE QUERGASSE (Siebenbürgen)

„[...] Das Entstehen der Straße setzt Erich Thalgott schon in das
14. Jahrhundert, als sie als einzige zu allen anderen Straßen der Oberstadt
quer verlief. Die wechselvolle Schreibweise der Quergasse entwickelte
sich folgendermaßen: Wergass (1501), Twergass (1507 und 1529), Zver-
gassen (um die Wende des 16. Jahrhunderts), große Wehrgassen (1636),
Große Quergasse (1643), Große Zwerchgass (1751), Große Zwerggasse
(ebenfalls 1751), Gewehrgasse (Anfang des 19. Jahrhunderts), Große
Quergasse (1845) und Quergasse (bei der ersten amtlichen Straßenbenen-
nung der Stadt, 1872). Es stand also früher ein selbstständiges Wort
‚zwerch‘, sächsisch ‚zwier‘ (siehe die Verbindungen zu ‚Zwerchsack‘
und ‚Zwerchfell‘) neben ‚quer‘ und wurde als solches auch gebraucht.
Seit 1919 heißt diese Gasse Tribunei-Straße.“[122]

---

[122] MARTIN RILL und MANFRED WITTSTOCK: Die Sparbüchse der Quergasse. In: NEUER WEG, Bukarest. 1. August 1984. S. 4. Hermannstadt, rumänisch Si-
biu, war ehemals das politische und kulturelle Zentrum der Siebenbürger Sachsen; Siebenbürgen fiel 1919 an Rumänien. In dieser Gasse befand sich einst die Redaktion der
rumänischen Zeitung „Tribuna“ („Die Tribüne“).

DIE GESUNGENE ZEITUNG

Es gibt mehr Möglichkeiten, Pfänder auszulösen, als Schindeln auf einem Schuppendach. Laut Roland Gööck sind in manchen Spielbüchern vergangener Jahrzehnte bis zu 500 Vorschläge verewigt. Die meiner Ansicht nach lustigste ist folgende: Der Mitspieler soll eine Nachricht oder Anzeige aus der Zeitung nach einer vom Spielleiter vorgegebenen Melodie vorlesen – eigentlich vorsingen.[123]

---

[123] ROLAND GÖÖCK: Pfänderauslösen. In: Das große Buch der Spiele. S. 300-301.

LITERATURVERZEICHNIS

A) Fachliteratur zur Sprache

BEKH, WOLFGANG JOHANNES: Richtiges Bayerisch. Ein Handbuch der bayerischen Hochsprache. Eine Streitschrift gegen Sprachverderber. 2., erweiterte Aufl. München: Bruckmann, 1974.

BERGER, DIETER: Fehlerfreies Deutsch. Grammatische Schwierigkeiten verständlich erklärt. Mannheim, Wien, Zürich: DUDEN-Verlag, 1972.

BÜNTING, KARL-DIETER, und EICHLER, WOLFGANG: Grammatik-Lexikon. Kompaktwissen für Schule, Ausbildung und Beruf. 2. Auflage. Frankfurt am Main: Cornelsen Scriptor, 1993.

DORNSEIFF, FRANZ: Der deutsche Wortschatz nach Sachgruppen. Siebte, unveränderte Auflage. Berlin/West und New York: Gruyter, 1970.

DEUTSCHE SPRACHWELT [Zeitschrift]. Die Plattform für alle, die Sprache lieben. Herausgegeben vom Verein für Sprachpflege e.V. mit Sitz in Erlangen.

DUDEN. Die deutsche Rechtschreibung. 24., völlig neu bearbeitete und erweiterte Auflage. Mannheim, Leipzig, Wien, Zürich: Dudenverlag, 2006.

DUDEN. Die Grammatik. 10., völlig neu verfasste Aufl. Herausgegeben von Prof. Dr. ANGELIKA WÖLLSTEIN und der Dudenredaktion. Berlin: Dudenverlag, 2022.

ENGEL, ULRICH, SAVIN, EMILIA, und Mitarbeiter: Valenzlexikon Deutsch-Rumänisch. Bd. 3 der Reihe „Deutsch im Kontrast". Heidelberg: Groos, 1983.

FREUD, SIGMUND: Der Witz und seine Beziehung zum Unbewussten. [1940.] Frankfurt am Main: Fischer Taschenbuch Verlag, 1985.

GLÜCK, HELMUT, und KRÄMER, WALTER (Hg.): Die Zukunft der deutschen Sprache. Eine Streitschrift. Leipzig: Klett Schulbuchverlag, 2000.

GRIMM, JACOB: Die Sprache. In: WILL-ERICH PEUCKERT (Hg.): Die Brüder Grimm. Ewiges Deutschland. Ihr Werk im Grundriss. Leipzig [1935]. S. 177-220.

GRIMM, JACOB: Über das Pedantische in der deutschen Sprache. In: Ders.: Selbstbiographie. Ausgewählte Schriften, Reden und Abhandlungen. Herausgegeben, eingeleitet und mit einem Anhang versehen von ULRICH WYSS. München: Deutscher Taschenbuch Verlag, 1984. S. 125-153.

GRÜMMER, GERHARD: Spielformen der Poesie. Leipzig: Bibliographisches Institut, 1985.

GUTKNECHT, CHRISTOPH: Lauter böhmische Dörfer. Wie die Wörter zu ihrer Bedeutung kamen. 5., durchgesehene Auflage. München: Beck, 2000.

HERING, ELISABETH: Rätsel der Schrift. Leipzig: Prisma, 1969.

HIRSCH, EIKE CHRISTIAN: Ist das Deutsch oder kann das weg? Schlimme Einfälle und schöne Reinfälle. 4. Aufl. München: Beck, 2016.

HOCK, ANDREAS: Bin ich denn der Einzigste hier, wo Deutsch kann? Über den Niedergang unserer Sprache. 14. Aufl. München: riva Verlag, 2023.

JUNG, WALTER: Grammatik der deutschen Sprache. 2., durchgesehene Aufl. Leipzig: Bibliographisches Institut, 1967.

KLAPPENBACH, RUTH, und STEINITZ, WOLFGANG (Hg.): Wörterbuch der deutschen Gegenwartssprache. 6 Bde. Berlin/Ost: Akademie-Verlag, 1964-1977.

KÖNIG, WERNER: dtv-Atlas zur deutschen Sprache. 11. Auflage. München: Deutscher Taschenbuch Verlag, 1996.

KRETSCHMER, PAUL: Wortgeographie der hochdeutschen Umgangssprache. [1918.] 2., durchgesehene und ergänzte Auflage. Göttingen: Vandenhoeck & Ruprecht, 1969.

KÜPPER, HEINZ: Wörterbuch der deutschen Umgangssprache. Dritte, neubearbeitete und erweiterte Auflage. 4 Bde. Hamburg: Claassen, 1963-1966.

LEPPMANN, FRANZ: 1.000 Worte Deutsch. Ein Sprachführer für Nachdenkliche. Berlin: Ullstein, 1930.

LEONHARDT, RUDOLF WALTER: Auf gut deutsch gesagt. Ein Sprachbrevier für Fortgeschrittene. Berlin/West: Severin und Siedler, 1983.

MACKENSEN, LUTZ: Reclams etymologisches Wörterbuch der deutschen Sprache. Stuttgart: Reclam, 1966.

MÜLLER, MARTIN: Goethes merkwürdige Wörter. Ein Lexikon von ... Darmstadt: Wissenschaftliche Buchgesellschaft, 1999.

REIMANN, HANS: Vergnügliches Handbuch der deutschen Sprache A–Z. Völlig revidierte und stark erweiterte Neuauflage. Düsseldorf und Wien: Econ, 1965.

RIEHME, JOACHIM: Gleich gesprochen – verschieden geschrieben. Zum Verwechseln ähnliche Wörter und ihre richtige Schreibung. 2. Aufl. Leipzig: Bibliographisches Institut, 1900.

RIESEL, ELISE: Der Stil der deutschen Alltagsrede. Leipzig: Reclam, 1970.

RIESEL, ELISE: Stilistik der deutschen Sprache. 2., durchgesehene Aufl. Moskau: Verlag für fremdsprachige Literatur, 1963.

RÖHRICH, LUTZ: Der Witz. Figuren, Formen, Funktionen. Stuttgart: Metzler, 1977.

RÖHRICH, LUTZ: Lexikon der sprichwörtlichen Redensarten. 4 Bde. Freiburg, Basel, Wien: Herder, 1982.

SCHMIDT, LOTHAR: Schlagfertige Definitionen. Von Aberglaube bis Zynismus. 5.000 geschliffene Begriffsbeschreibungen für Rede, Gespräch, Diskussion, Referat, Artikel oder Brief. Reinbek bei Hamburg: Rowohlt Taschenbuch Verlag, 1974.

SCHMIDT, WILHELM: Deutsche Sprachkunde. Berlin/Ost: Volk und Wissen, 1965.

SPRACHPFLEGE. Zeitschrift für gutes Deutsch. Herausgegeben vom Bibliographischen Institut Leipzig.

STÖRIG, HANS JOACHIM: Abenteuer Sprache. Ein Streifzug durch die Sprachen der Erde. 2., überarbeitete Aufl. München: Humboldt-Taschenbuchverlag, 1997.

WASSERZIEHER, ERNST: Leben und Weben der Sprache. Sechste, verbesserte Aufl., durchgesehen von Paul Herthum. Berlin und Bonn: Dümmler, 1935.

WASSERZIEHER, ERNST: Woher? Ableitendes Wörterbuch der deutschen Sprache. Sechzehnte, neubearbeitete Aufl., besorgt von Werner Betz. Bonn: Dümmler, 1963.

WEIGEL, HANS: Hans Weigel für Anfänger. Zusammengestellt und mit einem Nachwort versehen von seinem Freund ROLF SCHNEIDER. Frankfurt am Main, Berlin/West, Wien: Ullstein, 1983.

WOLF, JOHANN: Banater deutsche Mundartenkunde. Bukarest: Kriterion, 1987.

WUSTMANN, GUSTAV: Allerhand Sprachdummheiten. Kleine deutsche Grammatik des Zweifelhaften, des Falschen und des Hässlichen. Ein Hilfsbuch für alle, die sich öffentlich der deutschen Sprache bedienen. [1891.] Neunte, verbesserte Auflage. Berlin und Leipzig: de Gruyter, 1923.

B) Pädagogik und Psychologie

DITTMANN, JÜRGEN: Der Spracherwerb des Kindes. Verlauf und Störungen. München: Beck, 2002.

GREINER, LENA, und PADTBERG, CAROLA: Geige, Bratsche, Limoncello. Neue witzige Schülerantworten und Lehrersprüche. Berlin: Ullstein, 2019.

SCHARRELMANN, H.: Herzhafter Unterricht. Gedanken und Proben aus einer unmodernen Pädagogik. Hamburg: Janssen, 1910.

ȘCHIOPU, URSULA: Psihologia copilului. Ediția a doua revizuită și completată. Bukarest: Editura didactică și pedagogică, 1967.

STÖCKER; KARL: Neuzeitliche Unterrichtsgestaltung. 18. Aufl. München: Ehrenwirth, 1984.

TSCHUKOWSKI, KORNEJ: Kinder von 2 bis 5. Berlin/Ost: Kinderbuchverlag, 1968.

WOLF JOHANN: Methodik des deutschen Sprachunterrichts in den Klassen I-VIII. Verfasst unter Mitwirkung von MARIANNE JOHANNES und PAULA KNOPF. Bukarest: Editura didactică şi pedagogică, 1969.

C) Scherzfragen, Rätsel und Spiele

ARNOLD, ERNST HEINZ (Hg.): Mein kleines Rätselbuch. Alte und neue Rätsel und Ratespiele für Kinder. 4. Aufl. Berlin/Ost: Der Kinderbuchverlag, 1969.

BENTZIEN, ULRICH (Hg.): Rat zu, was ist das. Rätsel und Scherzfragen aus fünf Jahrhunderten. Rostock: Hinstorff, 1975.

BIEBRICHER, HELGA (Hg.): Noch mehr Scherzfragen, Rätsel, Schüttelreime. Reinbek bei Hamburg: Rowohlt Taschenbuch Verlag, 1986.

BRENTANO, FRANZ: Aenigmatias. Rätsel. [1878.] 5. Aufl. Bern und München: Francke, 1962.

BUSCHOR, ERNST: Rätselküche. Zweite, stark vermehrte Aufl. München: Beck, 1958.

DAHL, JÜRGEN (Hg.): Es steht hinterm Haus. Deutsche Rätsel, aus dem Volksmund und von unbekannten Verfassern gesammelt. Frankfurt am Main und Hamburg: Fischer Bücherei, 1965.

DAS SPRACHBASTELBUCH. Ravensburg: Maier, 1977.

DEINERT, WILHELM: Tausendzüngler. Ein Wort-Karten-Spiel. Ebenhausen bei München: Langewiesche-Brandt, 1970.

DILLMANN, J., und WEHRHAN, K. (Hg.): Vierzehn Engel fahren. Reim-, Reigen- und Rätsellust für die singende, spielende Jugend, für Sport-, Turn- und Wandervereine. Frankfurt am Main: Englert und Schlosser, 1923.

FÜHMANN, FRANZ: Die dampfenden Hälse der Pferde im Turm von Babel. Ein Spielbuch in Sachen Sprache. Ein Sachbuch der Sprachspiele. Ein Sprachbuch voll Spielsachen. Berlin: Kinderbuchverlag, 1996.

GÖÖCK, ROLAND: Das große Buch der Spiele. 1000 Spiele für jung und alt. Gütersloh: Bertelsmann, 1964.

GÖÖCK, ROLAND: Lustige Spiele für Haus und Garten. 347 Gesellschaftsspiele. Gütersloh: Bertelsmann, 1961.

HEIM, ELISABETH (Hg.): Gesellschaftsspiele für jung und alt. 7., veränderte Aufl. Kassel und Basel: Bärenreuter, 1960.

KRACK, KARL ERICH (Hg.): Das goldene Buch der Spiele. Karten-, Brett- Würfel- und andere Gesellschaftsspiele. Berlin-Charlottenburg: Verlag Praktisches Wissen F. W. Peters, o. J.

KÜHN, MARIA (Hg.): Macht auf das Tor! Alte deutsche Kinderlieder. Reime, Scherze und Singspiele, zum Teil mit Melodien. Königstein im Taunus und Leipzig: Langewiesche, 1930.

MÜLLER-ALFELD, THEODOR: Das Hausbuch der Spiele und Hobbies. Berlin/West: Hahn, 1956.

OBERMAIR, GILBERT: Die interessantesten Wortspiele. Rastatt: Moewig, 1990.

PARAQUINS: Buch der Rätsel mit 398 Rätseln aller Art für die ganze Familie. Ravensburg: Maier, 1971.

PREETORIUS, JOHANNA (Hg.): Knaurs Spielbuch. München und Zürich: Droemer-Knaur, 1953.

REIMANN, ANKE: Schnellsprechsprüche spreche ich schwer schnell. Die schönsten Zungenbrecher. 2. Aufl. Rheinbach: Regionalia, 2013.

RÜGER, BRUNO: Rätsel, Jux und Zauberei. Ein Buch zur heiteren Unterhaltung. Siebente Auflage. Berlin/Ost: Henschel, 1966.

SCHUPP, VOLKER (Hg.): Deutsches Rätselbuch. Stuttgart: Reclam, 1972.

STENGEL, HANSGEORG: Annasusanna. Ein Pendelbuch für Rechts- und Linksleser. München: List, 1995.

TÜMMEL, ELSE: Neue Rätselstiege. München: Deutscher Taschenbuch Verlag, 1988.

ULRICH, WINFRIED: Sprachspiele. Texte und Kommentare. Lese- und Arbeitsbuch für den Deutschunterricht. Aachen: Hahner Verlagsgesellschaft, 1999.

WELLER, RAINER (Hg.): Sprachspiele [in der Reihe „Arbeitstexte für den Unterricht"]. Stuttgart: Reclam, 1978.

WILD, MONIKA (Hg.): Was steht mitten in Paris? Über 1.000 Scherzfragen. Ravensburg: Ravensburger Buchverlag, 1995.

D) Witze und Anekdoten

BUSCHA, ANNEROSE, und BUSCHA, JOACHIM: Sprachscherze. Anekdoten für den Ausländerunterricht. 3., unveränderte Aufl. Leipzig: Verlag Enzyklopädie, 1986.

DAS GROSSE BUCH DER WITZE. Niederhausen im Taunus: Falken, 1977.

Die besten „Simplicissimus"-Witze. München: Deutscher Taschenbuch Verlag, 1978.

DOR, MILO, und FEDERMANN, REINHARD: Der politische Witz. München: Deutscher Taschenbuch Verlag, 1966.

DROZDZYNSKI, ALEXANDER (Hg.): Gesammelte Witze aus aller Welt. Düsseldorf: Droste, 1977.

ERPENBECK, FRITZ: Vorhang auf. Anekdoten und Geschichten. Berlin/Ost und Weimar: Aufbau, 1964.

FISCHER-FABIAN, S: Selten so gelacht. [Bergisch Gladbach: Lübbe, 1992.] Genf: Lechner, 1994.

FISCHER-FABIAN, S.: Vergeßt das Lachen nicht. Der Humor der Deutschen. Vollständige Taschenbuchausgabe. München: Droemer-Knaur, 1992.

GANZ DEUTSCHLAND LACHT. Die Landschaften des deutschen Humors. München: Herbig, 1973. (In späteren Ausgaben unter dem Titel „1.000 klassische Witze".)

KULENKAMPFF, HANS JOACHIM: Gelacht von A – Z. Lexikon des Humors. Reinbek bei Hamburg: Rowohlt Taschenbuch Verlag, 1976.

KUNZ, JOHANNES: Der österreichische Witz. Das Standardwerk mit 1.200 Witzen und Anekdoten. Wien: Ibera & Molden, 1995.

LANDMANN, SALCIA: Der jüdische Witz. Lexikon des Humors. Herausgegeben und eingeleitet von ... Lizenzausgabe mit Genehmigung des Walter Verlages, Olten und Freiburg im Breisgau, für Bertelsmann, Reinhard Mohn OHG, Gütersloh, den Europäischen Buch- und Phonoklub, Stuttgart, und die Buchgemeinschaft Donauland, Wien. O.J.

LANDMANN, SALCIA: Jüdische Witze. Ausgewählt und eingeleitet von ... 14. Aufl. München: Deutscher Taschenbuch Verlag, [1963] 1971.

LATTMANN, DIETER, und RADSZUWEIT, SIEGRID (Hg.): Das Anekdotenbuch. Rund 4.000 Anekdoten von Adenauer bis Zatopek. Frankfurt am Main: Fischer Taschenbuch Verlag, 1979.

MERKLE, LUDWIG (Hg.): Das große Hausbuch des Humors. Reinbek bei Hamburg: Rowohlt Taschenbuch Verlag, 1979.

MÖLLER, VERA: Klein Erna. Ganz dumme Hamburger Geschichten. Nacherzählt von ... Gesamtausgabe. Lizenzausgabe für den Bertelsmann Lesering mit Genehmigung des Hans Christians Verlags. O. J.

MORS, HERMANN, und NOWOTTNIK, GEORG: Lachendes ABC. Humor im Reich der Schule. 2. Aufl. Heidelberg: Kemper, 1962.

OMM, PETER (Hg.): ... und ewig drücken die Steuern. Ein ernsthaft-kurioses Sammelsurium, mit Schmunzeln dargeboten, mit Seitenhieben gewürzt und dem geplagten Steuerzahler zugeeignet. Würzburg: Arena, 1961.

PARKER, WILLIAM (Hg.): Irrenwitze, Kalauer und schwarzer Humor. München: Heyne, 1977.

ZELLER, EINO (Hg.): Echt hirnamputiert. Ärztewitze. Niedernhausen/Ts.: Bassermann, 1988.

E) Volkskunde, Belletristik, allgemeine Periodika

ALTMANN, KLEMENS: Deutsche Epigramme aus fünf Jahrhunderten. München: Deutscher Taschenbuchverlag, 1969.

BENZMANN, HANS (Hg.): Die deutsche Ballade. Eine Auslese aus der gesamten deutschen Balladen-, Romanzen- und Legendendichtung. Unter besonderer Berücksichtigung des Volksliedes. 2. Aufl. Leipzig: Hesse & Becker, 1925. Bd. 1. Von den ältesten Zeiten bis zur Romantik.

BERGER, KARL HEINZ (Hg.): Die Affenschande. Deutsche Satiren von Sebastian Brant bis Bertolt Brecht. 2. Aufl. Berlin/Ost, 1969.

BÖHME, FRANZ MAGNUS (Hg.): Deutsches Kinderlied und Kinderspiel. Volksüberlieferungen aus allen Landen deutscher Zunge, gesammelt, geordnet und mit Angabe der Quellen, erläuternden Anmerkungen und den zugehörigen Melodien. [1897.] Unveränderter Neudruck. Leipzig: Breitkopf & Härtel, 1924.

BRECHT, BERTOLT: Werke. 31 Bde. Große kommentierte Berliner und Frankfurter Ausgabe. Herausgegeben von WERNER HECHT, JAN KNOPF, WERNER MITTENZWEI, KLAUS-DETLEF MÜLLER. Aufbau-Verlag Berlin und Weimar. Suhrkamp Verlag Frankfurt am Main. 1989-2000. Bd. 15 (1993).

BÜCHMANN, GEORG: Geflügelte Worte. Der Zitatenschatz des deutschen Volkes. Berlin: Knaur, 1928.

BUSCH, WILHELM: Historisch-kritische Gesamtausgabe. Herausgegeben von FRIEDRICH BOHNE. 4 Bde. Wiesbaden und Berlin. Vollmer, o. J.

BUSCH, WILHELM: Sämtliche Werke. 8 Bde. Herausgegeben von OTTO NÖLDEKE. München: Braun & Schneider, 1943.

CHRISTEN, VIKTOR (Hg.): Schnick Schnack Schabernack. Oldenburg und Hamburg: Stalling, 1978.

CYRIAX, ROLF, und RIEGLER, THEO (Hg.): Lachen Sie mit. Ein heiteres Sammelsurium. Lizenzausgabe für die Europäische Bildungsgemeinschaft Verlags-GmbH Stuttgart und andere Verlage, o. J. [Die Originalausgabe erschien im Südwest Verlag München unter dem Titel „Scherz, Satire und Cartoon".]

DAS LALEBUCH. Aus: DEUTSCHE VOLKSBÜCHER. 3 Bde. 2. Aufl. Berlin/Ost und Weimar: Aufbau, 1975. Bd. 2.

DIE SCHILTBÜRGER. Nachdruck der Ausgabe Frankfurt 1598. Mit einem Nachwort und einer Bibliographie von GÜNTER SCHMITZ. Hildesheim und New York: Olms, 1975.

EICHENDORFF, JOSEPH FREIHERR VON: Sämtliche Werke. Historisch-kritische Ausgabe. Begründet von WILHELM KOSCH und AUGUST SAUER, fortgeführt und herausgegeben von HERMANN KUNISCH. 24 Bde. Regensburg: Habbel, 1908-1970.

ELLERMANN, BERND: Füße nicht auf die leichte Schulter nehmen. Stilblüten aus Zeitungen und Zeitschriften. München: Heyne, 1988.

ENZENSBERGER, H. M. (Hg.): Allerleirauh. Viele schöne Kinderreime. Versammelt von ... Fünfte Auflage. Frankfurt am Main: Insel, 1982.

GABRISCH, ANNE (Hg.): Ich will euch was erzählen ... Deutsche Kinderreime. 4. Aufl. Wiesbaden: Fourier, 1979.

GELBERG, HANS-JOACHIM (Hg.): Überall und neben dir. Weinheim und Basel: Beltz, 1989.

GLANTSCHNIG, HELGA: Blume ist Kind von Wiese oder Deutsch ist meine neue Zunge. Freiburg, Basel, Wien: Herder, 1996.

GOETHE, JOHANN WOLFGANG: Mit Seide näht man keinen groben Sack. Kleine feine Gemeinheiten. Ausgewählt von KLAUS SEEHAFER. 2. Aufl. Berlin: Aufbau Taschenbuch Verlag, 1999.

GRIMM, BRÜDER GRIMM: Kinder- und Hausmärchen. Ausgabe letzter Hand. Mit den Originalanmerkungen der Brüder Grimm. Mit einem Anhang sämtlicher, nicht in allen Auflagen veröffentlichter Märchen und Herkunftsnachweisen herausgegeben von HEINZ RÖLLEKE. 3 Bde. Stuttgart: Reclam, 1987.

GÜLL, FRIEDRICH, und POCCI, FRANZ: Kinderheimath in Liedern und Bildern. Kopenhagen und Reinbek: Carlsen, 1966. (Faksimiledruck der Originalausgabe aus dem Jahre 1846.)

HEBEL, JOHANN PETER: Gesammelte Werke. 2 Bde. Berlin/Ost: Aufbau, 1958.

HEBEL, JOHANN PETER: Sämtliche poetische Werke nebst einer Auswahl seiner Predigten, Aufsätze und Briefe. 6 Teile in 2 Bänden. Herausgegeben und erläutert von MAX KELLER. Leipzig: Hesse, o. J. [1905 oder 1906.]

HOEFER, EDMUND: Wie das Volk spricht. Deutsche Sagwörter. Hildesheim, Zürich, New York: Olms, 1995. (Nachdruck der 9. Aufl. Stuttgart 1885.)

HOVING, H.: Der Pfau ist ein blühendes Huhn. Kinder sehen unsere Welt. Bergisch Gladbach: Bastei-Lübbe, 1969.

JACOBY, EDMUND (Hg.): Dunkel war's, der Mond schien helle. Verse, Reime und Gedichte. Hildesheim: Gerstenberg, 1999.

KÄSTNER, ERICH: Werke. 9 Bde. Herausgegeben von FRANZ JOSEF GÖRTZ. München und Wien: Hanser, 1998.

KIPPENBERG, ANTON: Benno Papentrigks Schüttelreime, wie er sie seiner Freundschaft auf den Ostertisch zu legen pflegte. Frankfurt am Main: Insel, 1946.

KINDERLIEDER AUS DES KNABEN WUNDERHORN. Insel-Bücherei Nr. 60. Leipzig: Insel, o. J.

KINDERMUND. Lesereinsendungen an die Zeitung DAS VOLK. 3 Hefte. Erfurt, 1972, 1975, 1977.

KRÜGER-LORENZEN, KURT: Deutsche Redensarten und was dahinter steckt. München: Heyne, 1982.

KUNZE, HORST (Hg.): Dunkel war's, der Mond schien helle. Eine Sammlung von herrenlosen Scherzdichtungen, älteren und neueren Kindereien, Klapphornversen, Leberreimen, Lügenliedern, Gassenhauern und anderem höheren Unsinn mit und ohne tiefere Bedeutung. München: Heimeran, 1958.

LEOPRECHTING, KARL VON: Bauernbrauch und Volksglaube in Oberbayern. [1855.] Zweite Auflage. München: Süddeutscher Verlag, 1977.

LEWALTER; JOHANN (Hg.): Deutsches Kinderlied und Kinderspiel. In Kassel aus Kindermund in Wort und Weise gesammelt von ... Abhandlung und Anmerkungen von Dr. GEORG SCHLÄGER. Kassel: Vietor, 1911.

MARK TWAIN BUMMELT DURCH EUROPA. München: Deutscher Taschenbuch Verlag, 1967.

MASER-FRIEDRICH, MARIA (Hg.): Lass nur die Sorge sein. Ein fröhliches Hausbuch mit Versen von gestern. München: Deutscher Taschenbuch Verlag, 1964.

MORGENSTERN, CHRISTIAN: Gedichte – Verse – Sprüche. Limassol: Lechner, 1998.

MUSIL, LISELOTT (Hg.): Es war so lange Tag … 114 moderne Reime für Kinder, gesendet im „Bayerischen Betthupferl". Donauwörth: Auer, 1971.

NEAGU, GH. I. (Hg.): Cîntece şi jocuri de copii. [Kinderlieder und Kinderspiele.] Bukarest: Minerva, 1982.

NEUER WEG. Tageszeitung für Politik, Wirtschaft, Gesellschaft und Kultur. Bukarest, 1949-1992.

NEUNZIG, HANS ADOLF (Hg.): Das illustrierte Moritaten-Lesebuch. Geschichten und Lieder, Parodien und Fundsachen. München: Deutscher Taschenbuch Verlag, 1979.

NIKOL, GEORG FRIEDRICH (Hg.): Die Benachteiligung erfolgt durch die Post. Stilblüten aus Inseraten und Pressenotizen. München: Deutscher Taschenbuch Verlag, 1988.

PINSON, ROLAND W. (Hg.): Deutscher Kinderschatz. Schöne alte Kinderreime, Lieder, Märchen, Zungenbrecher und Rätsel. Bindlach: Gondrom, 2003.

REIMANN, HANS: OSWIN, der ertrunkene Hering. Chansons, Gedichte, Grotesken, Miniaturen und Parodien. Berlin/Ost: Eulenspiegel, 1985.

RINGELNATZ, JOACHIM: Das Gesamtwerk in sieben Bänden. Herausgegeben von Walter Pape. Berlin/West: Henssel, 1982-1984.

RODA RODA: Der Mann mit der roten Weste. Anekdoten, Schwänke, Geschichten. 2. Aufl. Berlin/Ost und Weimar: Aufbau, 1972.

RODA RODAS GESCHICHTEN. Ausgewählt, illustriert und mit einem Vorwort versehen von GREGOR VON REZZORI. Hamburg: Rowohlt, 1956.

SCHLAIKJER, ERICH: Repunsieren. In: KOLLEX, O. (Hg.): Die Gloria-Hose und andere heiter-frivole Geschichten. München: Nymphenburger Verlagshandlung, 1966. S. 200-204.

SEYDEL, HEINZ (Hg.): Alles Unsinn. Deutsche Ulk- und Scherzdichtung von ehedem bis momentan. Berlin/Ost: Eulenspiegel, 1969.

SIMROCK, KARL: Das deutsche Kinderbuch. Altherkömmliche Reime, Lieder, Erzählungen, Übungen, Räthsel und Scherze für Kinder. [Erstausgabe Frankfurt am Main 1842.] Dritte vermehrte Aufl. Basel: Schwabe, o. J. [1879].

SIMROCK, KARL: Die deutschen Sprichwörter. [1846.] Düsseldorf: Patmos Verlag und Albatros Verlag, 2003.

STORM, THEODOR: Werke. Gesamtausgabe in drei Bänden. Stuttgart: Cotta'sche Buchhandlung Nachf., 1958.

TUCHOLSKY, KURT: Gesammelte Werke. 4 Bde. Herausgegeben von MARY GEROLD-TUCHOLSKLY und FRITZ J. RADDATZ. Reinbek bei Hamburg: Rowohlt, 1960-1962.

ÜBERZWERCH, WENDELIN (Hg.): Aus dem Ärmel geschüttelt. Schüttelreime. Stuttgart und Hamburg: Deutscher Bücherbund, o. J.

UNRUH, ILSE (Hg.): Ene dene dotz. Wiegenlieder, Fingerreime, Abzählverse, Lügenmärchen und Erzählchen aus dem Hessenland. Frankfurt am Main: Fricke, 1980.

VOIGT, LENE: Säk'sche Balladen. Reinbek bei Hamburg: Rowohlt Taschenbuch Verlag, 1972.

WITTICH, BORIS (Hg.): Da trat der Staatsanwalt ins Protokoll. Stilblüten aus Polizeiberichten und Gerichtsverhandlungen. München: Deutscher Taschenbuch Verlag, 1984.

WITTICH, BORIS (Hg.): Wegen Eröffnung geschlossen. Stilblüten aus Inseraten und Pressenotizen. München: Deutscher Taschenbuch Verlag, 1987.

WITTICH, BORIS (Hg.): Zeugen liegen bei. Stilblüten aus Polizeiberichten und Gerichtsverhandlungen. München: Deutscher Taschenbuch Verlag, 1976.

WOELLER, WALTRAUD (Hg.): Deutsche Volksmärchen von arm und reich. Berlin/Ost: Akademie-Verlag, 1970.

VERZEICHNIS DER SPIELE